Marx na América
A práxis de Caio Prado e Mariátegui

CONSELHO EDITORIAL
Ana Paula Torres Megiani
Eunice Ostrensky
Haroldo Ceravolo Sereza
Joana Monteleone
Maria Luiza Ferreira de Oliveira
Ruy Braga

Marx na América
A práxis de Caio Prado e Mariátegui

Yuri Martins Fontes

Copyright © 2018 Yuri Martins Fontes

Grafia atualizada segundo o Acordo Ortográfico da Língua Portuguesa de 1990, que entrou em vigor no Brasil em 2009.

Edição: Haroldo Ceravolo Sereza/ Joana Monteleone
Editora assistente: Danielly de Jesus Teles
Assistente acadêmica: Bruna Marques
Editora de projetos digitais: Dharla Soares
Projeto gráfico e diagramação: Jean Ricardo Freitas
Revisão: Alexandra Colontini
Capa: Gabriele Toth

Este livro foi publicado com apoio da Fapesp, nº do processo 2015/19954-0.

CIP-BRASIL. CATALOGAÇÃO-NA-FONTE
SINDICATO NACIONAL DOS EDITORES DE LIVROS, RJ

F769M

    Martins Fontes, Yuri
    MARX NA AMÉRICA : A PRÁXIS DE CAIO PRADO E MARIÁTEGUI
Yuri Martins Fontes. -- 1. ed.
    São Paulo : Alameda.
        21 cm.

    Inclui bibliografia
    ISBN: 978-85-7939-457-7

    1. Socialismo - América Latina. 2. Comunismo - América Latina.
3. Ciência política. 4. Filosofia marxista. I. Título.

17-40741   CDD: 320.532098
                     CDU: 321.74

ALAMEDA CASA EDITORIAL
Rua Treze de Maio, 353 – Bela Vista
CEP 01327-000 – São Paulo – SP
Tel. (11) 3012-2403
www.alamedaeditorial.com.br

A meus pais; à Mali e ao pequenino Ivan.

Liberdade, essa palavra
que o sonho humano alimenta,
que não há ninguém que explique
e ninguém que não entenda
(Cecília Meireles)

Todo homem decente de nossa época é
e deve ser covarde e escravo –
é a sua condição normal
(Dostoiévski)

Deus, mesmo, se vier,
que venha armado
(Guimarães Rosa)

Prefácio: uma palavra 13
Wilson Barbosa

Introdução: 19
Formação do Pensamento Latino-Americano Contemporâneo

Capítulo 1. Caio Prado e a Questão Nacional: 45
contribuições ao marxismo – originalidade e atualidade

Panorama histórico e práxis 47

Período de formação 61

Práxis político-filosófica 65

Por um marxismo latino-americano autêntico 79

O sentido da história 84

Polêmicas sobre a questão nacional – os Diários Políticos de Caio Prado 94

Questão Nacional e Revolução 105

Polêmica sobre a Revolução Brasileira 112

Polêmicas posteriores – pela construção do processo revolucionário 125

Capítulo 2. Mariátegui e a Questão Nacional: 133
contribuições ao marxismo – originalidade e atualidade

Panorama histórico e práxis 138

Período de formação 143

Práxis político-filosófica 147

Por um marxismo latino-americano autêntico	158
O Partido Socialista Peruano	160
Polêmicas sobre a questão nacional	165
Questão Nacional e Revolução	174
Lenin e a Questão Nacional russa	175
A Revolução Peruana	178
O comunismo agrário dos Incas	182
Polêmicas póstumas – por um bolchevismo romântico	197

**Capítulo 3. O marxismo autêntico de Caio Prado e Mariátegui: 207
método dialético e práxis revolucionária**

Dialética versus dogmatismo – uma investida antieurocêntrica	210
Método dialético marxista: a busca da totalidade	213
Sentidos evolutivos de Brasil e Peru	217
Amplitude de aportes científicos: novos prismas	225
A Revolução Latino-Americana	231
Revolução interrompida e as lições do 18 Brumário	231
Via não-clássica: a Revolução na periferia	238
Partido de vanguarda: contra o etapismo	243
Historicismo e processo revolucionário	248
Aspectos da Revolução Internacional	261

Capítulo 4. Defesa da filosofia marxista: 267
dialética e práxis contra o europositivismo
A filosofia da práxis de Mariátegui e Caio Prado 268
Perspectiva da totalidade: a práxis na América 269
Realismo e romantismo: duas faces da transcendência do ser 274
A filosofia da práxis de Caio Prado 278
A filosofia da práxis de Mariátegui 301

Considerações finais: 319
Marxismo – a filosofia contemporânea

Posfácio: José Carlos Mariátegui e Caio Prado Jr 339
Michael Löwy

Bibliografia 341

Agradecimentos 377

PREFÁCIO

Uma palavra

Wilson do Nascimento Barbosa [1]

O mundo da América Latina é o ambiente sombrio dos pesadelos medievais, em que elites formadas ao acaso na escravização do negro e do indígena vagam na construção empírica de uma miséria que não tem fim. Elites locais, oriundas das classes subalternas europeias, não têm outro sonho que dirigir-se ao continente-mãe, ou ao sucedâneo ridiculamente atrasado norte-americano, cobertas de riquezas saqueadas nas semicolônias, "países dependentes" que carecem de todos os elementos morais para suster-se em suas próprias pernas.

Este cenário de devastação e fracasso moral foi melhormente interpretado na literatura que nas ciências sociais, com o indicativo da quase indigência local destas últimas e de seu perpétuo beija-mão às "autoridades" no poder. A América Latina e o Caribe, invenções coloniais, não lograram ir muito adiante em mais de cinco séculos de existência.

Por isso é moeda comum que os intelectuais desta parte do mundo se autoenganem com salamaleques e mesuras mútuas, a bajular os "avanços" das antigas metrópoles, enquanto seus povos esmagados pela miséria se revirem nas brasas de tal inferno e comecem até a gostar disso,

---

1 *Professor de História Moderna e Contemporânea da Universidade de São Paulo e coordenador do Laboratório de Economia Política e História Econômica da USP*

esperando a salvação por um ente extraterrestre. A pasmaceira pliocênica é melhor explicada por Pablo Neruda, Gabriel García Márquez e Alejo Carpentier, que por miríades de "cientistas sociais" autofascinados.

Diante desse quadro geral, cumpre resgatar o esforço, a luta e o sacrifício daqueles pioneiros que intentaram estabelecer a teoria destas partes do mundo, lançando mão do avanço disponível da ciência europeia em boa-fé, às vezes percebendo as insuficiências da mesma, às vezes não. Quanto ao campo do trabalho e da formação das classes a ele correlatas, de cem anos para cá, uns poucos intelectuais lançaram base e lograram certo avanço, embora continuem a ser vistos pela população em geral como incompreensíveis seres de outra galáxia, ou a personificação do mal.

O jovem Yuri Martins Fontes incomodou-se sobremodo com a vicissitude espiritual dos povos latino-americanos. Seguindo esta expressão, cunhada pelos jesuítas e adotada no passado pelos norte-americanos, intentou aprofundar-se no que haveria de comum neste mundo do trabalho semicolonial ou neocolonial e foi buscar nos intelectuais formadores da teoria do lugar do trabalho, neste suposto continente, fundamentos em comum. Na verdade, este tem sido o seu campo de estudos nos últimos anos.

Recentemente, para sua tese de doutorado, ora publicada como livro, resolveu recensear o pensamento de Caio Prado Júnior e de José Carlos Mariátegui. Diante da firmeza e do papel destes extraordinários lutadores da causa social, era obrigação de Yuri saber distinguir a consequência da luta revolucionária de ambos estes homens, ao separar a prática social deles de suas específicas contribuições teóricas. Trabalho de tese orientado pelo professor doutor Lincoln Secco, a tese levou o nome: "O marxismo de Caio Prado e Mariátegui – formação do pensamento latino-americano contemporâneo".

Escolher a opção desses dois intelectuais pelo marxismo e examinar mais de perto suas contribuições teóricas levou Yuri a uma reflexão rigorosa, em que procura resgatar o modo de ver de cada qual sobre a sucessão de conjunturas vividas, e o que nelas se pode garimpar como ensinamento duradouro para o exame de outras situações. Yuri não cede à tentação de amenizar o ponto de vista de seus dois elencados, deixando que os mesmos expressem sua visão de diferentes problemas, o que nos dá – com certeza – a leitura que faziam do que é uma análise marxista. Por exemplo, a opinião de Caio Prado Jr. sobre o fracasso de Luís Carlos Prestes como dirigente, é trazida ao texto. Diz ali Caio Prado:

> Prestes fracassou nisto por não estar à altura da tarefa que o destino colocou em suas mãos. Suas grandes qualidades pessoais, não incluem as de um dirigente político de envergadura. Estabeleceu assim a continuidade nefasta entre um pequeno grupo de semiconspiradores do passado, e o atual partido de massas. O desastre foi completo.

Comenta a propósito Yuri que, para Caio Prado:

> o chefe do Partido havia fracassado na tarefa de reerguer o comunismo, pois 'se fosse realmente um grande líder político', teria se empenhado em uma 'remodelação completa do comunismo brasileiro', até 'há poucos meses' confinado a 'pequenos grupos dispersos, sectários e muito mais teóricos que práticos'; e assim sendo, poderia 'fazer do comunismo uma verdadeira e grande força nacional.

Vê-se que o texto de Yuri não foge às questões importantes, nem é escasso em opinião do próprio Autor. Uma preocupação semelhante leva o Autor ao exame das ideias de Mariátegui:

Marxista periférico e que não abdicava de autonomia reflexiva, foi por certo tempo impopular – tendo seu pensamento inclusive segregado por alguns, como desvio ideológico. Tardaram décadas até que um livro seu chegasse ao leitor brasileiro – somente em 1975, Florestan promove a publicação em português dos Sete ensaios. Antes disso, Nelson Werneck Sodré foi o pioneiro em conceder-lhe importância, tendo citado em nota alguns trechos deste seu clássico, nos anos 1960 – em Formação Histórica do Brasil. Tal demora deve ser também atribuída à marginalidade do Peru aos olhos de uma elite e intelectualidade brasileira subserviente, a qual somente se voltava à Europa, Estados Unidos e quando muito, Argentina e México.

Ou seja, Yuri comenta aqui a resistência da intelectualidade dominada pelo pós-colonialismo a admitir "críticas" e "problemas" à estrutura da sociedade, ou aceitar a via de reelaboração analítica de ânimo do recenseado, em dada conjuntura. Nessa citação, qualifica o otimismo de Caio Prado Jr.:

> Cheguei à conclusão que a difusão do partido depende hoje só de trabalho de organização. Ele é bem recebido pelas massas em todos os lugares. Isto é particularmente verdadeiro com relação aos trabalhadores do campo, onde o partido representa a primeira força política.

A interpretação de Yuri Martins Fontes tem o valor adicional de afastar-se da visão corrente no marxismo latino-americano, que evita ou critica as "reelaborações" que absorvem conceitos ou categorias não originalmente marxistas. Yuri valoriza no texto a sintonia de Mariátegui com Georges Sorel e sua valorização do mito:

Categoria fundamental do pensamento mariateguiano é o mito revolucionário – *ideia que ele apreende do pensamento romântico de Georges Sorel, transformando-a à realidade indígena. Enxerga o mito como antídoto para uma razão desacreditada, para um racionalismo asséptico em que não há espaço à 'crença superior' – a essa 'esperança sobre-humana' que no século XX, Mariátegui percebe se materializar na ideia da revolução. A civilização burguesa quis colocar no lugar do misticismo religioso, um cientificismo desprovido de paixão, a servir de novo mito ao Homem, mas 'nem a razão nem a ciência podem ser mito' – diz o autor –, pois nem a razão nem a ciência podem satisfazer 'toda a necessidade de infinito' que há no espírito humano.*

Sua concepção é a de que a razão tem de se efetivar na história, a teoria tem de ser organicamente voltada à prática, a faculdade de 'pensar a história' identifica-se com a de 'criá-la' – e para tanto é preciso fé, *pois a* esperança *anima a "vontade criadora".*

Pessoalmente discordo *in totum* aqui desta visão de Yuri e Mariátegui, sem deixar contudo de reconhecer a importância do posicionamento e do debate que esta compreensão implica. Esta concepção fortemente romântica de um marxismo "leitor do futuro" eu a entendo mais como uma "contribuição fraca" do que "forte". No entanto, seria de lamentar que todos tivessem a mesma opinião...

E este é um dos bons elementos da leitura de Yuri. Ele interpreta à sua maneira semelhante percepção romântica (ao meu ver) de Mariátegui:

Por outro lado, a partir das concepções mariateguiana e caiopradiana, fica reforçada a tese de que a tarefa essencial de um filósofo da práxis *consiste em desbastar o cipoal de fetiches cultu-*

rais e materiais vendidos *pelo capitalismo, buscando denunciar e especialmente agir contra o engodo oculto por tal noção liberal de progresso, o que se configura aceleradamente na derrocada da espécie rumo à barbárie. Há sobre isto significativas evidências, tanto no aspecto social (agravamento da concentração de renda mundial, guerras, fome mesmo com superprodução alimentícia etc.), como no individual (aumento substancial de variadas disfunções psicofísicas, depressão, neuroses etc.).*

Não se pode deixar de lê-lo, pois, sem vir a concordar com seu chamamento à ação, que deve caracterizar o conteúdo crítico da atividade do intelectual desta América Latina:

> *É preciso, portanto, realizar o marxismo, fazer realidade sua crítica à alienação, ao fetiche, à exploração, à violência sistêmica, à impotência e artificialismo modernos, e à própria ambição divinizante do Homem 'civilizado' – ser que se acostumou a exigir pouco de si mesmo, adulado pelo conforto, viciado em segurança, estabilidade, e em tudo que lhe possa proporcionar a manutenção de seu cotidiano morno, segundo um mínimo esforço. Vencer hábitos, preconceitos e especialmente valores arraigados, não é tarefa de que seja capaz uma civilização frágil – de seres rasos que se alienam de sua própria existência, domados por desejos fúteis plantados na ingenuidade de uma falta geral de leitura aprofundada, de crítica, de vivências práticas engrandecedoras, cujas poucas esperanças não-monetarizáveis estão postas em uma espiritualidade religiosa cujas instituições são cada vez mais monetárias e menos sérias.*

****

INTRODUÇÃO

Caio Prado e Mariátegui na Formação do Pensamento Latino-Americano Contemporâneo

> *É preciso sonhar, mas com a condição de crer em nosso sonho, de observar com atenção a vida real, de confrontar a observação com nosso sonho, de realizar escrupulosamente nossas fantasias*
>
> (Vladimir Lenin)

Caio Prado Júnior e José Carlos Mariátegui, a partir de suas inovadoras análises dialéticas sobre o tema da *questão nacional* na América Latina, desenvolvem também reflexões criativas no âmbito da filosofia marxista (ou *da práxis*) – situando-se como pioneiros na formação de um pensamento que se afirma em um só tempo como *latino-americano* e *contemporâneo*. Investiga-se aqui seus aportes ao marxismo, tanto no aspecto político-historiográfico, como no filosófico – examinando-se convergências e diferenças entre ambos. Para tanto, percorre-se suas principais obras, apresentando-se um panorama de suas concepções teóricas e atividade revolucionária.

Apesar dos distintos enfoques teórico-críticos dos dois marxistas – Caio Prado com sua valorização da análise dialética objetiva, e Mariátegui, do ânimo revolucionário subjetivo (o que em uma leitura pouco atenta poderia parecer uma diferença substancial) –, quer-se mostrar que tanto suas posições político-revolucionárias, como suas compreensões do marxismo enquanto pensamento fundamentalmente de *práxis*, são fatores que aproximam de modo radical suas visões de mundo.

Entende-se o marxismo como marco fundador do *pensamento contemporâneo* devido a sua forma de conceber a filosofia, não de modo contemplativo, mas como *teoria* inerente à *prática* social – um pensamento *ativo*, a construir dialeticamente a utopia da emancipação humana.[1] Com sua *filosofia da práxis*, Marx rompe com o inconsistente pensamento *moderno* – viés positivista (no sentido lato) que pretendia *naturalizar* a evolução da história –, vindo a unir o mundo do raciocínio crítico objetivo, ao da ação consciente do sujeito histórico. Sua perspectiva dialética da realidade é concomitantemente *materialista* (voltada à natureza material do mundo), e *idealista-histórica* (no sentido de apontar para uma utopia ou ideal possível); *materializa* a dialética abstrata de Hegel e *historiciza* o materialismo metafísico de Feuerbach, permitindo ao ser humano vislumbrar sua transcendência – ou a *superação* de sua *pré-história* – ao perceber que a *verdade* não deve ser buscada acima do Homem, nem tampouco de forma definitiva ou a-histórica.[2] O marxismo inaugura assim uma filosofia de transformação do mundo, rumo a uma noção superior do conceito de *liberdade*, o que comporta em seu viés teórico tanto uma metodologia científica – ferramenta crítica do

---

1 A ideia do marxismo enquanto filosofia essencialmente de *práxis* – e portanto como ápice do atual conhecimento humano – está presente nos debates de Caio Prado e de Mariátegui, bem como de vários outros pensadores contemporâneos, de Lenin a Gramsci, Korsch e Lukács, chegando a Sánchez Vázquez, Sartre e Florestan Fernandes.

2 A concepção do comunismo como superação da "pré-história" humana é exposta por Marx, em "Introdução à *Crítica da economia política*" [1857-1858], em *Manuscritos econômico-filosóficos e outros escritos* (1974). Observação: o termo "Homem" será grafado com maiúscula sempre que se referir à *espécie humana* (excetuando-se citações), de modo a frisar o contraste com o gênero masculino ("homem").

existente –, quanto um projeto utópico-revolucionário que conduza a uma sociedade emancipada, palco para o desenvolvimento humano em sua *plenitude*.[3] Nas vastas obras de Mariátegui e Caio Prado, tal ênfase na práxis é um fio condutor, essência da *via libertadora* marxista – projeto e ação que se efetivam mediante a análise dialética de cada realidade.

O período estudado neste trabalho compreende a época produtiva dos autores, que vai desde as primeiras décadas do século XX, até a conjuntura da Guerra Fria (no caso de Caio Prado, pois Mariátegui morre bem cedo, em 1930). Não obstante tal diferença de longevidade, é importante destacar que a formação política de ambos – enquanto intelectuais críticos e militantes – se dá no mesmo período histórico: o início do entre-Guerras, época em que a Revolução Bolchevique acabara de bradar aos povos de todo o planeta a possibilidade de tornar real a utopia comunista de um novo mundo. Trata-se de um momento-chave da história contemporânea, o qual inclui o movimento de renovação do pensamento marxista – esforço em que os dois filósofos-historiadores se inserem; abrange acontecimentos cruciais à reflexão, como a I Grande Guerra (evento trágico que expôs a crise civilizacional da modernidade ocidental e a fragilidade do dogma social-democrata *evolucionista* e *eurocêntrico*), e a época posterior à II Guerra (quando ocorre significativa abertura conceitual e ampliação de teses no campo do marxismo – o que Mariátegui não veria, mas influenciaria).

Ao contribuírem com a retomada do desenvolvimento da dialética materialista – obstruída naquele início de século por concepções

---

3   Ver Sánchez Vázquez, *Filosofia da Práxis* [1968], para quem a práxis é uma "categoria central da filosofia que se concebe ela mesma não só como interpretação do mundo, mas também como guia de sua transformação [o marxismo]". Quanto ao tema da possibilidade de desenvolvimento das *potências humanas* em uma sociedade livre, ele é abordado tanto por Caio Prado, como por Mariátegui; Marx e Engels, em *A ideologia alemã* [1845-1846], também tratam do assunto.

mecanicistas que induziam à passividade, em prejuízo da práxis revolucionária –, os pensadores se destacam como pioneiros dessa etapa de consolidação de um autêntico pensamento contemporâneo na América, não apenas elaborando uma *tradução* do marxismo para suas realidades periféricas, como investindo contra o eurocentrismo epistêmico e cultural então predominante, inclusive nos meios comunistas. Neste gesto de *retorno* aos princípios dialético e de práxis do pensamento de Marx, eles se postam ao lado de outros grandes marxistas como Lenin, Gramsci e Lukács que na primeira metade do *breve* século XX defenderam o marxismo como *teoria aberta* a ser historicamente construída.[4]

Inicialmente, apresenta-se um quadro da formação intelectual e da práxis de vida de Caio Prado e de Mariátegui, e aborda-se a recepção de suas ideias nos meios teóricos e políticos – através da exposição de importantes trabalhos sobre sua obra e da análise das principais polêmicas em que estiveram envolvidos. Dentre a produção dos autores, pesquisa-se suas concepções históricas acerca da evolução e conformação de suas respectivas nações, o que abarca desde a colonização e o processo de consolidação de sociedades voltadas ao exterior, até interpretações sobre seu próprio tempo *presente* (em que tratam de temas como as revoluções latino-americanas *incompletas* e as estratégias para superar tal situação). A partir desta investigação, que chega aos problemas urgentes de sua nação e época, eles fundamentarão suas perspectivas *políticas* e construirão sua obra que pode ser dita mais estritamente *filosófica*. Suas teorias críticas, originadas nas singularidades das culturas latino-americanas,

---

4   *Breve século* (no termo de Hobsbawm) que acabaria precocemente, tolhido pelo imperialismo em seu primeiro grande intento utópico-real, demonstrando que diante da força da união industrial-financista, a margem de equívocos não é tão larga, como o demonstrou o projeto soviético.

comportam também importantes aspectos *universais*, contribuições valiosas para a filosofia de nosso tempo.

Examina-se pois, como as originais interpretações historiográficas dos dois pensadores sobre a *questão nacional* estão atreladas e legitimam como um alicerce teórico suas proposições político-econômicas na conjuntura em que viveram; e de outro prisma, reflete-se acerca de suas valiosas incursões na seara da filosofia marxista. Deste modo, pode-se verificar as convergências entre diversas das feições de seu marxismo de intenção universalizante, e os porquês de suas dissonâncias (e certas limitações), destacando-se a urgência no contemporâneo da realização concreta de suas teorizações, e a atualidade do pensamento marxista em um contexto de expansão da crise civilizacional – ou paradigmática – da modernidade capitalista.[5]

Tradução do marxismo

As teses explicativas de Mariátegui e de Caio Prado a respeito da formação histórica de suas nações estão entre as primeiras a aplicar de forma não-dogmática o método dialético marxista à realidade histórica da América – cabendo menção também ao pioneirismo do pensador cubano Julio Mella e do argentino Sérgio Bagú.[6] Tais interpretações – que em

---

5 Para além das principais obras de ambos, esta pesquisa examina também importantes escritos menos conhecidos e arquivos inéditos, além de elaborar amplo levantamento de fontes bibliográficas secundárias. No caso de Caio Prado, investiga-se e se transcreve parcela de seus manuscritos até hoje não publicados, do Fundo Caio Prado Júnior/Arquivo IEB-USP (entre cadernos de anotações, ensaios, cartas e seus *Diários Políticos*). Já quanto a Mariátegui, foram selecionados alguns de seus mais interessantes textos (dos quais se traduziu excertos) – artigos esparsos, em sua maior parte vindos a público postumamente na edição castelhana completa de sua obra.

6 Neste contexto de pioneirismo se poderia incluir também alguns outros nomes, o que valeria pesquisa à parte.

grande medida podem ser estendidas aos demais países latino-americanos – têm como característica o esforço de ambos por captar a *longa duração* da consolidação nacional peruana ou brasileira, tendo como objetivo a necessidade urgente da superação do legado colonial. Por outro lado, vale destacar dentre as afinidades de sua obra, a proximidade com a metodologia implícita no clássico *18 Brumário* (de Marx), o que é nítido em sua investigação sempre atenta às lutas de classes e ao processo revolucionário – que eles, de forma semelhante, consideram *interrompido*.

Em síntese, para os autores o problema de suas nações passa essencialmente pela resolução da questão da terra – análise que no intuito de complementar a emancipação nacional traz o camponês para o centro da discussão revolucionária. Já de um ângulo mais geral, o desafio está na elaboração de táticas e estratégias próprias, adequadas a cada singular realidade nacional.[7]

Refutando dialeticamente manuais e regras simplistas, eles enfrentam desde cedo o ponto de vista que se limitava à experiência histórica europeia – *modelo* então hegemônico não só na Internacional Socialista (já em declínio), mas também na Internacional Comunista (que se erguia). Ainda que os dois engajados latino-americanos tenham sido ligados politicamente à III Internacional, discordarão de leituras rígidas deste que consideravam o grande *partido internacional* – como é o caso

---

[7] Quanto ao tema da *questão nacional*, serão analisadas, em especial, as seguintes obras: (de Caio Prado) *Evolução política do Brasil, Formação do Brasil contemporâneo* e *A Revolução Brasileira*, bem como certos manuscritos do Fundo Caio Prado; (de Mariátegui) *Siete ensayos de Interpretación de la realidad peruana*, e escritos publicados em sua maioria em *Ideología y política* e *Peruanicemos al Perú* – dentre outros. Note-se que nesta divergência dos "caminhos" europeus e na valorização do camponês como um dos protagonistas revolucionários na América, os autores podem ser vistos como precursores do movimento crítico--dialético descolonial, que atualmente vem desconstruindo o discurso eurocêntrico – e que tem em Frantz Fanon um dos pilares.

da recusa de ambos à tese da revolução por *etapas*, e por conseguinte à *política de alianças* com supostas frações burguesas nacionais (contra o imperialismo). Contrários ao *evolucionismo social* determinista – e eurocêntrico – dessas teorias, eles chegarão, por meio de suas concepções de viés *historicista-dialético* do marxismo, a novas e semelhantes propostas políticas para o programa revolucionário de seus países. A argumentação presente em suas obras é a de que os processos históricos das nações da América Latina se distinguem daqueles de outros países periféricos do mundo, pois que jamais houve entre nós uma *burguesia nacional* – que se identificasse com o povo –, convicção que os leva a afirmar que um efetivo caminho para a autonomia e consequente desenvolvimento de nossas nações está vinculado antes de tudo à solução do problema agrário (o que passa pela união do operário com camponês).

A preocupação dos pensadores será desvendar as características de um processo revolucionário propriamente nacional, construído a partir dos problemas e especificidades da *nação*, pois sendo o marxismo um pensamento pautado pela história, onde a própria história é seu material de análise e critério de verdade, não se deve admitir modelos rígidos ou dogmas fechados – determinações válidas para todos os tempos e todas as comunidades humanas –, já que a verdade se encontra e é construída na história.[8]

Como é uma característica nuclear do marxismo, as faces científico-histórica e filosófica dos pensamentos de Mariátegui e Caio Prado se inter-relacionam – em uma dialética de saberes que visa conceber de modo amplo a totalidade social concreta, para transformá-la. É median-

---

8   Sánchez Vázquez, sobre o tema, tem interessante colocação: a "consciência humana" foi "historicamente se aperfeiçoando", rumo a uma "verdade que nunca se encerra" e que "nunca é absoluta" – de modo que só pode ser "alcançada historicamente" (em *Filosofia da práxis*, p. 16).

te a interpretação histórica da realidade latino-americana, marcada pela incompletude nacional e o atraso capitalista, que ambos engendram suas proposições políticas visando uma efetiva independência de seus povos. Tais análises científicas, ao compreenderem corretamente os acontecimentos históricos, não apenas aportam, de modo *prático*, elementos para a solução política, como também contribuem com a própria construção *teórica* do método dialético marxista – ao estabelecerem novos e importantes conceitos e categorias. É o caso do "sentido da colonização" caiopradiano (exposto em *Formação do Brasil contemporâneo*) e de seu similar "caráter de economia colonial" mariateguiano (em *Sete ensaios de interpretação da realidade peruana*); e também dos conceitos bastante próximos que ambos desenvolvem sobre as chamadas vias revolucionárias *não-clássicas*, percorridas por seus países que não completaram seu processo emancipatório – compreensões caras à análise *universal* da periferia do capitalismo, que se assemelham e ratificam importantes ideias análogas, como as de Vladimir Lenin e Antonio Gramsci.

Observe-se que apesar de nossos autores terem como meta a compreensão do *caráter específico* de suas nações latino-americanas, eles concebem e dão prioridade à dimensão *universal* da história – da revolução, ao conhecimento. Caio Prado afirmará que a *especificidade* do "processo histórico-social brasileiro" e da "situação atual" a que chegou o Brasil inclui o "contexto geral" em que esse *processo* se realiza, a saber, "o mundo e a humanidade em conjunto": a "revolução brasileira" é parte da "história contemporânea".[9] Mariátegui percebe a necessidade de uma *visão ampliada* de revolução nacional; diz que a revolução indo-americana – inserida no contexto da "revolução mundial" – deve unir dialeticamen-

---

9   Em *A Revolução Brasileira*, p. 301.

te a tradicional "solidariedade camponesa" indígena, com a "ciência" e o "pensamento" ocidentais.[10] A categoria de *totalidade* – um dos mais importantes aspectos do marxismo – marcará o pensamento dos dois latino-americanos. Por um lado, tal ideia consiste na busca pelo conhecimento amplo, profundo – *totalizante* – que permita a compreensão da realidade social de forma plena e encadeada, segundo uma perspectiva científica *interdisciplinar* que abarque e relacione as várias frentes do saber.[11] Contudo, o que eles reconhecerão como sendo o *essencial* do pensamento marxista é seu ponto de vista da *totalidade social*, o que no tocante à existência humana implica na reivindicação do *princípio da práxis* – ou seja, na noção de que o Homem não é apenas *objeto* da história, mas *sujeito* que *realiza* a história, ainda que nesse ato não possa eleger todas as circunstâncias.

Pondo a práxis no centro de sua argumentação político-filosófica marxista, os autores, portanto, além de seus aportes teórico-metodológicos, destacam-se ainda por sua contribuição ao debate filosófico de cunho *ontológico* – gesto que ao contrário da metafísica idealista, é sempre ancorado em investigações científicas da história. Tomando como base seus próprios estudos historiográficos, elaborarão cada qual a seu modo – um, através de um prisma mais *romântico*, o outro, mais *realista* – valiosas defesas da filosofia marxista, essencialmente entendida como uma teoria revo-

---

10 Ideia central de seus *Sete ensaios*; ver também o artigo "*La revolución socialista latinoamericana*" [1929]. Conforme Mariátegui expõe no capítulo "O problema do índio" (*Sete ensaios*), nossa cultura se situa entre o *racionalismo* ocidental (que subjuga a natureza), e o conhecimento *instintivo* dos povos indígenas (mais adaptados, ou em melhor *simbiose* com a natureza, cultura na qual a práxis é um gesto mais presente no cotidiano).

11 Note-se nesta totalização dos saberes um sentido inverso ao da fragmentação especializante que se agrava na pesquisa contemporânea, pautada pelo viés mercadológico.

lucionária da sociedade que tem na metodologia dialética seu fundamento teórico e método científico correto. Reforçam assim o *pensamento contemporâneo*, refinando a concepção *filosófica da práxis* – enquanto análise teórica totalizante que se desenvolve mediante relação dialética com a prática militante coletiva libertadora. Segundo tal dinâmica, eles se opõem à passividade e ao artificialismo epistêmico contemporâneo de uma sociedade que, já naqueles tempos, mostrava-se decadente.

O autor brasileiro, de seu lado, oferecerá à filosofia uma ideia mais geral de *sentido* enquanto *orientação* da *existência humana* – um *sentido* que é fruto da dialética entre *conhecimento* e *ação humana* com vistas à *liberdade* (ideia presente em várias obras, em especial *O que é filosofia* e *O mundo do socialismo*). Já o autor peruano defenderá a revalorização da atitude *romântica* no socialismo, colocando os conceitos de *mito revolucionário* e de *solidariedade* como fundamentais à construção histórica (em *Siete ensayos* e artigos de *El alma matinal*, dentre outros textos).[12]

Vale notar que essas categorias – *sentido* e *romantismo socialista* – conquistaram hoje significativo espaço na reflexão marxista, não somente na realidade americana, mas de modo geral, segundo um caráter *universal* que designa aos dois autores um lugar de destaque no panorama do pensamento filosófico contemporâneo.

---

12 Para a análise de suas contribuições teóricas à filosofia marxista da práxis, dentre outros livros, vale especialmente mencionar: (obras de Mariátegui) *Sete ensaios de interpretação da realidade peruana, Defesa do marxismo*, e os ainda não traduzidos ao português, *El alma matinal*, e *Ideología y política*; (obras de Caio Prado) *Dialética do conhecimento, Notas introdutórias à lógica dialética, O mundo do socialismo, O estruturalismo de Levi-Strauss – o marxismo de Althusser*, e *O que é filosofia*.

Novos temas ao marxismo

Em sua empreitada por ampliar os campos de análise do marxismo, Caio Prado e Mariátegui foram pensadores bastante eruditos e abertos a novos temas, de maneira que seu marxismo absorve determinadas ideias também de alguns teóricos não marxistas – o que eles assimilam, para depois digerir e transformar. Vale ressaltar que isto se dá sem nenhuma tendência ao *ecletismo*, mas pelo contrário, como forma de ratificar certas concepções da própria filosofia começada por Marx.

Além da dedicação e disciplina intelectual característica de ambos, esse processo de aprofundamento teórico foi catalisado por suas passagens pela Europa no entre-Guerras (por volta do primeiro quarto do século), então o centro fervilhante de novas ideias. Mariátegui foi desde cedo um autodidata interessado em diversos assuntos; já o jovem Caio travou relação bem próxima com a delegação acadêmica estrangeira que veio consolidar a Universidade de São Paulo, nos anos 1930 – tendo ademais, graças a sua condição social, tido acesso a importantes obras estrangeiras originais, então raras fora do meio europeu. Esse precioso contato com novos e variados pensamentos que apenas despontavam – e que eles *antropofagicamente* absorveriam – foi algo precoce no âmbito do marxismo; oportunidade que abre ainda mais o leque conceitual de ambos e enriquece sua obra.

No entre-Guerras o marxismo retomava seu rumo dialético e calcado na ideia da práxis. Neste cenário histórico, os dois autores, em paralelo com seus estudos de Marx e de vários continuadores de seu pensamento (em especial Lenin), trazem à crítica marxista reflexões de teóricos que, ao se oporem ao positivismo (com a ilusão modernista da perfeição humana) *flertaram* com a *contemporaneidade* inaugurada pelo marxismo; pensadores que embora não tenham alcançado superar certos ranços *idealistas* e *individualistas*, fizeram consistentes críticas à visão restrita de mundo da modernidade – ou de outra forma, que propuseram conceitos pertinentes ao pensamento crítico, apesar de não atingirem uma concepção *totalizante* do conhecimento enquanto práxis histórica libertadora (limitando-se assim a uma reflexão que se pode entender como *pré-contemporânea* ou *pré-marxista*).

No caso de Caio Prado, vale destacar que ele conheceu de perto Fernand Braudel, Claude Lévi-Strauss e Pierre Deffontaines – chegando a trabalhar junto com este último, em experiência que, dentre outras, sugere a ele aperfeiçoar sua crítica histórica com elementos geográficos (suas diversas viagens pelo território brasileiro também são fator relevante). Além disto, estudioso de singular erudição, o pensador brasileiro elaborou amplo compêndio de história da filosofia (*Dialética do conhecimento*, 1952), demonstrando a evolução dialética do conhecimento desde a antiguidade; interessou-se também pela filosofia da ciência, pela psicologia social e por novas teorias em que ele percebeu haver comprovações da lógica dialética – como a psicologia cognitiva de Piaget e a física moderna, além dos aportes experimentais da teoria da *Gestalt* sobre o conceito de *totalidade*. Ademais, criticou o positivismo reformado, ou neopositivismo, de diversas correntes epistemológicas idealistas (como o *Círculo de Viena*), embora sabendo valorizar certos aspectos relativos ao seu rigor científico; e polemizou com o estruturalismo lévi-straussiano – teoria em que viu germinar uma perigosa ideologia *reativa* ao protagonismo histórico humano (ponto de partida para sua polêmica com Althusser).

Quanto a Mariátegui, seu exílio europeu (em especial romano) o poria em contato com ideias como as de Gramsci e Togliatti (fundadores do Partido Comunista da Itália), o historicismo filosófico de Benedetto Croce, e o antideterminismo de Henri Bergson. Ávido por conhecimentos das mais distintas esferas, interessou-se pela literatura (a qual valorizava como forma filosófica não-categórica)[13] e as artes (vendo na filiação romântica do surrealismo um valoroso rompimento com a concepção artística burguesa). Em busca de superar o *cientificismo* que apassivava o marxismo, volta-se a conceitos presentes em pensamentos como os de: Georges Sorel (a ideia do mito revolucionário que ele absorve em defesa de tradições indígenas); Miguel de Unamuno (visão da existência como eterna luta); e Nietzsche (severa crítica da civilização burguesa-cristã que lhe serve em sua reflexão sobre o *novo Homem* comunista). Em seu livro *Defesa do marxismo* (1929) dedica um capítulo ao interessante argumento de que as teorias de Freud estão intimamente de acordo com as de Marx, apesar de seus "distintos domínios", e isto não apenas pelo modo como ambas "humilharam" as concepções modernistas que idealizavam a humanidade, mas pelo seu "método" na abordagem dos problemas, pois que as duas põem sua atenção nas "deformações" humanas (uma, nas da consciência, a outra, nas da sociedade).[14]

A partir das citadas características totalizantes do marxismo de ambos, cuja crítica se abre à grande gama de saberes humanos, entende-se que sua obra se posta como fundamental na consolidação do pensamento contemporâneo na América Latina – um pensamento transformador da realidade, pautado pela concepção histórico-dialética que recusa ideias acabadas ou fixas, impondo *limites* ao pretenso racionalismo absoluto (em contraposição à superestimada razão iluminista com sua cultura eurocêntrica).

---

13 Assim como Jean-Paul Sartre – quem desenvolve esta ideia em *Qu'est-ce que la littérature?* (1948).
14 *Defesa do marxismo*, p. 39-40.

Marxismo e eclipse da razão

As polêmicas travadas por Caio Prado e Mariátegui contra as concepções *dogmáticas* que reduziam a força transformadora do marxismo são fruto de uma convicção que os autores desenvolvem a partir de rigorosas interpretações acerca da *questão nacional*, bem como de suas próprias existências enquanto militantes comunistas. Neste percurso, suas discordâncias se dão tanto em relação à *passividade parlamentar* da II Internacional, quanto ao chamado *marxismo mecanicista*, predominante durante o socialismo de matiz stalinista. Essas duas correntes do marxismo foram marcadas pela crença no falso *evolucionismo social*, destacando-se negativamente como épocas de *eclipses da razão* – quando em nome de pseudo-leis positivistas pretendeu-se desviar o pensamento de Marx de seus princípios dialético e de práxis, em uma regressão à retrógrada metafísica moderna que, no âmbito do saber humano, tombava em ruínas.[15] A crítica de ambos vai no sentido de negar a simplista noção de *etapas* a serem atravessadas e de defender a prioridade da ação revolucionária – organizada segundo a forma leninista.

A orientação dogmática da II Internacional teve em Plekhanov e Kautsky seus principais representantes, sendo sua característica a negação do caráter *universal* do *paradigma revolucionário* consolidado com a experiência soviética.[16] Tal tendência consistiu em um dos mais influentes

---

15 Ainda que no campo do conhecimento humano o positivismo tenha *tombado em ruínas* (a metáfora é de Mariátegui), é certo que tal tendência a-histórica segue hegemônica como sustentáculo ideológico político-econômico do atual poder conservador *global*.

16 Note-se que Caio Prado e Mariátegui, embora recusem as interpretações mecanicistas do marxismo (como o *etapismo*), durante toda sua vida defendem, como *paradigma*, a Revolução Soviética, opondo-se aos arranjos social-democratas do reformismo parlamentar.

desvios do pensamento de Marx, segundo Wilson Barbosa, quem a inclui nos primórdios do que viria a ser conhecido como "marxismo ocidental" – em contraposição à linha de práxis capitaneada por Lenin (o "marxismo oriental" que despontaria com a Revolução Bolchevique).[17] Dita também *centrista*, esta corrente foi influenciada pelo crescimento da presença do positivismo no pensamento universitário, fato motivado historicamente pela relativa estabilização do capitalismo liberal – desde a derrota da Comuna de Paris, até o estouro da I Guerra. Conforme nota Lucien Goldmann, o positivismo corresponde a situações históricas em que as estruturas sociais estão tão sólidas, que sua existência parece fugir à ação humana. Em seu tempo, o próprio Marx já denunciara longamente essa tendência (n'*O Capital*), mostrando como a *ilusão* do fetichismo da mercadoria faz com que "leis econômicas" e mesmo "históricas" pareçam independentes da vontade dos Homens.[18] Tal ideologia socialista, de *aparência* revolucionária, caracterizou-se por se firmar como linha burocrática dos grandes partidos *formalmente* marxistas, mas que na realidade tinham prática reformista, moderada e mesmo conservadora em alguns temas. Distingue-se da dialética marxista em alguns pontos importantes, como: a separação entre a obje-

---

17 Conforme Wilson Barbosa, "Nelson Werneck Sodré e o 'marxismo ocidental'", em *Revista de História* (1999). O termo "marxismo ocidental" congrega certa variação de acepções, tendo sido mencionado – ao que se sabe – primeiramente por Karl Korsh, em *Marxismo e filosofia* (1923), no contexto de polêmica com o marxismo soviético, ou *oriental*. Mais tarde, em 1955, Merleau-Ponty difundiria o conceito em seu *Aventuras da dialética*; mas seria com Perry Anderson, em *Considerações sobre o marxismo ocidental* (1976) que a discussão ganharia profundidade. Ver sobre o tema: Starcenbaum, *Marxismo occidental: vicisitudes de una topografía*.

18 Lucien Goldmann, *Epistemologia e filosofia política*, p. 76-77; conforme afirma o marxista romeno, a estabilidade conjuntural favorece o positivismo – o que se pode notar, em tempos presentes, na estabilidade neoliberal anti-humanista que se seguiu a 1989, com a vitória do capitalismo contra o projeto soviético.

tividade das ciências históricas (entendidas à semelhança das ciências naturais), e a subjetividade da ação humana sobre a história – o que rompe a unidade entre teoria e prática, pondo no lugar do subjetivismo inerente à práxis, uma proposta pseudocientífica de "técnica social", tal qual um "manual" reformista; por outro lado, essa linha dogmática tende a menosprezar a origem dialético-hegeliana do marxismo, entendendo--o como um materialismo metafísico, como uma teoria resultante de pensamentos *naturalistas* como os de Darwin ou Feuerbach. Os social--democratas acabam assim por desembocar em uma análise *economicista* que enxerga na história um movimento inercial, inevitável e necessário rumo ao grande fim: o socialismo.[19]

Vale notar, contudo, que tal corte histórico marxista não é *absoluto* – como aliás, nenhuma análise que não se pretenda um dogma. Houve nessa época, em meio a esse conjunto antidialético, também pensadores tais como Rosa Luxemburgo e Vladimir Lenin que acentuaram teórica e praticamente a importância da dialética de Hegel no marxismo, embora por esse período fosse ainda minoritária sua influência no meio operário (o que persiste ao menos até a I Revolução Russa, de 1905).

É na sequência da crise capitalista europeia, agravada com a I Guerra – período de grandes abalos revolucionários no mundo (Rússia, Alemanha, China, etc), cujo cume foi a Revolução de Outubro –, que o pensamento dialético retoma com força seu lugar no seio do debate marxista.[20] Ocorre porém, que a nova estabilização temporária do capitalismo, por volta de 1924, faz com que seja amainada a onda revolucionária europeia, ao mesmo tempo que as forças reacionárias *ocidentais* aumentam o cerco e pressão sobre a recém-consolidada União Soviética,

---

19 Sami Naïr e Michael Löwy, em *"Lucien Goldmann ou la dialectique de la totalité"* (1973), p. 83 e seguintes.
20 Lucien Goldmann, *idem*, p. 77.

levando sua ainda instável revolução a uma etapa de retração defensiva – palco em que se erguerá paulatinamente a burocratização do partido bolchevique. Pouco a pouco serão banidas as ideias luxemburguistas, e o pensamento de Lenin terá seu conteúdo revolucionário esvaziado, tendo sua face dialética substituída por manuais pragmáticos; novos pensadores dialéticos e revolucionários como Lukács ou Korsh serão abafados ou *domados* pela dura orientação estatal imposta pelo acuado governo de Stalin. Foi assim, que essa nova corrente – pragmatista ou *materialista mecanicista* – uma vez mais viria a eclipsar a dialética e a práxis do marxismo, aproximando-se do socialismo nacionalista pregado por Lassalle (ou seja, Estado forte paternalista, sustentado por política de alianças que inclui setores conservadores pretensamente "nacionais").

Em síntese, as características principais deste período foram: organização fortemente hierarquizada sob a disciplina rígida do Partido; identificação do poder do Estado com a figura do líder; promoção da política de alianças com parcelas das elites, as chamadas "burguesias nacionais", à revelia do apoio a movimentos revolucionários e à internacionalização da Revolução.[21]

Estas práticas acabariam por agravar o refluxo da onda revolucionária no mundo, levando a um maior isolamento e ao consequente enfraquecimento da Revolução Soviética, e por fim, à corrupção política que corroeu seu aparato burocrático, o qual através de um golpe interno (sem sangue nem significativa resistência) pilharia subitamente o primeiro grande projeto humanista coletivo – comunista.[22]

---

21 S. Naïr e M. Löwy, *idem* (1973). p. 88-89.

22 Processo de pilhagem que teve como protagonistas uma máfia de burocratas formados nas entranhas do Partido que tomam em suas mãos as grandes empresas estatais russas, transformando-as, da noite para o dia, de estrutura do Estado e patrimônio do povo, em um dos maiores empreendimentos criminosos que já se observou por entre os grandes golpes capitalistas da história.

Questão nacional e eurocentrismo

O debate histórico do marxismo acerca da *questão nacional* remonta as próprias reflexões de Marx e Engels – cujas opiniões sobre o tema mudariam significativamente ao longo de suas vidas.[23] Em seus primeiros escritos, percebe-se neles, ao lado do humanismo universalista, uma perspectiva *cosmopolita* que se pode vislumbrar na argumentação do *Manifesto do Partido Comunista* (1848), em que afirmam que a "estreiteza" nacional tornava-se cada vez mais impossível e que os trabalhadores "não têm pátria".[24]

Marx, desde seu ponto de vista inglês – país onde residiu e observou a evolução do capitalismo –, demonstra, em seus escritos iniciais, certa confiança no "progresso histórico" ao modo europeu, afirmando que o capitalismo em alguns casos (como na Índia) desempenharia um papel civilizatório (embora frisando a selvageria britânica), o que aceleraria sua própria evolução e consequente destruição.[25]

No entanto, nas colônias, o capitalismo imposto desde o exterior produz resultados bastante distintos daqueles da metrópole – o que faria Marx e Engels modificarem certas opiniões. Em fins da década de 1850, o aspecto *cosmopolita* de viés eurocêntrico presente em suas análises será (dialeticamente) revisto pelos fundadores do marxismo – quem, a partir dos fracassos das lutas operárias do século XIX, ampliam de modo notável sua visão de mundo. Aprofundando-se no estudo de sociedades periféricas, e tendo melhor conhecimento dos horrores promo-

---

23 Segundo Eric Hobsbawm, em *Nações e nacionalismos desde 1870* (1991), o termo *questão nacional* foi consolidado nos debates da II Internacional.
24 *Manifesto do Partido Comunista*, p. 70 e 84.
25 Ver *Manifesto do Partido Comunista*; e Marx, "A dominação britânica na Índia" (1853).

vidos pelas potências capitalistas, passarão a defender os movimentos rebeldes das nações dependentes e colônias, abandonando a ideia *cosmopolita* – embora conservem o *internacionalismo*, então articulado com uma mais refinada interpretação da *questão nacional*. Em sua obra de maturidade, Marx se afasta de qualquer linearidade histórica, afirmando que o capitalismo ocidental não é a única *via* evolutiva. N'*O Capital*, ele pondera que o capitalismo que analisara, tratava-se de um capitalismo *ideal*, um *modelo* elaborado com base em países de indústria avançada – não sendo portanto um sistema *realmente* existente em um país.[26] Em outras investigações, ele explora essas outras *vias* possíveis, constatando a necessidade de melhor se compreender o *modo de produção oriental* – em que havia um Estado forte baseado em comunidades rurais, no qual a propriedade do solo era coletiva. Em sua crucial correspondência com Vera Zasulitch (1881), Marx frisa que o capitalismo europeu não é uma "fatalidade histórica", explicitando que a luta dos russos, em um só tempo anticapitalista e antifeudal, em caso de vitória revolucionária poderia conduzir diretamente a uma sociedade emancipada construída sobre as bases das atuais comunidades rurais – as quais poderiam servir de "elemento regenerador" da sociedade, ponto de partida de base coletivista e portanto grau adiantado para a construção comunista.[27]

Entretanto, após a morte de Marx, a II Internacional desconheceria a histórica mudança de opinião deste pensador – dialético e autocrítico –, voltando a incorrer na rasa ideia linear que pregava o *etapismo* de modelo europeu, segundo a crença na "missão civilizatória" capita-

---

26 Néstor Kohan, "*Marxismo y cuestión nacional*"; e Pierre Beaudet, "*Socialisme et libération nationale*", em J. C. Mariátegui e G. Linera, *Indianisme et paysannerie en Amérique Latine*.

27 Marx: "*Proyecto de respuesta a la carta de Vera Zasulich*" [1881]; e "*Marx-Zasulich Correspondence*" [1881] – ambos em *Archivo Marx-Engels/Portal Marxists*.

lista (o que apassivaria as lutas coloniais). Somente com Lenin e Rosa Luxemburgo, tal eurocentrismo voltaria a ser refutado; nesse embate, Lenin foi o mais radical, ao propor como programa político estratégico a doutrina de *autodeterminação dos povos*, recusando qualquer tipo de colonialismo, nem "humanitário", nem "civilizado".

A partir desse gesto do líder bolchevique, a noção de revolução mundial socialista passaria a incorporar todas as culturas e nações, do centro e das periferias do planeta. Depois de sua morte, porém, estando a Rússia isolada na Europa (sobretudo após a derrota da Revolução Alemã, em 1923), Stalin abandonaria a ideia internacionalista, centrando forças apenas na Revolução Soviética. Conforme Leandro Konder, a ideia do *etapismo* – ou a "cristalização do processo histórico" – foi a forma que o "pragmatismo stalinista" encontrou para conciliar o "voluntarismo" de suas decisões no plano político-partidário, com seu "objetivismo" econômico. Na concepção de Stalin, ao longo de uma *etapa*, a estratégia revolucionária permaneceria "em essência" inalterada, de modo que cada uma das pretensas *etapas* acaba por ser concebida em termos quase estáticos; limita-se pois a "intervenção criativa" do sujeito histórico somente aos interstícios da transição entre uma e outra *etapa*.[28]

Questão nacional na América

Na Europa do século XIX foi intensamente debatida a ideia de que uma nação seria caracterizada por uma *unidade étnico-linguística*, a qual por sua vez deveria ser reunida em uma só unidade política – o Estado.[29] A partir desta problematização, estando algumas *nações* europeias – tchecos, irlandeses, sérvios, etc – ocupadas por potências im-

---

28 Leandro Konder, *A derrota da dialética*, p. 66-67.
29 Eric Hobsbawm, em *Nações e nacionalismos desde 1870*, p. 33 e seguintes.

perialistas da época, ganharia espaço a reflexão sobre a *questão nacional*. No entanto, no caso americano este problema não pode ser pensado segundo semelhantes critérios, pois que não se coloca em termos *étnicos* ou *linguísticos*. Mesmo em países onde a presença indígena é significativa – e contrasta com o restante da população de descendentes dos colonizadores e de povos por eles escravizados –, as intenções separatistas não foram, contudo, o foco das lutas. Por outro lado, a questão latino-americana se distingue também do caso *asiático*, pois nas nações orientais – sob domínio europeu entre os séculos XIX e XX – havia uma *identidade nacional* baseada em grupos étnico-linguísticos não-europeus, de forma que tais povos enfrentaram *unidos* o domínio colonial, ainda que absorvessem certos costumes e cultura de seus opressores.

Dessa maneira, a busca pela *especificidade* de nossas realidades marcaria o pensamento latino-americano contemporâneo – em um esforço por se contrapor à visão centrada no padrão de evolução europeu.

A constituição de nossas nações foi fruto da expansão mercantil das fronteiras da civilização *moderna europeia*, o que acabou por situar os povos latino-americanos na periferia do sistema capitalista que se consolidou. Possuindo semelhanças com a organização político-econômica e sociocultural característica da Europa – e mesmo com a composição étnica que se conformou –, nossas sociedades, dada tal proximidade, incluem-se parcialmente no âmbito desta civilização. Contudo, há também diferenças fundamentais entre ambas as realidades, o que não permite que nos pensemos *propriamente* enquanto *ocidentais*. Este dilema levaria o pensamento marxista latino-americano, durante sua formação no início do século XX, a uma equívoca polarização: de um lado, aqueles *dogmáticos* que buscaram submeter *mecanicamente* todas as realidades ao modelo europeu (tido como universal); e de outro os *revisionistas*, que exaltavam as *especificidades regionais*, relativizando e se desviando do marxismo.³⁰ Desses dois extremismos resultariam erros teóricos de interpretação histórica e, consequentemente, erros políticos. Como exemplo das ideias *revisionistas*, tem-se Haya de la Torre, que afirma que o marxismo, como pensamento nascido das sociedades capitalistas europeias, não se poderia aplicar com justeza à realidade latino-americana – que precisaria portanto de uma teoria própria.³¹ Já dentre os marxistas *mecanicistas*, a ideia era a de conformar forçosamente os problemas latino-americanos dentro do esquema eurocêntrico – no caso aquele adotado pelos soviéticos, que com o prestígio de sua Revolução, davam as diretrizes aos partidos comunistas de todo o mundo.

Em defesa do pensamento marxista autêntico, Caio Prado e Mariátegui se levantariam em significativas polêmicas políticas e teóricas. Seu debate se dá especialmente em relação às correntes marxistas de postura dogmática – embora Mariátegui se dedique também a refutar o revisionismo dito *indigenista*.³² Conforme mencionado, uma das

---

30 Michael Löwy, "*Introducción: puntos de referencia para una historia del marxismo en América Latina*", em *El marxismo en América Latina*.

31 Haya de la Torre, fundador da Aliança Popular Revolucionária Americana (APRA), foi grande interlocutor teórico e político de José Carlos Mariátegui – como se expõe adiante, ao se abordar algumas dessas oposições. Esta visão foi compartilhada no Brasil por teóricos nacional-desenvolvimentistas, como os da CEPAL (*Comissão Econômica para a América Latina e o Caribe* da ONU).

32 Como se pode notar, o livro *A Revolução Brasileira*, tem um estilo argumentativo bastante detalhista e rebuscado – ao contrário do estilo ensaístico e objetivo de outras obras suas –, pois visou defender teses em que Caio Prado se opõe diretamente à cúpula do PCB e seu alinhamento com a III Internacional; em relação a revisionismos latino-americanos, Caio não se dedicará a esta discussão; mais tarde, na segunda metade do século, travará embate contra os *estruturalistas*. Também Mariátegui se oporá à Internacional; mas também se dirigirá contra o revisionismo *indigenista*, em especial se opondo a Haya.

principais divergências dos dois pensadores com a III Internacional foi em relação à tese do *etapismo*, que afirmava a *obrigatoriedade* de cumprimento da *evolução social* ao modo *clássico* europeu (do feudalismo ao capitalismo, antes de se atingir o socialismo). Esta ideia, ao afirmar a necessidade de uma prévia revolução burguesa, implicava que seria preciso aos comunistas se aliarem a supostas *burguesias desenvolvimentistas*.

Mariátegui e Caio Prado recusarão tal estratégia rígida, defendendo de modo similar que não era viável uma aliança com as burguesias de seus países – classes econômica e culturalmente voltadas ao estrangeiro. De acordo com seu ponto de vista, em seus países jamais houve uma burguesia nacional, e portanto, diferentemente de outras nações, concluem que a revolução latino-americana teria que ser dirigida pelos trabalhadores do campo e da cidade – desenvolvida conforme as próprias condições sociais e cultura de seu povo.[33]

Caio Prado centrará sua proposta de realização nacional na resolução do problema agrário – problema ainda hoje atual. Para ele é necessário que a *Revolução Brasileira* se centre no projeto de criação de um mercado nacional que incorpore os grandes contingentes populares. Contrário à ideia preponderante do PCB e Internacional, afirma o caráter, já em sua época, predominantemente capitalista (e em nada *feudal*) da economia brasileira.[34] Quanto a Mariátegui, sua ideia se pauta espe-

---

33 Mariátegui afirma em *Sete ensaios* (p. 55) que "não existe no Peru, como jamais existiu", uma burguesia com "sentido nacional" – e que é o *partido proletário* quem deve completar a revolução burguesa interrompida. Já Caio Prado (quem nega resquícios feudais, afirmando que no Brasil o que houve foi um "escravismo"), diz que "os capitais e iniciativas estrangeiras e nacionais se foram combinando", e que hoje não há uma *burguesia nacional* ou *anti-imperialista* como prevê a "teoria consagrada" de nossa revolução (em A Revolução Brasileira, p. 110-111).

34 Em *A Revolução Brasileira*. Vale destacar que apesar de divergências, Caio Prado jamais deixaria o PCB, pois que através deste engajamento, ele manteria sua voz ativa, prática – sem o que ele poderia ter se tornado apenas um *teórico*.

cialmente pela característica revolucionária da cultura indígena, como parte constitutiva da construção do socialismo no Peru contemporâneo. Sua proposta de *tradução* do marxismo para a realidade andina consiste em uma fusão dialética das ideias do comunismo marxista com elementos tradicionais do "*comunismo agrário*" dos povos autóctones.[35]

A interpretação tanto de Caio Prado, como de Mariátegui, passa pela percepção de que as sociedades nacionais na América Latina foram produzidas historicamente em função dos interesses do colonizador europeu; que nossas revoluções emancipatórias foram protagonizadas pelas classes burguesas, como resultado da herança colonial que orientava (e orienta) nossa política e economia ao exterior; e que estas camadas dominantes não permitiram que nosso processo de independência fosse completado.

Com efeito, ainda hoje, passado quase um século, os Estados latino-americanos continuam sendo dependentes – econômica e culturalmente –, pois as antigas metrópoles coloniais foram *substituídas* por novas potências econômico-militares modernas.[36]

Coloca-se pois com urgência, em nossas realidades, a construção de identidades nacionais próprias – o que se encontra obstaculizado pela estrutura de dependência nacional. Visando um rompimento com a herança colonial, os autores também convergem em afirmar a necessidade da ação consciente do partido de vanguarda (baseado na união operário-camponesa-intelectual), como catalisador da conscientização

---

Também Mariátegui fez questão de unir, pouco antes de sua morte, seu partido à Internacional – o grande Partido mundial.

35 Conforme seus *Sete ensaios*. No capítulo "O problema do índio", ele articula dialeticamente a técnica e ciência europeias, às tradições comunitárias indígenas. Para o autor, a solução se encontra em absorver o melhor de cada cultura.

36 Tanto Caio Prado, como Mariátegui estendem suas análises inicialmente *nacionais*, à América Latina de modo geral, como se exporá.

popular revolucionária, que está apenas começando a se erigir em nossos *jovens Estados* (fundados antes mesmo que pudessem se estabelecer de fato enquanto *nações*).[37]

Caio Prado e Mariátegui, em suma, inserem-se em uma tradição *autônoma* do marxismo na América, a qual refuta a leitura revolucionária "europeizante" (com sua crença na função *civilizatória* do capital), em prol de uma leitura dialética e de práxis que considera esgotado o papel progressista da *burguesia*.

Através de atuação intelectual e efetivamente militante, os dois pensadores – formados e imersos na tradição cultural *mestiça* latino--americana – construíram sua vida teórica de modo inerente à sua vida prática, havendo em sua obra um sentido intrinsecamente militante. O tom muitas vezes ensaísta (embora sempre com profundidade analítica) da obra de ambos notoriamente teve por motivo o calor do debate e o objetivo de exercer uma função didático-conscientizadora – pela popularização do marxismo. Também as variadas viagens que ambos realizaram seriam cruciais para sua abertura de horizontes epistêmicos e formação sólida – sempre atenta à realidade social e às possibilidades de intervenção histórica.

No tocante à efetivação concreta da práxis (que teorizaram) em suas próprias vidas, além do firme engajamento político-partidário e de suas atuações prolíficas como escritores teóricos (formadores de opinião), destacam-se suas atividades jornalísticas e trabalhos editoriais.

---

37 José Aricó, em *Marx e a América Latina*.

Capítulo 1

Caio Prado e a Questão Nacional
contribuições ao marxismo – originalidade e atualidade

Caio Prado Júnior é reconhecido como um dos mais importantes pensadores brasileiros, destacando-se enquanto fundador da moderna análise historiográfica no país com sua refinada interpretação dialética da questão nacional, bem como por ter sido um dos pioneiros a conceber um autêntico marxismo americano – ao lado de Mariátegui e outros desbravadores da *filosofia da práxis* no continente em inícios do século XX.

Rompendo com tradições *ilustradas* de cunho positivista, remanescentes do século XIX, seu pensamento se destaca como *contemporâneo* – entendendo o *conhecimento* como *processo dialético* no qual teoria e prática são atividades interdependentes, construindo-se uma à outra. Sem se utilizar dos esquematismos simplistas tão em voga à época, pautados no modelo europeu, sua leitura do marxismo para a realidade brasileira, por si só já seria uma contribuição fundamental para tornar clássica sua obra, ao elaborar análise marxista criativa de sua singular nação.[1] Contudo, além de aportes a várias ciências humanas (notoriamente história, geografia, economia e política), Caio Prado constitui-se também como filósofo, havendo dedicado à reflexão filosófica marxista, além de uma rica história do conhecimento dialético, o interessante

---

1 Ver sobre o tema da apropriação marxista à realidade brasileira, dentre outros: Octávio Ianni, "A dialética da história" (1989).

conceito de *sentido* – referente tanto à *história*, como ao *conhecimento* e à *ação* –, cuja elaboração tem origem em seus estudos historiográficos.

Para o autor, tanto a história, quanto o saber humano de modo geral são "processos", cuja compreensão exige que sejam observados em sua "totalidade" – sem tampouco menosprezar-se a relação dialética que há entre este "todo" e suas "partes", organicamente *relacionadas*. Em sua mais aclamada obra, *Formação do Brasil Contemporâneo* (1942), afirma que é a partir da observação de um largo período de tempo, e desde diversos ângulos do conhecimento, que em determinado momento histórico se pode vislumbrar, em meio ao "cipoal de incidentes secundários", os acontecimentos "essenciais" que culminam na direção "resultante" – a "síntese" que nos aponta o "fundamental" e o "permanente" da marcha da sociedade e do saber. Já em *História econômica do Brasil* (1945), didático texto voltado para público estrangeiro, ao analisar a *questão nacional* e a *revolução*, ele argumenta: "trata-se pois de apressar o *processo* de transformação e *orientá-lo* convenientemente" – de modo a "elevar" a sociedade a um "novo plano".[2] Esta ideia marcaria todo seu pensamento – científico e filosófico – e influenciaria diversos pensadores.

Ponto chave do marxismo caiopradiano é a concepção de *práxis*, tida por ele como princípio filosófico central. A função do *pensador contemporâneo* não se reduz a desvendar o *sentido resultante* do *processo* avaliado – mas essencialmente é preciso fomentar-se a relação entre a investigação filosófico-científica e a atividade revolucionária. Contrapondo-se à passividade da corrente *evolucionista* do início do século – que concebia o movimento da sociedade como espécie de prolongamento da natureza, independente da vontade humana –, o autor defende que o

---

2   *História econômica do Brasil*, p. 340 (1965) [1945]. Esta obra foi escrita a pedido do *Fondo de Cultura Económica de México*. Grifos meus.

valor do *conhecimento* para um marxista consiste em favorecer a possibilidade de intervenção humana na história. Tal posição transparece em diversos escritos seus, caso de seu *testamento* filosófico, *O que é filosofia* (1977/1981), em que afirma caber ao intelectual engajar-se, desempenhar seu "papel" na "existência humana", oferecer diretivas para sua "ação e conduta".[3] É através da crítica do conhecimento em sua *totalidade* que se pode desvendar a "linha mestra" que rege a sociedade, para então lhe propor uma *reorientação*, e o que é fundamental, *agir* pela *correção* deste processo – tornando realidade a filosofia, conforme exige o marxismo.

No século XXI, Caio Prado permanece um pensador atual e um dos autores brasileiros mais debatidos. Conceitos seus influenciaram diversas áreas do saber – da história e política, à filosofia –, sendo precursor do chamado "marxismo uspiano". Suas obras foram traduzidas para várias línguas, inclusive o russo e o japonês.[4]

Panorama histórico e práxis

No início dos anos 1930, durante o intenso período entre-Guerras, a sociedade brasileira vivia uma ebulição cultural iniciada na década anterior, quando teve palco o *movimento modernista*. A crise capitalista, que se tornava mais explícita, desafiava o pensamento brasi-

---

3   Caio Prado, *O que é filosofia* (ensaio de 1977, reeditado como livro em 1981), p. 104. Além deste livro, o autor discorre sobre a práxis também em outras de suas obras filosóficas, especialmente nos dois ensaios em que polemiza com a onda estruturalista, publicados sob o título *O estruturalismo de Lévi-Strauss – o marxismo de Althusser* (1971). Sobre o tema da centralidade categórica da práxis na filosofia marxista – o que será tratado mais adiante – é também importante a leitura de Filosofia da práxis (1968), de Sánchez Vázquez.

4   Bernardo Ricúpero, em *Caio Prado Jr. e a nacionalização do marxismo no Brasil*, p. 214; Pedro Fonseca, "Caio Prado Jr.", em *Revista de Economia Política*, vol.11, n.3, jul-set.1991, p. 141.

leiro. Neste cenário, ao lado de Sérgio Buarque de Holanda e Gilberto Freyre, Caio Prado se sobressai como um dos precursores das reflexões acerca do que caracteriza o *ser brasileiro*. Sua postura cognitiva rigorosa e *fiel à história* – oposta a esquemas prefixados – o levaria a campo em incansáveis viagens, de modo a conhecer com seus próprios olhos um Brasil mais profundo. A intenção do autor é explicar seu país segundo uma "totalidade dotada de sentido" – conceito que se tornaria um marco na história do pensamento brasileiro.[5] Militante comunista engajado durante toda a vida adulta, em que atuou pelo Partido Comunista (PCB), Caio Prado não deve ser entendido apenas como um intelectual brasileiro dos mais completos – mas acima de tudo, ele foi um *revolucionário*.

Espírito combativo, desde cedo parte a decifrar a realidade do Brasil – abandonando sua vida de origem privilegiada, para percorrer os imensos sertões do país, com o intuito de encontrar uma resposta para os problemas que via escancarados diante de si: a miséria e o atraso que persistiam enraizados em uma nação riquíssima em recursos, mas que se desenvolvia de modo lento, irregular e sempre voltada ao exterior, sem se enxergar a si mesma. Conforme Octávio Ianni, a análise radical da *questão nacional* levada a cabo por Caio Prado fez dele o "fundador" da "interpretação dialética do Brasil". Através de seu engajamento político e trabalhos de campo que o aproximam do povo – em expedições nas quais "redescobre o passado" da nação –, ele repensaria o *presente*, abrindo assim perspectivas para as "tendências futuras" do país. Dada sua "originalidade", o intelectual e revolucionário instituiria "toda uma corrente" não só da historiografia, mas do "pensamento brasileiro" – sendo indubitável sua relevância para o "conjunto das ciências sociais" e para a "história das ideias filosóficas".

---

5   Conforme Vera Ferlini, em "A fidelidade à história" (em D'Incao, *História e ideal*, 1989), p. 230-231; e Lincoln Secco, *Caio Prado Júnior – o sentido da revolução* (2008), p. 153.

Ianni nota ainda que também no campo das artes, percebem-se "ecos" de sua "influente" interpretação marxista. Nelson Werneck Sodré, Francisco Iglésias, Antonio Candido e Florestan Fernandes são alguns dos grandes nomes a quem seu pensamento marcou.[6] Caio Prado foi um pioneiro ao elaborar análise que mediava fatores econômicos, sociais, políticos e culturais – rompendo com as compartimentações científicas que até hoje atravancam o desenvolvimento do conhecimento. Buscou relacionar o *todo* com as *partes*, o *sentido geral resultante* com as *particularidades* do processo – segundo uma perspectiva contemporânea que apenas começava a ser elaborada (tanto no âmbito do marxismo, quanto da nova historiografia dos *Annales*). Ainda embrionário, esse modo totalizante de se pensar a história viria a se difundir após a II Guerra, na década de 1950 – tornando-se característica marcante dos historiadores franceses e historiadores marxistas britânicos.

Pensador que abalou os *sentidos* da intelectualidade nacional, Caio Prado logo chegaria a ser reconhecido no circuito estrangeiro, tanto na América Latina (com publicação de livros seus no México e Argentina), como no *autocentrado* panorama acadêmico europeu – em especial a França, onde em 1948 Fernand Braudel escreve o artigo *"Au Brésil: deux livres de Caio Prado"*. É importante observar que o autor brasileiro teve contato precoce com as transformações do pensamento francês, não só em sua relação com a delegação francesa que participa da fundação da USP (1934), mas também em sua estadia em Paris (1937), quando assiste na *Sorbonne* às aulas, por exemplo, de Georges Lefebvre – conforme se lê em seu caderno de notas intitulado "Revolução Francesa".[7]

---

6   O. Ianni, "A dialética da história", em *História e ideal* (1989), p. 63, 73 e 77.
7   Paulo Iumatti, *Caio Prado Jr.: uma trajetória intelectual* (2007), p. 17-20. O citado caderno de C. Prado data de dezembro de 1937.

Dado o protagonismo acadêmico francês na fundação da Universidade de São Paulo, Braudel teve a oportunidade de conhecer bem cedo o desenvolvimento historiográfico brasileiro. Neste texto, publicado na revista dos *Annales*, ele chama a atenção do público francófono para o que considera a "melhor história econômica de que dispomos sobre o Brasil". O francês exalta seu colega paulista como um "historiador nato", observador habituado a "verificar as fontes", a discutir o "encadeamento dos fatos", e sobretudo, o que é caro aos *Annales*, atento à "vida múltipla dos homens". De fato, o marxista brasileiro se dedicou a fundo na prática erudita interdisciplinar. "A história econômica não é para Caio Prado um campo fechado" – diz Braudel – "mas sim uma história coesa, mesclada aos acontecimentos e especialmente associada à vida política e à evolução social". Porém, embora reconhecendo a importância da "forte e eficaz dialética materialista aplicada à história", pois graças a ela "todo o manto da história foi iluminado", o professor censura em Caio sua explícita afirmação ideológica – como que pretendendo um conhecimento idealmente mais *discreto*, ou mais "estritamente" *objetivo*. Apesar disto, admite que não há história sem "posto de observação". O representante dos *Annales* percebe também que suas afinidades teóricas com o autor vão além, abrangendo um aspecto fundamental no campo marxista – e bastante valorizado por Caio Prado: a atenção ao "conjunto da paisagem histórica"; a percepção da história do país como uma "evolução lentamente preparada"; a consideração de um tempo longo que permita se avaliarem as *permanências*, ao invés da pobre história de heróis e datas. Neste ponto, porém, Braudel observa o que considera uma lacuna na obra caiopradiana: a de não ter dado devida atenção à "história do Atlântico Sul" – o oceano, meio de ligação com o mundo –, embora atenue a crítica ao compreender que isto se deveu à intenção do historiador de pôr mais peso na análise de uma economia propriamente brasileira, em oposição à economia "inumana" imperialista.[8]

Esta *escola historiográfica* francesa, em consonância como o marxismo, encontra na interdisciplinaridade – no uso das várias ferramentas que a ciência contemporânea põe ao alcance do pesquisador – o caminho para uma concepção da realidade em sua máxima plenitude.

Caio Prado, em sua incessante procura por esse olhar múltiplo, se aprofundaria na investigação de diversos ângulos do saber – e foi neste intento de totalização que, de cientista humano, chegaria também à seara da filosofia. Sua formação nas humanidades, como mencionado, principia com *atividades práticas* – estudos de campo, militância política –, experiências de vida que ele apreende para então se embrenhar a construir seu discurso *científico*. Do mesmo modo, sua incursão na filosofia (sistematizada a partir dos anos 1950) não foi diletante, mas ancorada na história. Uma trajetória intelectual que parte da observação da realidade, mediante a qual constrói sua *teoria aplicada*, para somente então rumar à investigação da *teoria abstrata* ou *filosófica*. Note-se que isso (em sua época) se deu na contramão do que Perry Anderson consideraria como *"marxismo ocidental"*, ou seja – no sentido desenvolvido por este autor –, um desenvolvimento apenas *teórico* da dialética marxista, alijada da prática revolucionária.[9]

---

8   Em *Annales: Économies, Sociétés, Civilisations*, ano 3, n.1, 1948, p. 99-101. F. Braudel, "No Brasil: dois livros de Caio Prado" (trad. Yuri Martins Fontes). Em Mouro: Núcleo de Estudos d'O Capital, São Paulo, ano 6, n.9, 2015. O título faz alusão aos livros *Formação do Brasil contemporâneo* e *História econômica do Brasil*. O texto aponta ainda a importância de se fazer uma tradução francesa de História econômica do Brasil – o que até hoje não se efetivou.

9   Perry Anderson, em *Considerações sobre o marxismo ocidental* (1976). Veja-se na *Introdução* a nota 17 – sobre o conceito de "marxismo ocidental".

O objetivo de Caio Prado portanto, ao discutir questões da filosofia, não sendo *puramente* teórico (ele foi aliás severo crítico dos *idealismos* que via como *individualismos*), correspondeu sobretudo a uma atitude transformadora. É com o intuito de defender e tentar pôr em prática suas concepções científicas e políticas anteriores, que ele procurará demonstrar *dialeticamente* sua correção, ratificando-as de modo mais robusto por meio de conceitos filosóficos. A partir da reflexão filosófica, ele tem por meta *refinar* suas análises da história, para daí elaborar diretrizes político-econômicas mais precisas, de modo a agir concretamente sobre a realidade, em especial através da massificação da conscientização popular; realidade essa que uma vez modificada – como ele acentua –, agirá a seu turno sobre aquele conhecimento primeiro, num perene processo dialético. Vê-se aqui colocada a questão da práxis, cerne da filosofia caiopradiana, por meio de que se quer acelerar o *processo revolucionário*, abrindo assim a perspectiva para que os Homens, emancipados, possam realizar suas potências.[10] Em seu entendimento, cabe a um marxista a superação do mero debate teórico, pois o assunto filosófico premente é a *realização* da filosofia; ou de outro modo, o filosofar é um *todo* que só adquire completude através da *ação prática* – ao tornar realidade o *sentido* proposto pela teoria.

Para Leandro Konder, diante deste que é o "grande desafio" do materialismo dialético – a saber, a ação da "subjetividade" no processo "objetivo" e "ontológico" da revolução –, Caio Prado soube "ir além", atentando à relação entre a "força transformadora" (e "autotransformadora") do *sujeito* e a "força inerente" ao "movimento" (ou à "inércia") do *objeto*.[11] Este tema está presente desde logo em diversos momentos da obra do

---

10   Conforme *O que é filosofia*.
11   L. Konder: "A façanha de uma estreia", em *História e ideal* (1989), p. 135-136; e *A derrota da dialética* (2009), p. 56.

marxista, a começar pelas críticas que tece nos anos 1930 à passividade da social-democracia da Europa Ocidental, em URSS: um novo mundo, e permeia todo seu pensamento até culminar no embate que promove contra o estruturalismo (O estruturalismo de Lévi-Strauss – o marxismo de Althusser, de 1971), teoria que se tornara moda na segunda metade do século. Além destes livros publicados, ele trata do assunto da práxis também em vários manuscritos ainda inéditos – dentre os quais vale citar seu caderno "Desenvolvimento da Inteligência", no qual pondera:

> O conhecimento existe em função da ação, isso é, visa a ação. Um de seus caracteres essenciais – senão o essencial – é tornar possível ao indivíduo agente "reconhecer-se" no seio da realidade, saber com que está lidando, em face do quê se encontra.[12]

A ideia de Caio Prado é a de que o intelectual comunista tem como requisito fundamental a ação que promova a causa revolucionária – posição que nega o estatuto de marxista a quem separe obra teórica de prática militante. Explicita esta reflexão em carta de 1946 ao "companheiro" Evaldo da Silva Garcia (1946), que pedira sua ajuda a "quem possa escrever":

> Escrever para um comunista, não é fazer "bonito". Não é procurar louvores(...). É contribuir para a formação e divulgação da teoria revolucionária, do marxismo. Uns farão

---

12 "Desenvolvimento da Inteligência" (sem data/ posterior a 1952), manuscrito pertencente ao Fundo Caio Prado Júnior do Arquivo do IEB-USP: referência CPJ-CAD035, [item] 20 – "Constante, ação, identificação" (p. 40). Observação: foi atualizada a grafia de todos os documentos manuscritos do Arquivo do IEB transcritos e citados nesta pesquisa.

isto melhor, outros pior. Mas todos contribuirão com alguma coisa. E é isto que importa.[13]

Nesta mesma correspondência, ressalta o valor primordial que ele vê na ação revolucionária, e manifesta sua decepção com as rasas interpretações *mecanicistas* que predominavam no marxismo – críticas que viriam a público em suas polêmicas políticas *A Revolução Brasileira* (1966) e *A questão agrária no Brasil* (1979), bem como em seus escritos filosóficos.

Além da defesa da práxis, outro aspecto a ser ressaltado na filosofia caiopradiana é que ela se situa dentre as primeiras que se dispuseram a meditar sobre a *lógica* que rege a metodologia dialética marxista – tema este até então pouco trabalhado (em especial fora da Europa) e normalmente apresentado somente de forma prática em interpretações que se guiavam pelo materialismo-histórico. Centrado inicialmente na teoria marxista do conhecimento, o autor – em *Dialética do conhecimento* (1952) e em *Notas introdutórias à lógica dialética* (1959) – descreve detalhadamente a *evolução dialética* dos saberes, desde os primórdios da metafísica à contemporaneidade, detalhando e analisando conflitos e transformações. Sua intenção é não apenas demonstrar a validade da "lógica dialética" na construção do pensamento científico e filosófico – como também expor a dialética presente em diversos aspectos da realidade, e portanto da vida. Nessa rica *defesa* do marxismo, ele perscruta a dialética do curso evolutivo do conhecimento, desde os gregos antigos até Marx, Engels e mesmo Einstein; a partir daí chega a antecipar descobertas de relações dialéticas que ocorrem na natureza, observando-as, dentre tantos exemplos, na psicologia cognitiva de Piaget, bem como

---

13 Carta destinada ao "companheiro Evaldo da Silva Garcia", S.Paulo, 11 de maio de 1946, Fundo Caio Prado Júnior/ Arquivo do IEB-USP: referência CPJ--CA002.

nas recentes descobertas da fisiologia e especialmente da física moderna – com a noção da dualidade onda-partícula que romperia paradigmas, constituindo-se em grande *revolução científica* (rompimento que aliás, também se dá de forma dialética).[14]

Dadas as polêmicas que acometeram esta sua incursão teórica, vale frisar que de acordo com o *sentido* antipositivista que percorre toda a obra caiopradiana – bem como sua visão *imperativa* da práxis – sua intenção ao tratar da *dialética* presente na *natureza* nada tem que ver com os erros, por ele mesmo frequentemente criticados, de se querer submeter a história à natureza. Em ensaio sobre a filosofia de Caio Prado e sua "dialética do sentido", Jorge Grespan destaca que o pensador foi o "único" marxista de sua geração que por aqui se aventurou na investigação da *dialética*, tema supostamente já "resolvido" pelos fundadores europeus; e o que é mais importante, ele seguiu o sentido inverso da tendência que buscava *naturalizar* a história, empreendendo justamente o oposto: sua perspectiva *historiciza* a natureza.[15]

Por outro lado, é importante frisar que sua teoria filosófica marxista, ao reivindicar uma *dialética totalizante*, não se reduz à esfera da *lógica* ou *teoria do conhecimento* – mas ressalta e alinhava a todo momento seus *fins ontológicos* de transformação histórica. Observe-se contudo, que o termo *ontologia* está aqui colocado em seu significado

---

14 Cabe ressaltar também que variados campos das ciências vem oferecendo atualmente comprovações teóricas da *realidade dialética* – como se mostrará adiante. Quanto à questão das revoluções científicas e rompimento de paradigmas, vale se remeter aos trabalhos de Thomas Kuhn e Gaston Bachelard.

15 Jorge Grespan, "A teoria da história em Caio Prado Jr.: dialética e sentido", em *Revista do Instituto de Estudos Brasileiros* (2008), p. 59-61. Sobre esta polêmica, vale ao menos mencionar que uma certa leitura parcial ou precipitada tentou imputar um viés positivista à filosofia caiopradiana – equívoco que nem mesmo tem lógica diante do conjunto de sua obra. Essa discussão será melhor explanada adiante.

materialista contemporâneo, ainda que Caio o compreendesse e usasse na acepção antiga – enquanto *metafísica* –, e portanto não o prezasse e evitasse usá-lo.[16] Neste âmbito de uma *ontologia materialista*, ademais de destacar a práxis como fundamento do marxismo, o foco do autor se voltará a questões como a liberdade e a realização humana; suas indagações se dirigem à apreensão do "sentido" do *ser social*, a partir de uma concepção *total* do Homem que considere diversas esferas da existência.

Em seu denso e derradeiro livro sobre o tema, *O que é filosofia*, ele trata da questão do "Ser", sua plenitude, emancipação, bem como do "sentido" de seu desenvolvimento *dialético totalizante* – em texto que dialoga com o artigo (seu homônimo) "O que é filosofia" de Heidegger, dentre outros "idealismos" a quem critica. Alicerçado na *práxis*, sua intenção é demonstrar que o objeto do *saber filosófico* – em contraste com o *saber científico* – é o "conhecimento do conhecimento", ou seja, a ampla *crítica* que deve abarcar a totalidade das ciências, de modo a se vislumbrar o mencionado *sentido* geral da história e dos saberes, ajustando-o, para então reorientar o rumo da sociedade. O exame do "fato do conhecimento", diz ele, estende-se à consideração da "função" que desempenha na existência humana, ou seja, a "determinação" e "orientação" da ação sobre a história.[17]

---

16 Quanto a esta *ontologia atual*, Marilena Chauí, em *Convite à filosofia* (p. 206) afirma: a "nova ontologia parte da afirmação de que estamos no mundo(...) mas, simultaneamente, de que somos capazes de dar sentido ao mundo, conhecê-lo e transformá-lo" – sentido este que comporta plenamente as preocupações filosóficas caiopradianas. Note-se que também Lukács evitava esse termo, até passar a ver a possibilidade de uma "ontologia em base materialista" – conforme Vaisman e Fortes, "Apresentação", em G. Lukács, *Prolegômenos para uma ontologia do ser social*, 2010 [1971], p. 14.

17 Conforme *O que é filosofia*, p. 103-104.

Afora isso, sua discussão abrange outro ponto também essencial ao marxismo: a dialética *liberdade-necessidade* – ou a questão da *liberdade coletiva*, condição necessária para a plena realização humana. O Homem, "privado de liberdade" e de capacidade de "livre escolha", "deixa de ser verdadeiro 'Homem'" – afirmará, para concluir que a noção de "responsabilidade" implica a de "liberdade". Segundo ele, a "liberdade individual" não se propõe como uma "premissa" – "como na democracia burguesa" –, mas como "conclusão", na medida em que por "liberdade" se entende a "faculdade" e "oportunidade" do indivíduo se "realizar", ou seja: "dar vazão às suas potências". Estas concepções filosóficas estão implícitas em grande parte de seus escritos; encontram-se especialmente aprofundadas, além da citada obra de 1981, em *O mundo do socialismo*, de 1962 (em capítulo reeditado como *O que é liberdade*), e nos ensaios de 1971 sobre Lévi-Strauss e Althusser, em que o pensador afirma o marxismo como "salto dialético qualitativo" em *desenvolvimento*, a proporcionar a transição da "sociedade de classes" para a "verdadeira liberdade": "fraternidade que fará a concorrência e luta entre os homens, em solidariedade e amor".[18] Em suma, o motivo último de sua filosofia é a construção da *nova sociedade* e do *novo Homem*.

Caio Prado, ao mesmo tempo que foi um *radicalizador* do marxismo do PCB, cuja atenção estava voltada à questão prática da política nacional, foi também um *precursor* do "marxismo uspiano", tendência mais teórica que se ocupou sobretudo em entender as particularidades da realidade brasileira – o que Paulo Arantes, parafraseando Caio, con-

---

18 Citações de: *O que é filosofia*, p. 87 (note-se que ele grafa "Homem" com maiúscula – em referência ao que considera o "verdadeiro Homem", ou o Homem livre); *O que é liberdade*, p. 58-59; *O estruturalismo...*, p. 69. É importante aqui perceber que as reflexões caiopradianas sobre *liberdade* se acercam às de Mariátegui – como se verá adiante.

siderou um "capítulo brasileiro do marxismo ocidental".[19] Suas posições autônomas e polêmicas, especialmente em evidência a partir dos anos 1960, ao suscitar debates com autores identificados com uma e outra orientação político-intelectual, acabariam por promover o encontro entre ambas as *escolas* marxistas – pecebista e uspiana –, as mais influentes do Brasil. Neste tocante, o historiador da filosofia e professor da USP, João Cruz Costa, em 1964 exalta o pensador como sendo o "mais autorizado representante" da filosofia marxista no país – em seu artigo "A história da filosofia no Brasil".[20]

De fato, além da sabida influência de suas ideias nos campos da política e historiografia, também suas ideias filosóficas – em especial a da *dialética do sentido* a guiar a história – se propagariam no pensamento brasileiro. Como exemplos, no ambiente uspiano da filosofia na virada do século, vale lembrar João Zanetic e Marilena Chauí. O físico e professor de filosofia da ciência, em *Evolução dos conceitos da física*, ao analisar o "novo espírito científico", defende o "papel da dialética no desenvolvimento científico", em oposição à tendência positivista que "em geral" resume o método científico à observação de fatos empíricos. Para tanto, apoia-se em concepção de *Dialética do Conhecimento* – "uma abordagem que tem o materialismo dialético como referencial teórico" –, citando esta obra (dentre outras) para afirmar que a evolução da ciência não busca um conhecimento "verdadeiro", no senso de *definitivo*, mas sim, de acordo com o "filósofo Caio Prado Júnior", o que há são "momentos distintos da evolução do conhecimento", de modo que em seu "processo

---

19 P. Arantes, *Um Departamento Francês de Ultramar*, p. 239; B. Ricúpero, *Caio Prado Jr. e a nacionalização do marxismo no Brasil*, p. 213-214. Caio vê nossa formação como "*capítulo*" da história europeia (*Formação*, 1942).

20 João Cruz Costa, "A história da filosofia no Brasil", em *Enciclopédia Delta Larousse*, vol.IV (1964), p. 1954.

evolutivo", pode-se dizer "no máximo" que as teorias científicas de hoje estão "mais próximas da Realidade objetiva".²¹ Já a filósofa e professora de história da filosofia – quem afirma que a "descoberta" da história brasileira através da obra caiopradiana foi "verdadeira revolução" em sua formação –, demonstra afinidades com o autor em reflexões sobre o significado do *filosofar*. "A filosofia não é ciência" – diz ela – "é uma reflexão crítica sobre os procedimentos e conceitos científicos": "uma interrogação sobre o *sentido* e o *valor* do conhecimento e da ação, uma *atitude crítica* com relação ao que nos é dado imediatamente em nossa vida cotidiana, um trabalho do *pensamento* para pensar-se a si mesmo e da *ação* para compreender-se a si mesma". Ou enfim, em frase que poderia ser de Caio Prado: é "*conhecimento do conhecimento* e da *ação* humanos".²²

Também a *economia* e a *psicologia* se destacaram dentre os principais interesses de Caio Prado, ademais de suas obras político-historiográficas e das dedicadas à *filosofia*. No caminho de investigar o *todo* que compõe o *real*, sobre aquela, escreveu *Esboço dos fundamentos da teoria econômica* (1957) e *História e desenvolvimento* (1968), além de muitos ensaios. Já acerca da psicologia, jovem disciplina até então quase ausente do debate marxista, além de várias passagens e capítulos que constam de sua obra filosófica e permeiam sua historiografia, vale citar os manuscritos "Psicologia Coletiva" e o mencionado "Desenvolvimento da Inteligência".²³

---

21 João Zanetic, *Evolução dos conceitos da física – alguns tópicos de "filosofia" da ciência* (2006) [1995], p. 14 e 103 – com citação de *Dialética do Conhecimento*.
22 Marilena Chauí, em *Convite à filosofia*, p. 16; e em entrevistas às revistas *Trans-Form-Ação* (n.34, Marília, 2011) e *Cult* (n.133, S. Paulo, 2010) – grifos meus. Com efeito, como se desenvolverá adiante, para Caio Prado a filosofia distingue-se da ciência, embora nela se baseie – criticando-a e sendo por ela criticada, dialeticamente.
23 "Psicologia Coletiva" (1937), Fundo Caio Prado Jr./ Arquivo do IEB-USP: ref. CPJ-CAD007; "Desenvolvimento da Inteligência", obr. cit. Contemporaneamente a Caio Prado, outros *filósofos da práxis* do início do século também

Desta nova ciência, o autor incorporaria as recentes descobertas relativas ao processo *cognitivo*, que vieram a reforçar a comprovação da *dialética* – presente também em nível psíquico. Como se pode observar, Caio Prado percebe a compreensão do Homem e sua sociedade como tarefa por demais complexa, demandando do pensador a utilização da totalidade de aportes do conhecimento contemporâneo. Não por acaso, ele mesmo, erudito obstinado, dedicou-se ao estudo de diversas disciplinas – desde as ciências humanas e a política, à filosofia da práxis, enveredando mesmo pelas ciências naturais, como a matemática e a física.[24] E apesar dessa tentativa que aqui se faz de dividir seu trabalho em especialidades (história, filosofia, etc), deve-se ter claro que essas são apenas categorias – compartimentações, que segundo a lógica "totalizante" de seu pensamento (como o de Marx), não tem sentido, senão didático.

Embora a atenção de Caio Prado tenha se voltado antes de tudo à compreensão materialista do mundo, de modo a aferir seu *sentido objetivo*, por outro ângulo é notória a sensibilidade que transparece em seus escritos – nos quais análises político-econômicas são frequentemente cotejadas com questões relativas à cultura e aos sentimentos. Este *prisma* psíquico-cultural aparece por exemplo, quando trata de temas como a "tristeza" e o "amor" – sempre em *relação* com sua análise historiográfica material –, como no capítulo "Vida social e política", de *Formação do Brasil Contemporâneo*, onde afirma que na "esfera propriamente humana do amor", o "ato sexual" se envolve de um "todo complexo de emoções e sentimentos" que chegam a fazer passar para "o segundo plano aquele ato

---

abarcaram a psicologia na *totalização* marxista do conhecimento: é o caso de Mariátegui, W. Reich, E. Fromm, Goldmann e Sartre.

24 Quanto às ciências matemáticas, remeter-se em especial ao artigo "Matemática, ciência empírica" (em *Encontros com a Civilização Brasileira*, vol.14, 1979); e sobre a física, *Dialética do conhecimento* (1952).

que afinal lhe deu origem" – para então concluir que no *Brasil-colônia*, esse "milagre", o "amor da senzala não realizou e não podia realizar".[25]

É ainda interessante ler em sua esparsa produção juvenil de cunho literário, que mesmo ao tratar de um tema como o amor, ele não descuida da realidade crua, como se vê nestes versos (originalmente em francês):

quand la pauvreté entre
par la porte, l'amour
s'envoie par la fenêtre[26]

Período de formação

Caio da Silva Prado Júnior nasceu em 1907, paulistano, filho de uma rica família de cafeicultores e industriais. Cresceu estudando com professores particulares e frequentou boas escolas – inclusive passando um ano em colégio na Inglaterra. Desde cedo interessado pelas questões humanas, assiste em 1922 à *Semana de Arte Moderna*, e em 1924 ingressa na Faculdade de Direito de São Paulo – a Faculdade de Filosofia ainda não havia sido criada –, na qual se diplomaria em 1928. Dada a precariedade do meio universitário brasileiro de então, sua origem de classe foi fator chave que lhe permitiu "refinada e sólida formação intelectual" – conforme observa Fernando Novais –, escapando assim dos *esquematismos* que tantas vezes "soçobram" os intelectuais marxistas. Para Caio, o marxismo não foi um desdobramento natural

---

25 Obra cit., p. 355 (Brasiliense, 2000). Note-se ainda nesta argumentação, uma contraposição a ideias de Gilberto Freyre.
26 "Poesia sem título", em Caderneta com poemas e notas (data presumida: fim da década de 1930/ período de exílio na França), p. 28 – manuscrito pertencente ao Arquivo do IEB-USP/ Fundo Caio Prado Jr.: referência CPJ-CAD010. Pode--se traduzir como: "quando a pobreza entra/ pela porta, o amor/ foge pela janela"

da radicalização de um intelectual de classe média, mas um verdadeiro "rompimento com as raízes" cujo desfecho seria o engajamento como "intelectual orgânico do mundo do trabalho".[27]

Nesta época, anterior à *Revolução de 1930*, a política no Brasil era dominada pelas oligarquias regionais, não havendo partidos de dimensão nacional. Em São Paulo, o Partido Republicano Paulista (PRP) dominava a cena, com um poder que ressoava nacionalmente. Contudo, a *oposição* ao clientelismo deste partido – classes médias e também certa dissidência oligárquica – se fortalecia, em especial a partir de 1922, com o movimento tenentista. A pauta política *progressista* de então centrava-se em promover um Estado nacional forte que se contrapusesse à supremacia das elites paulistas. Em 1926 é fundado o Partido Democrático (PD), com a bandeira da "renovação dos costumes políticos brasileiros" – que no entanto tinha como lideranças fazendeiros paulistas, que depois se mostrariam avessos a abrir mão do poder que suas posses avantajadas lhes permitiam sobre os negócios públicos. Um ano mais tarde, o ainda moço Caio Prado escreveria o artigo "A crise da democracia brasileira", no qual já esboça uma primeira análise de classes da sociedade brasileira, separando-a em: *políticos* (de cultura *insignificante* e sem princípios), *abastados* (fazendeiros e industriais gananciosos que desprezam "interesses do país"), e por fim a *massa do povo* (miserável e ignorante).[28]

Neste panorama político restrito, em sua primeira experiência partidária, Caio Prado filia-se ao PD (1928) – no qual em curto tempo desempenharia atuação intensa. Era apenas o começo do que seria toda

---

27 "Caio Prado Jr. historiador", em *Revista Novos Estudos* (1983), p. 67.
28 Lincoln Secco, *Caio Prado Júnior – o sentido da revolução* (2008), p. 27 e 29 – com citação do artigo de C. Prado; e Afrânio Garcia, "*Les metissages et la construction culturelle de la nation*", em *Hérodote–revue de géographie et geopolitique* (2000), p. 142.

uma vida de engajamento. Militante de fôlego, impulsiona a penetração do partido em bairros da capital e no interior, através de tarefas de organização da entidade e comícios para arregimentação de correligionários. O objetivo do PD era promover a *Campanha Liberal*, apoiando a candidatura de Getúlio Vargas contra o oficialista Júlio Prestes (sustentado pelo presidente em fim de mandato, Washington Luís). Neste contexto inflamado, um arroubo verbal levaria o jovem Caio à prisão – a primeira de uma série –, ao gritar uma saudação a Vargas, em plena cerimônia da candidatura de seu oponente Júlio Prestes. Em processo fraudulento, o candidato oficial da decadente elite paulista é eleito; mas as forças opositoras – especialmente facções da oligarquia *periférica* gaúcha e os *tenentes* – aliam-se e ganham adeptos.[29] Caio Prado então atuaria em ações conspiratórias, promovendo a comunicação entre líderes subversivos, estimulando membros hesitantes, e participando da logística da operação de sabotagem da estrada Rio-São Paulo – com o intuito de impedir o governo situacionista de se defender do avanço das tropas revolucionárias que marchavam desde o Sul do país.[30] Com a vitória dos revoltosos e Getúlio no poder, o PD tem expostas suas dissensões e falta de programa. A desorientação é logo percebida por Caio Prado, que decepcionado com as limitações de sua facção burguesa "radical" em enfrentar as oligarquias, transcenderia "resistências psicológicas" e venceria "barreiras sociais" em um movimento sem volta, momento de inflexão no qual,

---

29 Ver: Edgard Carone, *Revoluções do Brasil contemporâneo: 1922-1938* (1989), cap. 4. Cabe também citar, dentre as forças opositoras, a oligarquia *periférica* mineira (pecuária), bem como a baiana e a pernambucana, além das novas classes médias urbanas.

30 Francisco Iglésias, "Um historiador revolucionário", em *Caio Prado Júnior: história* (1982), p. 13-14.

segundo Florestan Fernandes, o pensador espatifa todas as "concepções", "valores" e "suas próprias raízes" de classe – *radicalizando-se*.³¹

Ingressa em 1931 no Partido Comunista do Brasil (antigo nome do PCB), força política sem base numerosa, mas com um programa consistente que tocava concretamente a *raiz* do problema nacional. Membro ativo, Caio Prado entrega-se à organização dos trabalhadores, atuando em organizações de base. Este contato direto com o povo lhe ofereceria uma nova perspectiva sobre a vida – seu ingresso em uma "extraordinária aventura humana".³²

Militou e foi fiel a seu partido por toda a vida – organicamente pertencente à agremiação que liderava a luta internacional pela causa que, mais além de ética, ele entendia como a própria razão de *ser* do Homem contemporâneo. Ser comunista tinha então um significado intrinsecamente ligado à militância partidária internacionalista – "errar com o partido" era mais importante do que "acertar sozinho".³³ Tratava-se de um sentimento de entrega, uma decisão existencial – ou na síntese *poética* de Neruda, tal *pertencimento* tornava o militante "indestrutível", agregando a ele "a força de todos os que vivem": "porque contigo [meu Partido], não termino em mim mesmo".³⁴

---

31   Florestan Fernandes, "A visão do amigo", em *História e ideal* (1989), p. 33.
32   Heitor Ferreira Lima, "Caio Prado e seu tempo", em *História e ideal* (1989), p. 19.
33   Lincoln Secco, *Caio Prado Júnior – o sentido da revolução* (2008), p. 44-45.
34   Pablo Neruda, "A Mi Partido" (XXVII), em *Canto General*, p. 484. "Me has agregado la fuerza de todos los que viven(...) Me has hecho ver la claridad del mundo y la posibilidad de la alegría/ Me has hecho indestructible porque contigo no termino en mí mismo".

Práxis político-filosófica

No conturbado começo da década de 1930, a sociedade brasileira, sedenta por uma "nova ideologia" que refletisse os novos tempos, dividia-se entre socialistas e integralistas – diante do que Caio Prado "não hesitou" em se decidir pelo socialismo.[35] Neste contexto, o Estado de São Paulo continuava no centro das disputas nacionais, em uma crise política que culminaria na mal denominada *Revolução Constitucionalista* de 1932 – que foi antes um *golpe* das antigas oligarquias locais, visando restabelecer a ordem anterior e frear reformas. Comunista recém-filiado, o autor se postaria contrário a este movimento sedicioso – que atraiu mesmo alguns artistas da vanguarda *modernista* –, acabando por se refugiar no interior do Estado. Neste mesmo ano, passa a militar pelo *Socorro Vermelho* e pela *Cooperativa Internacional dos Trabalhadores*, além de participar da fundação do *Clube dos Artistas Modernos* (CAM) – que abrigou parcela mais politizada da elite cultural modernista, em oposição à elitizada *Sociedade Pró-Arte Moderna* (SPAM).

Em 1933, Caio visita a União Soviética, e à volta faz famosa conferência no CAM, onde a "assistência" se prolongava "a mais de 150 metros pela rua".[36] Este foi talvez o palco de sua primeira atuação significativa como *formador de opinião* (ou *publicista revolucionário*), atividade que durante toda a vida considerou como tarefa comunista primordial. Ainda neste ano, escreve *Evolução política do Brasil*, sua pioneira grande obra, considerada a primeira análise com profundidade filosófica da

---

35 Pedro Fonseca, "Caio Prado Jr.", em *Revista de Economia Política* (1991), p. 139.
36 Conforme Flávio de Carvalho, "Recordação do Clube dos Artistas Modernos", em Revista Anual do Salão de Maio (1939). Os membros do CAM se opunham à SPAM pelo seu "elitismo" e "falta de compromisso político e social" – "detestamos elites", afirmava o líder Flávio de Carvalho (ver A. Couto, "Clube dos Artistas Modernos (CAM)", em Temas das artes).

realidade nacional – conforme Konder, não apenas um "ensaio", mas um "marco" da "história do marxismo no Brasil".

Antes dele, alguns poucos autores haviam tentado elaborar uma crítica de nossa sociedade utilizando o marxismo, tendo porém esbarrado em modelos rígidos que não lhes permitiram refinar sua interpretação. É o caso de Octávio Brandão e Antonio dos Santos Figueiredo, pensadores materialistas que debutaram no intento de uma análise marxista brasileira. Brandão, "intelectual oficial" do Partido Comunista, cujo livro *Agrarismo e industrialismo* chegou a ser a linha do PCB em fins dos anos 1920, não conseguiu porém alcançar um entendimento *materialista-dialético*; ele acreditava que "forças externas" poderiam desencadear um conflito entre os imperialismos inglês e estadunidense, abrindo então as portas de nossa revolução – o que denota um materialismo *esquemático*, no qual as condições objetivas se impunham às subjetivas, colocando o sujeito como mera "marionete" da história. Em sua interpretação, Caio Prado não se ilude com as tais "forças externas" de Brandão; reconhece a *objetividade* e a *subjetividade* como mutuamente imbricadas.[37] Sua análise não mecânica e criadora inaugura assim no Brasil um materialismo dialético de dimensão plena – enquanto *filosofia da práxis*.

Segundo Francisco Iglésias, foi somente com a produção historiográfica caiopradiana que o marxismo seria por aqui "sistemática e superiormente aplicado"; marxista que "leu muito" o "autor de *O Capital*", o pensador brasileiro absorveu "inteligentemente" seu "sentido mais profundo".[38]

---

37 Leandro Konder, "A façanha de uma estreia", em *História e ideal* (1989), p. 135-138.
38 Francisco Iglésias, "Um historiador revolucionário", em *Caio Prado Júnior* (1982), p. 30-32.

Este é o caso da original perspectiva logo de início oferecida ao leitor, em *Evolução*: a de "linha mestra", "sentido" que resulta da interação da *totalidade* de forças que compõe a história:

Os historiadores, preocupados unicamente com a superfície dos acontecimentos – expedições sertanistas, entradas e bandeiras; substituições de governos e governantes; invasões ou guerras – esqueceram quase que por completo o que se passa no íntimo da nossa história de que estes acontecimentos não são senão um reflexo exterior.[39]

Completa a ideia, citando o historiador Max Beer, autor de *História geral do socialismo*: "há muito se faz sentir a necessidade de uma história que não seja a glorificação das classes dirigentes". E é portanto isto que ele elaborará: uma história que dê justa ênfase à ideia de *revolução* e às lutas do período regencial, ressaltando o histórico das "pouco compreendidas" revoluções populares "da Menoridade" (1831-1840) – a *Cabanada do Pará* (1833-1836), a *Balaiada do Maranhão* (1838-1841) e a *Revolta Praieira* em Pernambuco (1848) – situando-as na história brasileira, onde até então estiveram equivocadamente ausentes, mostrando--as "não como fatos ocasionais e isolados", mas como "fruto que são do desenvolvimento histórico da revolução da independência".[40]

Em 1934, publica seu segundo livro, *URSS: um novo mundo*, fruto da popularidade de suas citadas palestras de 1932, uma mescla de crônica de viagem e análise político-econômica e mesmo cultural da Revolução Bolchevique – cujo processo construtivo-argumentativo remete indubitavelmente ao seu livro anterior. A publicação, apreendi-

---

39 C. Prado, *Evolução Política do Brasil* (1933), p. 9.
40 *Evolução...*, p. 9-10.

da pela polícia, traria ao escritor um inicial reconhecimento nos meios comunistas – ainda maior de que o devido a sua sofisticada análise de *Evolução*.[41] Na obra, investe contra o "pomposo" discurso pacifista e vazio da *social-democracia parlamentar*, defendendo a *ética* da insurreição revolucionária *violenta*: a única que realizou concretamente o lema da "igualdade entre os homens" – apenas ostentado nas bandeiras democrático-burguesas.[42]

Dada a qualidade dessa obra, parece que foi seu explícito tom subversivo, a razão pela qual sofreria certo *esquecimento* da crítica – fato motivado pela conjuntura política que se tornou, daqueles anos em diante, cada vez mais delicada aos comunistas. Em meados da década de 1930, com a consolidação do poder de Getúlio Vargas, a inicial afirmação política pecebista daria lugar a um refluxo, e a correlação de forças se tornaria cada vez mais desfavorável aos revolucionários no cenário brasileiro – ainda que o Partido tenha se colocado como força importante nesta fase histórica, despontando como núcleo da *Aliança Nacional Libertadora* (ANL), em seu enfrentamento à ascensão do integralismo.[43] A partir desta época o autor evitaria discutir se a revolução deveria ou não ser armada ou violenta, passando a acentuar sempre que, antes de se saber a *forma* como se dará a revolução, cabe massivamente arregimentar as consciências que a levarão a cabo.

Ainda em 1934, deu-se a fundação da Universidade de São Paulo – o que revolucionaria o cenário intelectual de toda a nação. Na progressista instituição, como citado, Caio Prado trava contato com os mestres da delegação francesa – por exemplo Lévi-Strauss e Fernand

---

41 L. Secco, *Caio Prado Júnior: o sentido da revolução*, p. 40.
42 *URSS: um novo mundo* [1934], p. 152 e p. 229-230.
43 Partido Comunista Brasileiro, "Breve histórico do PCB", em *Portal do Partido Comunista Brasileiro*, p. 1.

Braudel. Assiste aos cursos de filosofia de Jean Maugüé – em que estuda pensadores como Hegel, Marx e Freud –, e de geografia, oferecidos por Pierre Deffontaines. Este professor – com quem fundaria uma das primeiras instituições científicas de abrangência nacional, a *Associação dos Geógrafos Brasileiros*.[44] – tinha, de acordo com Caio, facilidade em cativar seus alunos por sua posição crítica ao *intelectualismo livresco*. Foi a partir deste contato que o autor desenvolveria um método para seu "trabalho de campo" – o que antes, em suas tantas viagens desde jovem, realizara intuitivamente. Segundo conta Antonio Candido, foi acompanhando o professor francês em passeios pelos arredores de São Paulo, que o estudante aprenderia a "ver" a terra que antes apenas "olhava". Aliás, um dos aspectos das investigações de Engels e Marx que mais impressionavam Caio era justamente que ambos, em suas andanças, haviam observado *diretamente* o mundo, travando contato íntimo com a condição real de vida do povo. Daí também seu interesse pelas crônicas de viagens dos viajantes europeus e brasileiros que desbravaram os recônditos sertões do Brasil, especialmente nos séculos XVIII e XIX. Aziz Ab'Sáber, ao analisar este aspecto geográfico do pensamento do autor, vai mais longe, percebendo justamente aí sua "grande originalidade". Conforme observa o geógrafo, enquanto muitos de seus "contemporâneos" reduziam sua visão histórica do país (cita o caso de Celso Furtado com seu "dualismo espacial" Nordeste-Sudeste, segundo ele restrito à economia), Caio Prado tinha uma "vivência amadurecida" sobre as "coisas brasileiras" – "da Amazônia ao Nordeste e Rio Grande do Sul" –, sensível a nossas diferenças regionais *climáticas, morfológicas, agrícolas*, de *povoamento*,

---

44 Em sua ata de fundação (17/09/1934), esta associação afirma dentre seus objetos de estudos a: "Contribuição ao estudo da repartição da propriedade fundiária rural no Est. de S. Paulo", comunicação a ser apresentada pelo "sr. Caio Prado Júnior" (marcada para o dia 19/11/1934).

conhecedor "do espaço e do tempo", dos "ritmos entre histórias longas e histórias curtas".[45]

É realmente notável que já nos anos 1940 o marxista acusasse um olhar *ecológico*, ao registrar que processos "bárbaros" e "destrutivos" da agricultura colonial promoviam sistematicamente o "esgotamento do solo", com consequente avanço das fronteiras agrícolas sobre a "mata" que desaparecia "rapidamente" – no que tem sintonia com as análises de Marx, quem n'*O Capital*, precocemente advertia (de um modo mais geral) que a produção capitalista "perturba" o "metabolismo entre o homem e a terra".[46]

Desde jovem inclinado à formação de opinião, tão logo se filiou ao PCB, Caio Prado passa a desempenhar a atividade de editor, na qual se consagraria mais tarde com a *Editora Brasiliense*. Começa editando o efêmero jornal *A Luta*, e em seguida traduz e publica a obra – de função didática para popularização do marxismo – *Teoria do materialismo dialético* (Bukharin), desviando verba da família para financiar gráfica clandestina. Além do dinheiro familiar, intercedia junto a seus contatos – amizades *progressistas* com quem muitas vezes captou recursos –, para suster tais empreendimentos e de modo geral apoiar o Partido. Apesar da devoção partidária, não se furtava a uma polêmica que considerasse necessária. Amante do conhecimento, manteve por toda a vida sua postura crítica de pensador independente. Por conta disto, logo no início de suas atividades pecebistas, foi acusado por supostamente ter fundado um jornal "pequeno-burguês" e ter se ligado a "elementos trotskistas".

---

45 Antonio Candido, "A força do concreto", em *História e ideal* (1989), p. 24. Aziz Ab'Sáber, "Tempos e espaços na mira de um historiador", em *História e ideal*, p. 411-413 e p. 417; P. Iumatti, *Caio Prado e as ciências naturais*, p. 7
46 C. Prado, *Formação do Brasil Contemporâneo*, p. 134; K. Marx, *O Capital* (livro I, cap. XIII), vol.II, p. 99.

Em carta de 1932 ao *Comitê Regional* (CR de SP) do PCB, defende-se. Primeiramente, afirma sua intenção de denunciar através do periódico a "demagogia dos chamados 'tenentes'" – que vitimizava a classe operária; cita como exemplo o "*Radical*", órgão carioca dos tenentes que já era leitura "oficial" de muitos sindicatos. A ideia do jornal era vista por seus acusadores do *Comitê* como um desvio tático – ao que ele argumenta que sua linha editorial seria "nitidamente marxista-leninista", e que caso isso não fosse possível "devido à repressão policial", como o alertaram, certamente então se "desinteressaria dele". Em seguida, valorizando a ação revolucionária como inseparável da teoria marxista, pondera:

> Mas a obrigação de todo mundo é tentar, e não cruzar os braços e declarar de antemão que agir é inútil ou impossível. Devem ser aproveitadas todas as possibilidades legais, os "interstícios da legalidade" como dizia Lenin, que sempre existem, em maior ou menor proporção. Mas para saber quais sejam estas possibilidades, é preciso pôr mãos a obra, e aprender com a experiência, e não querer simplesmente adivinhar. É o que eu pretendia fazer. Para animar-me, aí estava o exemplo da "*Pravda*", que num regime muito mais opressivo que o nosso, saiu regularmente de 1912 a 1914 em plena Rússia tzarista e autocrática.

Esclarece também, contra o argumento de que já existia o jornal "Classe Operária", que sua ideia era formadora de consciência popular, pois que "a Classe é um jornal de vanguarda, e não um periódico de massas". Na mesma linha, considera estreita a visão do *Comitê* que entendera seu projeto de organizar cursos de difusão do *marxismo*, como obra "contra-revolucionária" – "principalmente num meio em que *ele* ainda é praticamente desconhecido" – ao que ironiza: "Ou então julgam-se os camaradas do CR, como os antigos sacerdotes egípcios, únicos iniciados na ciência, e portanto capazes de entender o marxismo?". Finalmente, nega qualquer ligação ou pedido de colaboração a trotskistas – embora valha aqui se frisar que ele foi grave crítico do *sectarismo*. Diz que a suposição é falsa, e que quem tratou do jornal foi um grupo reduzido de simpatizantes, nenhum deles "nem de leve, trotskista, ou coisa que se assemelhe".[47]

Se é certo que a autonomia do marxismo de Caio Prado enfrentou uma série de divergências com a direção do PCB, não cabe tampouco exacerbá-las. Mesmo na época "obreirista", em que a exaltação partidária do operariado levou a preconceitos anti-intelectuais, o ainda recente comunista torna-se o representante do Partido na ANL, em 1935, na qual chegaria a desempenhar o cargo de vice-presidente; em 1945, concorreria na disputa a deputado federal, não sendo eleito; e em 1947, se elegeria deputado estadual. Em paralelo, comandou o jornal *A Platea* – onde publicaria diversos artigos sobre o programa "anti-imperialista" da *Aliança*, ocasião na qual entra em conflito direto com representantes das classes dominantes, como o historiador Roberto Simonsen. Tais atividades denotam que, mesmo não pertencendo ao núcleo dirigente pecebista, ele teve atuação central, e portanto confiança da direção.

Em tempos que prenunciavam a II Guerra, ainda em 1935, seu protagonismo frente a ANL levou a que ele fosse submetido a forte vigilância policial, de modo que neste mesmo ano, logo após o *Levante Comunista*, foi detido no Rio Grande do Sul. Ficaria dois anos preso sem culpa formada, até a suspensão do estado de sítio em 1937. Estando em liberdade, diante da intensa perseguição aos comunistas e do processo de instauração do Estado Novo, exila-se na França – onde logo engaja-se no Partido Comunista Francês. Em Paris, frequenta aulas na *Sorbonne* e

---

47 "Carta ao Comitê Regional de S. Paulo do Partido Comunista do Brasil" (30 nov. 1932) – Arquivo do IEB-USP/ Fundo Caio Prado Jr.: referência CPJ-CA114.

milita em tarefas de apoio aos combatentes republicanos na Guerra Civil Espanhola. Em 1939, na iminência da Guerra, tendo sido recentemente absolvido, retorna ao Brasil. Estes serão tempos de *re-conhecer* seu país, efetuando diversas viagens investigativas pelos interiores (sobre o que elabora artigos acerca do "problema humano" brasileiro), além de desenvolver um estudo sobre a questão urbana paulistana (1941). Estes escritos de viandante serão o ponto de partida para a construção de sua segunda obra historiográfica (*Formação do Brasil contemporâneo*). Por esta época monta uma livraria, empreendimento que, depois ampliado, viria a se tornar a editora *Brasiliense* e a gráfica *Urupês*. Aprofundava-se assim no enfrentamento ideológico, mediante a atividade editorial formadora e marxista, função à qual se dedicaria por muitas décadas. Em 1945, participa do financiamento e criação do jornal *Hoje*, órgão oficial do PCB.

No fim dos anos 1940, como dito, elege-se um tanto a contragosto para a Assembleia paulista. Sua participação não consistia em nenhuma crença – nem dele, nem de seu partido – no reformismo por via parlamentar, mas sim na oportunidade de, a partir desse visível palanque, alavancar a denúncia do capitalismo[48]. Além disso, conforme seus *Diários Políticos* (de 1945), estava bastante decepcionado com Luís Carlos Prestes e a direção do Partido, que se aproximavam de Getúlio Vargas – e segundo ele, haviam se mostrado de uma "incapacidade ímpar", com suas "pretensões ilimitadas de acertos infalíveis" e "sectarismo"; esta situação o faria hesitar "longamente" em aceitar ser candidato a deputado. Contudo, acaba por ceder ao encargo, pois "a única força renovadora" que vê no Brasil "ainda é o Partido Comunista": e mesmo "com todos os seus defeitos e erros, tem uma parte sã que espero vencerá". Ao que pondera: "numa posição de destaque dentro do partido poderei

---

48   L. Secco, *Caio Prado Júnior – o sentido da revolução* (2008), p. 69-70.

lutar por isto mais eficientemente do que à margem".[49] Como deputado, atua intensamente, destacando-se como dos "mais batalhadores" e "cultos" parlamentares. Certa vez, com o intuito de obstruir a discussão de um projeto antipopular, discursou durante oito horas, surpreendendo seus próprios camaradas.[50] Dentre outros projetos, lutou por: aumento salarial geral; reforma do sistema tributário, em especial taxando os latifúndios de modo a fomentar a reforma agrária; ensino gratuito; e apresentou o projeto de criação do que viria a ser a *Fundação de Amparo à Pesquisa do Estado de São Paulo* (1960).

Cassado em 1948, é preso por três meses, acontecimento que o faz constatar que o Brasil não tinha – e suas elites não desejavam ter – uma plena "democracia burguesa". A partir de então dedica-se a estudos filosóficos e algumas viagens, dentre elas uma pela Europa, na qual, passando pela França do pós-guerra percebe um povo infeliz – em contraste com a Polônia e Tchecoslováquia onde nota pessoas mais alegres e confiantes em suas instituições democrático-populares.[51] Em 1954, candidata-se ao concurso de livre-docente na Faculdade de Direito da USP, com a tese *Diretrizes para uma política econômica brasileira*, e embora aprovado, tem sua cadeira de professor recusada pela conservadora instituição na qual se tinha formado. No ano seguinte lança a *Revista Brasiliense*, projeto editorial de vanguarda que marcaria o debate intelectual brasileiro, reunindo ampla gama de pensadores em torno do exame da questão nacional do país. Já em 1966, lança *A Revolução Brasileira*, e dois anos depois, instigado pelo amigo Sérgio Buarque, tentaria novamente integrar os quadros acadêmicos uspianos, agora pela Área de

---

49 "Anotação em diário" (11 nov. 1945), em seus *Diários Políticos*, Fundo Caio Prado Jr./ Arquivo do IEB-USP: referência CPJ006-032.
50 Ferreira Lima, "Caio Prado e seu tempo", em *História e ideal* (1989), p. 20.
51 L. Secco, obra cit. (2008), p. 86-87.

História, da Faculdade de Filosofia, com o trabalho *História e Desenvolvimento* – mas o concurso é cancelado pela ditadura com seu *Ato Institucional n.5* (AI-5).

Observando o rico conjunto da práxis caiopradiana, percebe-se que a orientação marxista-leninista permeia toda sua vida e obra.[52] Seu entusiasmo pelo modelo do comunismo bolchevique dos princípios da Revolução não seria afetado com o passar do tempo – embora ele não tenha tampouco se furtado a criticar o governo soviético. Em 1950, publica artigo sobre as "democracias populares" da Europa Oriental em que elogia o sistema de poder dos Estados socialistas tchecoslovaco e polaco.

Uma década depois, em *O mundo do socialismo*, volta a explicitar sua convicção na concepção de mundo "marxista-leninista" – nos partidos e vanguardas que nela se inspiram "na teoria e na prática". Sempre atento ao *sentido* em que se caminha, afirma:

> Os partidos comunistas são ou devem sê-lo, e pelo menos *tendem neste sentido* quando são real e efetivamente marxistas-leninistas, a saber, uma organização política essencial e fundamentalmente de classe, a classe do proletariado, e constituindo a *vanguarda política* dessa classe.[53]

Neste ponto, ele abre aspas para não abrir flanco a polemistas: "'Vanguarda' na acepção própria de parte integrante do proletariado,

---

52 Em carta dos anos 1930 a alunos que lhe pediam indicação de leituras para uma sólida bagagem "inicial" marxista, ele sugere dois livros de Lenin (*Imperialismo, fase superior do capitalismo* e *O Estado e a Revolução*), além de obras didáticas de Bukarin, Plekanov, Lapidus e Ostravitianov – sendo o único não russo, o austríaco Anton Menger (*L' etat socialiste*); em "Carta de 20 nov. 1934 à *Revista Acadêmica da Universidade do Rio de Janeiro*", Fundo Caio Prado Jr./Arquivo do IEB-USP: referência CPJ-CA224.
53 *O mundo do socialismo* (1962), p. 110; demais citações: p. 108-111. Grifos meus.

dele inseparável e nele confundido, mas ao mesmo tempo sua parcela politicamente mais evoluída". E complementa – manifestando a concretude de seu pensamento (em oposição aos *esquerdismos*) – que ao Partido cabe "conduzir" tanto as "reivindicações parciais e imediatas por melhores condições de vida", quanto as "batalhas decisivas" pela "conquista e domínio do poder político, preliminar da revolução socialista". No trecho, cabe atentar à visão *tática* do autor, que percebe a importância de se obter *preliminarmente* certa *hegemonia* – para somente então se tomar o poder. Em diversos momentos de sua trajetória política, Caio Prado reafirmaria a importância da conscientização popular como papel fundamental do Partido – pondo especial atenção na formação de opinião por entre os trabalhadores do campo – sem o que não haveria condições de se assaltar o poder.[54]

Pouco mais tarde, contudo, teriam lugar também severas críticas à política socialista de então. Em *A Revolução Brasileira* (1966), acusa o que considerou terem sido equívocos por parte do PC soviético – lamentando a "longa fase de acentuado dogmatismo que imperou em todo o pensamento marxista, como fruto dos graves erros do stalinismo".[55] Nesta época, inclusive chega a enviar telegrama ao embaixador da URSS no Brasil, afirmando sua "indignada repulsa" ao "atentado" contra a Tchecoslováquia (intervenção das forças do Pacto de Varsóvia no país, em 1968): "inominável procedimento" do governo

---

54 Para C. N. Coutinho – em "Marxismo e 'imagem do Brasil' em Florestan Fernandes" (2000) – a atualidade coloca como necessária a reflexão sobre as possibilidades de uma "revolução 'processual' e hegemônica" – o que será discutido adiante. Quanto ao apoio campesino, Che Guevara (que se debruçou nesta temática) afirma que o revolucionário tem que contar com a força da população do campo: "o guerrilheiro é antes de tudo um revolucionário agrário" – conforme "A essência da luta guerrilheira" [1960], em *Che Guevara – política* (2004), p. 84-85.
55 Em *A Revolução Brasileira* (Brasiliense, 1966), p. 35.

e do Partido Comunista soviéticos, "revoltante traição" aos "ideais" e aos "princípios socialistas" – "[sic] insulto memória Marx, Engels Lenin, deixando perplexos todos socialistas honestos frente gesto tal natureza partindo do primeiro país socialista".[56] Vale ainda reiterar que apesar de sua convicção no caminho *bolchevique*, Caio Prado refutava o sectarismo – tema pelo qual polemizou com o PCB em algumas ocasiões. Já no começo dos anos 1930, aberto às críticas *plausíveis* de Trotski e da *Oposição de Esquerda*, ele considerava a possibilidade de que a crescente burocratização do Estado e do Partido bolchevique pudesse afetar a Revolução Soviética – preocupação percebida pelo próprio Lenin em seus últimos meses de vida. É verdade – diz ele – que existe o "perigo" de se constituir uma "oligarquia dirigente": "a burocracia". Porém, o "resultado da luta" contra essa "tendência à degeneração" – como acusada pela ala dissidente "chefiada por Trotski" – "depende unicamente de se saber quais destas tendências se mostrarão mais fortes". Em seu entender, sempre haverá riscos no *caminho* ao comunismo, posto que se trata de uma "organização futura", de que hoje se conhece apenas o "caráter geral"; e nesta construção ele destaca a importância da "reeducação dos homens numa base de solidariedade social" – antes do que, o comunismo *de fato* "fica adiado".[57]

Após o golpe militar, suas posições antidogmáticas o tornariam referência no socialismo brasileiro. Dada sua evidência, em 1967 é convidado a dar entrevista à revista *Revisão* dos alunos da Faculdade de Filosofia da USP, na qual, questionado sobre a "via" para a conquista do

---

56 "Telegrama ao embaixador da União Soviética do Brasil" (sem título/ data presumida 1968), em Fundo Caio Prado Jr./ Arquivo do IEB-USP: referência CPJ-CA172 (manteve-se na transcrição o texto exato original).

57 URSS: um novo mundo [1934], p. 235-238 e p. 60-62. Mariátegui, pouco antes de sua morte teve as mesmas indagações sobre a "burocracia", motivadas pelas críticas de Trotski.

poder, afirma acreditar que existem ambas as possibilidades, *pacífica* ou *armada* – conforme seja a superioridade de forças populares quando se efetive o momento –, mas que o importante não é "discutir a forma de luta, e sim começar a lutar". Mantendo seu sonho (conforme exige Lenin de um revolucionário) sempre pautado pela realidade[58] –, completa sua resposta, em uma rara alusão pública desta época à insurreição armada (ele que nos anos 1940 criticara o excesso *verborrágico* de Luís Carlos Prestes, a seu ver prejudicial à causa do Partido):

> (...)são as contingências do momento que vão indicar que espécie de luta se vai fazer. Se se dissesse, concretamente, que existem, em São Paulo, 30 ou 40 mil trabalhadores dispostos a pegar em armas e tomar o poder, é evidente que nossa tarefa é arranjar armas para estes operários e ajudá--los a tomar o poder. Mas não adianta programar a luta armada, se não existem os elementos capazes de concretizá--la. A forma de ação é determinada pelas circunstâncias e condições do momento.[59]

Em consequência da dura repressão ditatorial, esta *transgressão* novamente o levaria ao cárcere (1970), acusado de incitar a luta armada. Pelo mesmo motivo de se exceder no *verbo*, ele tinha sido detido em 1935, prisão então justificada por ele ser "portador de ideias extremistas das quais não fazia nenhum segredo desde que fora à Rússia"; porém agora a

---

58 V. I. Lenin, em *Que fazer?*: "O desacordo entre o sonho e a realidade nada tem de nocivo se, cada vez que sonha, o homem acredita seriamente em seu sonho, se observa atentamente a vida, compara suas observações com seus castelos no ar e, de uma forma geral, trabalha conscientemente para a realização de seu sonho".
59 "Entrevista com Caio Prado Jr.", em *Revisão*, n. IV, S. Paulo, agosto de 1967, p. 21-22.

detenção tinha um quê de ironia, posto que ele afirmava justamente não haver condições para um levante insurrecional no momento.[60] Encarcerado desta vez por maior tempo, Caio Prado se entrega novamente ao debate filosófico. Seus manuscritos deste novo período prisional seriam os *ensaios* em defesa da filosofia marxista, contra os desvios estruturalistas – em que polemiza com Lévi-Strauss e Althusser. Libertado em 1971, já com certa idade, reduz sua atividade política e dedica-se a produzir suas derradeiras obras filosóficas e científicas. Morre em 1990, já consagrado como um dos maiores pensadores revolucionários brasileiros.

Por um marxismo latino-americano autêntico

Tão logo Caio Prado ingressou nas fileiras do Partido Comunista, iniciaram-se as polêmicas que o acompanhariam sempre através de sua longa história. Suas análises não-mecanicistas do marxismo, desde cedo encontraram opositores, nessa época em que pensamento marxista esteve contagiado pelo positivismo. Até então, por entre os comunistas de modo geral vigorava uma compreensão eurocêntrica e mecanicista da evolução histórica, como se todos os povos devessem seguir as mesmas *etapas* sociais pelas quais passaram os europeus: devendo portanto, a partir do feudalismo, passar pelo capitalismo, antes de poderem atingir o estágio socialista da Revolução.

As críticas ao autor principiam dentro Partido, no começo dos anos 1930, a partir de suas primeiras manifestações de independência de pensamento. Na citada carta ao Comitê Regional do PCB (SP), em

---

60 Conforme o documento de sua detenção, de 03/12/1935; L. Secco, *Caio Prado Júnior – o sentido da revolução*, p. 51. Decerto tal acusação se fundava em suas declarações a favor da violência insurrecional bolchevique, expressas em URSS: um novo mundo (1934).

que responde a alguns acusadores, no quarto item de sua defesa já se punha em curso uma de suas maiores polêmicas – sua negação do *etapismo* e da consequente *etapa capitalista* da Revolução Brasileira. A repreensão que então sofre de seus camaradas fora motivada por ele ter escrito *tese* considerada "trotskista", na qual se colocava contra a "revolução democrático-burguesa". Nega veementemente o teor da acusação, afirmando ser um "absurdo" se querer "provocar" uma *revolução burguesa*, pois "ninguém manda nos acontecimentos". "O papel do PC seria, no caso de se processar uma revolução burguesa, encabeçá-la" – diz ele – "mas para isto é preciso antes se indagar se de fato o Brasil está na iminência de uma revolução burguesa". Neste documento, ainda inédito, recusa tal hipótese, afirma que não há absolutamente nenhum "sintoma" disto – e se remete ao exemplo russo:

> Quando na Rússia, Lenin aconselhava o proletariado a conduzir a revolução burguesa, não havia quem negasse a iminência desta revolução, de tão evidente(...). A única divergência era sobre a forma de realizá-la. (...)A burguesia entendia fazê-la ela mesma(...) os bolcheviques, pelo contrário, com Lenin à frente, queriam uma ativa participação dos operários e camponeses; queriam mais a implantação consecutiva da ditadura proletária e camponesa, e finalmente a transformação da revolução burguesa em revolução socialista.
> Pode-se afirmar que coisa semelhante se passa no Brasil? É o que nego, mas que teria imensa satisfação em ver provado, não com imposições ou ameaças, que não temo, mas com argumentos.[61]

---

61 "Carta ao Comitê Regional de S. Paulo do Partido Comunista do Brasil" (de 30 de nov. 1932) – Arquivo do IEB-USP/ Fundo Caio Prado Jr.: referência

Termina a carta propondo aos companheiros refletirem que mais valem "colaboradores conscientes e sinceros", de que "oportunistas sem opinião" – pois se tal "colaboração" não se assenta na "convicção", estes "faltarão na hora em que forem chamados a lutar".

Sobre o tema *insurrecional*, outra recorrente polêmica no histórico caiopradiano, note-se que nesta sua *autodefesa* ele já sugeria apreço pela Revolução Russa, afirmando que se fosse o caso lhe daria grande "satisfação" que nossa revolução se desse ao modo bolchevique, embora não acredite ser esta a realidade brasileira. Dois anos depois, em seu livro de 1934 sobre a União Soviética, ele explicitaria textualmente sua *convicção* na opção da *violência* revolucionária. Em capítulo no qual critica a ineficácia da "via pacífica" da social-democracia europeia ocidental – os "partidos operários inglês e alemão" não foram "capazes de conduzir o proletariado pelo caminho do socialismo" –, Caio Prado exorta os revolucionários a observar de perto a experiência soviética, a *revolução armada* e o *rigor organizacional* necessários a esta "ofensiva aberta" que se insurge contra "interesses consolidados", situação na qual: "a luta armada é questão de vida ou morte". O regime soviético é "severo", pondera, "mas qual a revolução que não o foi?". Sua conclusão será a de que, se as democracias burguesas inscreveram "pomposamente" em suas bandeiras o "lema da igualdade" entre os Homens, foi somente a "tirania" soviética que "verdadeiramente a realiza". A "violência" é a "lei das transformações sociais"; na URSS é usada "pela maioria contra a minoria e a ordem social que esta representa" – ao contrário das "falsas democracias burguesas nas quais a minoria detém a força e a violência":

> E é esta a primeira lição internacional da revolução na União Soviética: o socialismo só será realizado pelo par-

CPJ-CA114.

tido que seguir as pegadas dos bolchevistas, isto é, pela insurreição armada, pela tomada violenta do poder, como se deu na Rússia, e não pela via pacífica da conquista da maioria parlamentar, como quer a social-democracia.[62]

Com a publicação de seu primeiro clássico historiográfico, *Evolução política do Brasil* (1933), sua concepção marxista atenta às peculiaridades nacionais lhe traria opositores também externos ao PCB. É o caso de Lívio Xavier, da Liga Comunista Internacionalista, ligada à *Oposição de Esquerda*. O trotskista, em crítica publicada no jornal paulistano *Diário da Noite*, sai em defesa da interpretação *etapista*, que enxergava no Brasil colonial um modo-de-produção feudal, cujos traços pretensamente *sobreviviam* em algumas partes da nação. Caio Prado contesta Xavier, dizendo ser um critério "absolutamente errado" procurar enquadrar "artificialmente" a história brasileira dentro de "esquemas que Marx traçou para a Europa" – e que estando "preocupado com as árvores" (os detalhes, como "resquícios feudais"), o crítico não vira a "floresta". O que lhe interessa, diz Caio, é o "conjunto" da evolução, não "fatos particulares" – é o "movimento dialético geral da história". Partindo da própria afirmação de Xavier, de que o que importa ao senhor feudal era o número de vassalos, Caio replicará que no Brasil não havia condições para o regime feudal, dada sua rarefeita povoação. Os índios não eram tantos e foram rechaçados para o interior, donde só voltariam como escravos – sendo portanto o modo-de-produção colonial brasileiro "escravista", ao contrário de "outros países americanos" (como os andinos), onde os colonizadores encontraram uma "população fixa", com densidade demográfica "considerável" e boa capacidade "técnica" que "ultrapassava" as

---

62 *URSS: um novo mundo* [1934], p. 229-230. Citações anteriores, na ordem: p. 11-12, p. 152 e p. 24.

necessidades produtivas, e que portanto tiveram condições de implantar o feudalismo. Daí, reafirmará seu ponto de vista de que no Brasil, "dependente como sempre foi", a "transformação do trabalho" não foi o fator primordial para a acumulação capitalista, mas serviu como "base de acumulação primitiva" para a Europa, que drenava nosso capital.[63] Esse debate se insere no início das polêmicas sobre a ideia caiopradiana que se tornaria clássica: o "sentido da colonização". A batalha contra o dogmatismo e a falta de autenticidade do pensamento nacional estaria presente em toda sua produção intelectual. Vale aqui mencionar correspondência de 1960 – ao professor Arivelsio Padilha, da *Casa Euclidiana* –, na qual o já maduro filósofo-historiador escreve que atribui a Euclides da Cunha o *amadurecimento* do pensamento brasileiro. Em texto crítico aos *Sertões* (1902) – obra que não teria fornecido "em conjunto" uma ideia adequada "dos sertões reais do Nordeste" –, Caio Prado avalia que tais discrepâncias com a realidade "não importam", pois que a "grande contribuição" de Euclides foi justamente enfrentar a "hipocrisia característica de seu tempo", denunciando as "mazelas sociais" do país:

> O impacto emocional que isso produziu teve o mais largo efeito, pois ensinou novas gerações a olharem diferentemente para o Brasil e suas coisas. Elas já não procurarão como fora regra no passado, imitar a cultura europeia, escondendo envergonhadas tudo que nos distingue como cultura. O

---

63 "Carta a Lívio Xavier" (20/09/1933), em *Marxismo 21*. Note-se que Caio Prado faz aqui referência a civilizações americanas que atingiram maior desenvolvimento tecnológico – como é o caso dos incas; e que demonstra acordo com o que pensa Mariátegui, quem afirma que nas comunidades andinas o modo-de-produção vigente era feudal.

pensamento brasileiro, com Euclides da Cunha, começa a adquirir maioridade.⁶⁴

O sentido da história

Evolução política do Brasil (1933) e *Formação do Brasil contemporâneo* (1942), de acordo com Leandro Konder, além de serem "momentos brilhantes da nossa história escrita", são também obras repletas de "implicações teóricas". De fato, a ideia dialética de *sentido* que acompanha todo o pensamento científico caiopradiano, mais tarde seria por ele ampliada, destacando-se também em sua teoria filosófica, conforme já referido: o objeto da filosofia é o exame do conhecimento, *ferramenta* que objetiva regular a conduta do Homem, guiar sua história.⁶⁵

Segundo Caio Prado expõe em *Formação*, todos os povos têm na sua "evolução" – se vista a certa distância – um "sentido", uma *orientação* que não se percebe em "pormenores", mas no conjunto de "acontecimentos essenciais" que constituem sua história num "largo período de tempo". Para encontrá-lo, é preciso deixar de lado a confusão do "cipoal de incidentes secundários", buscando reter-se na "linha mestra e ininterrupta" formada pelos momentos cruciais da evolução histórica – momentos estes que são apenas partes, "por si só incompletas", de um "todo" que deve ser sempre o "objetivo último" do historiador. Tal tese não é bem uma novidade, já que quase uma década antes, em *Evolução*, ele já esboçava a ideia de uma "linha mestra" em torno da qual se agrupam os fatos históricos principais – espécie de "resultante" das diversas forças

---

64 "Carta ao Prof. Arivelsio Padilha" (26/04/1960) – Arquivo do IEB-USP/ Fundo Caio Prado Jr.: referência CPJ-CA024a.
65 L. Konder, "A façanha de uma estreia", em *História e ideal* (1989), p. 139 (grifo meu). O tema da "dialética do sentido" será abordado mais adiante.

sociais atuantes, criticando os historiadores que se atêm ao *superficial*, negligenciando o que se passa no mais "íntimo" da sociedade. No livro de 1942, a partir dessa introdução panorâmica, o autor discorrerá sobre o que considera ser a "síntese" da história brasileira: "uma vasta empresa comercial" destinada a "explorar os recursos naturais de um território virgem em proveito do comércio europeu".[66] Em diversos estudos sobre a grande lavoura, demonstrará que a produção nacional era fundamentalmente ligada à exportação de bens agrícolas e matérias-primas aos centros capitalistas da Europa, o que constituía grande obstáculo à industrialização do país, bem como a todo o processo de desenvolvimento socioeconômico e político. As organizações produtiva e comercial instaladas desde o período colonial estavam estruturadas de tal modo que à nação somente cabia um papel de subordinação na divisão internacional do trabalho. As formas de produção implantadas na colônia tinham obedecido a um único objetivo, a que tudo o mais se subordinava: o de servir aos mercados dos países europeus.

Décadas depois, em *História e desenvolvimento* (1968), reiteraria incisivo a ideia, afirmando que na colônia, além de nossos *setores* econômicos "essenciais" serem voltados para a produção de "mercadorias exportáveis", tais *setores* eram "mais que simples elementos da economia colonial", sendo eles que "propriamente caracterizam a colonização". O *sentido* do Brasil foi portanto, ser um *capítulo* da história do comércio europeu, e todas suas atividades se dispunham a esta *orientação* – de maneira que a necessária emancipação nacional não pode ocorrer sem uma revolução socialista, que tenha na questão agrária um de seus eixos centrais.[67]

---

66 *Formação do Brasil contemporâneo*, p. 7 e p. 19-20 (na ordem de citações); e *Evolução política do Brasil*, p. 9.

67 C. Prado, *História e desenvolvimento*, p. 61; Afrânio Garcia e Mario Grynszpan, *Veredas da questão agrária e os enigmas do grande sertão*, p. 315.

Sendo bem conhecidas as ponderações caiopradianas sobre a *linha mestra* da evolução brasileira, é pertinente tratar aqui de seu manuscrito ainda inédito – e de impressionante atualidade – "Zonas tropicais da América" (escrito na prisão em 1936), artigo no qual o autor mostra que suas análises sobre o caráter da colonização brasileira valem também para grande parte da América Latina – *colônias de exploração*, em oposição às *colônias de povoamento* das regiões temperadas:

> A América Latina se povoa não de cidadãos, mas de senhores e escravos; as colonias que nela se organizam não aparecem para formar nacionalidades, *para viver para si*, mas sim para os outros. Administradores e trabalhadores: é nisto que consistia sua população. Como consequência fatal, temos a grande concentração da riqueza: é a pequena minoria dirigente que açambarca tudo. (...)Em suma, quatro séculos de evolução não transformaram as condições econômicas fundamentais da América Latina. Ela continua como no início da colonização, o apêndice tropical, o complemento econômico das regiões temperadas onde se localizam as grandes potências industriais e em torno das quais continua a girar a economia internacional.

Caio Prado descreve então alguns exemplos: o México fornece seus "minérios", "fibras vegetais"; a América Central, "açúcar, café, cacau, frutas tropicais"; a Venezuela, o "petróleo"; o Peru, "minérios, açúcar, algodão"; o Brasil, "café, algodão, borracha". Sua conclusão é a de que essa situação é o motivo que tem "impedido", nas "antigas colônias íbero-americanas", a formação e desenvolvimento de uma economia nacional "fundada em interesses próprios e por eles orientada".[68]

---

68 "Zonas tropicais da América" [1936], em Fundo Caio Prado Jr./ Arquivo IEB-USP, referência: CPJ-CA024a, p. 109, 114 e 117 (do caderno).

Na América tropical portanto, o entrave que *permanece* é o de que a produção e o consumo ainda estão "geograficamente" desarticulados. A ausência de um amplo mercado interno, sólido e organizado, segundo o autor afirma nos anos 1940, demonstra que até então o Brasil não tinha passado de uma "economia colonial" para uma "economia nacional", mantendo-se economicamente como uma "colônia" exportadora de matérias-primas. Tal situação, em grande medida, perduraria ao longo do século XX.[69]

A valorização do caráter mercantil da colonização, que condiciona em boa parte a economia nacional à dependência *externa*, é o aspecto mais impactante da tese caiopradiana – ainda que mais tarde sofresse certas críticas ou antes *ajustes*. Porém, é importante frisar que autor deu também atenção à complexidade da dinâmica *interna* colonial, e aos problemas de uma sociedade escravista, polarizada entre senhores e escravos. Como analisa Ilana Blaj, somente em meados de 1970, estudos sobre o mercado interno colonial ganhariam corpo, o que se articula no âmbito das reflexões marxistas de Jacob Gorender (no livro de 1978, *O escravismo colonial*) e Ciro Flamarion (no artigo de 1975, "O modo de produção escravista colonial na América") –, em que tratam da forma produtiva particular presente na colônia: o *escravismo colonial*. Já Florestan Fernandes, mesmo concordando com a tese do "sentido" colonial, volta sua atenção aos fatores internos da sociedade brasileira – caso de seu rico ensaio "A sociedade escravista no Brasil" (1976). Apesar das controvérsias que gerariam, essas conjecturas lograram conduzir de modo mais sistemático o olhar das pesquisas historiográficas à estrutura interna colonial, ou às respostas locais diante da rigidez do Antigo Regime,

---

69 Conforme C. Prado, em *Formação...* (1942); Lincoln Secco, em *Caio Prado Júnior – o sentido da revolução*, p. 171.

bem como às peculiaridades regionais. Note-se que embora em contexto diverso, novas *preocupações* como as de Gorender e Florestan – observa Ilana – são similares àquelas já "esboçadas" por Caio Prado, em relação à extrema dominação das elites sobre um meio popular excluído de quase tudo; inquietação que ganha peso no contexto do golpe militar de 1964, caracterizado pelo "fraco apoio popular às primeiras resistências". De todo modo, o que tais autores questionam não é o primado do condicionamento externo, mas que ele seja "exclusivo". Passa-se a verificar as possibilidades de acumulação interna, percebendo-se no senhor escravista – nos termos de Florestan – o "'parceiro menor' na repartição e no desfrutamento do butim colonial". Descortina-se então um universo, no qual ao lado da parca produção de subsistência, havia um setor produtor de alimentos capaz de gerar alguns excedentes, propiciando assim outros "canais" de acumulação interna. E será exatamente esta elite, composta pelas oligarquias exportadoras somadas àquelas voltadas ao abastecimento nacional, que irá encetar o processo liberal de independência.[70]

Quanto a este ponto, é esclarecedora a reflexão de Gorender, em que explana como o liberalismo na colônia se ajustou estruturalmente ao escravismo – assim como o próprio liberalismo inglês e francês, que padeceram dessa *contradição teórica*, o que entretanto não foi um problema *prático*, mas antes uma solução: a "incorporação" do escravismo como "integrante" do sistema colonial. Inclusive isso vai ao encontro do pensamento de Caio Prado – como explica Fernando Novais –, pois sendo a produção colonial basicamente destinada ao mercado metropolitano, o "moderno escravismo", regime preponderante implantado no Novo Mundo e alimentado pelo lucrativo tráfico de africanos, não foi

---

70 Ilana Blaj, "Marxismo na historiografia brasileira" (1996), p. 77-81; Florestan Fernandes, obra cit., p. 18.

uma "opção", mas uma "imposição das condições histórico-econômicas", ou a "necessária adequação" da "empresa colonizadora" aos mecanismos do Antigo Sistema Colonial, o que tendia a promover a primitiva acumulação capitalista na economia europeia.[71]

Dentre as críticas que sofreria o pensador estão as de que sua análise, ao partir da *estrutura comercial*, pecaria por *circulacionista* – termo que no *jargão* marxista significava que ele não dera suficiente atenção ao modo-de-produção. O que tais críticos parecem desconsiderar é que quem dita a lógica do modo-de-produção é o *centro* do sistema. Decerto que Caio Prado sabia da coerência de Marx ao enfatizar os mecanismos de produção, n'*O Capital*. Mas no caso periférico brasileiro ou latino-americano, o que conduzia a uma concepção *totalizante* – que em última análise é o que o marxismo almeja –, não era o estudo de nossa produção *em si*, mas de sua inserção no esquema da produção *global*. Como se pode perceber nos escritos filosóficos caiopradianos, sua preocupação está sempre voltada à compreensão dos *processos* e *relações* em conflito. Assim, o valor que ele põe na circulação de mercadorias decorre da compreensão de que o Brasil nascera inserido no *todo* de um *processo* comercial, nos circuitos de uma economia mundial – como parte de um ciclo produtivo que transcendia suas fronteiras.[72]

Mas se as ressalvas de Flamarion e Gorender, entre outros, ao aspecto *circulacionista*, tiveram o mérito de avançar a compreensão histórica de nossos processos coloniais de produção e dinâmica mercantil interna limitada – reforçando o entendimento sobre nossas permanências arcai-

---

71 Conforme (na ordem): J. Gorender, "Liberalismo e escravidão", em Estudos avançados (2002); e Fernando Novais, *Portugal e Brasil na Crise do Antigo Sistema Colonial – 1777-1808* (1989), p. 98-102.

72 L. Secco: "O marxismo de Caio Prado Jr." (2007), p. 3-4; Caio Prado Júnior – *O sentido da revolução*, p. 177.

cas –, é preciso destacar porém, que o aspecto *dependente* da economia brasileira não havia sido *negado* por estes autores. Também Florestan, já nos últimos anos do século, reiterava a *permanência* desta "dominação externa" – apesar das "alterações" do cenário mundial que levaram "muitos investigadores" a considerarem este "nexo colonial" extinto.[73]

De fato, no lastro destas novas perspectivas de interpretação da história, abrir-se-ia espaço a críticos mais vorazes, que viram no ataque a Caio Prado uma forma de propagarem ideias conservadoras – inclusive na mídia empresarial, ávida por debates sensacionalistas. Na década de 1990, é sintomático o caso de João Fragoso – da academia fluminense – que passa a relativizar a dominação e exploração da colônia pela metrópole. Com base em pesquisas que destacam certa expressividade e autonomia do mercado interno colonial, ele pretendeu revelar que a *acumulação endógena* teria tido um papel proeminente na formação nacional, sugerindo a partir desta premissa que um equilíbrio de forças conduzira balanceada "negociação" entre os poderes das elites metropolitanas e das camadas dominantes regionais periféricas.[74] Esta *relativização*, que olvida as classes sociais, atentando apenas à macroeconomia, seria o primeiro passo para que logo se oferecesse às elites nacionais um atenuante para justificar *moralmente* a máxima exploração dos trabalhadores – prática que se acentuava em época de franco neoliberalismo. O ápice deste *niilismo* histórico-ético viria a público nas palavras do próprio Fragoso, ao afirmar em entrevista a uma aristocrática revista brasileira, ponto de vista no qual diluia qualquer responsabilidade histórica humana, negando que tenha havido alguma "vítima" no processo secular de escravização. "O que eu digo é que houve uma *cumplicidade*, que *o es-*

---

73 F. Fernandes, "Os enigmas do círculo vicioso" (1988), em C. Prado, *História e desenvolvimento*, p. 11.
74 L. Secco, *Caio Prado Júnior – O sentido da revolução*, p. 187.

cravo também *foi responsável pela escravidão*, assim como o senhor o *foi*" – palpita ele –, "uma figura pode ser vítima, mas um grupo social, não": "isso seria tirar a capacidade dos escravos de fazer sua própria história".[75] Decerto uma colocação desse nível seria útil precedente à atual moda midiática segundo a qual alguns nomeados *historiadores* sentem-se à vontade para justificar a ditadura militar de 1964, argumentando, apoiados em teorias afins a essa, que a história não faz *vítimas*, ou que estavam em processo dois *golpes*: um da *esquerda*, outro da *direita*, ambos à procura de apoio das Forças Armadas – para daí concluírem que a população enquanto maioria teria *feito* sua própria história, *aceitando* o golpe como contraposição a ações supostamente *populistas* das forças progressistas. Torpeza sintomática de certa pseudociência que do alto edifício acadêmico se abstém da realidade, ancorada em abstrações prolixas – cujos *interesses* não são sequer escusos[76]. Daí a importância que Caio dava à experiência

---

75 Entrevista à revista *Isto É* (13/03/2008).

76 Como sinal dos tempos de *espetáculo*, a ilustrar como o interesse neoliberal se usa da vaidade acadêmica em seu embate *contra* o conhecimento, menciona-se nesta nota a crítica que Costa Pinto, colega de Fragoso (ambos "doutores" da UFF) dirige a C. Prado. Em busca das mesmas luzes fáceis que a grande mídia dispensa às vozes conservadoras, o crítico-crítico em dois pequenos panfletos ("A nação corporativista de C. Prado Jr.", e outro menor) tenta invalidar a obra do pensador, começando por atacar sua filosofia como *positivismo fisiológico* (referência à defesa de Caio da dialética a historicizar a natureza). Para tanto considera passagens descontextualizadas de sua obra, sem apresentar nenhuma ideia completa ou conclusiva – como aquelas em que o autor expõe ideias sobre a práxis e a criatividade antipositivista. Daí, o crítico *opina* que C. Prado defendeu certo "corporativismo capitalista", oferecendo a definição confusa de que isto se assemelharia ao que considera o "capitalismo" da "planificação" soviética (pois Caio teria defendido uma luta de "nacionais" contra "imperialistas" – argumento descabido dada sua negação de uma *burguesia nacional*). O crítico logo deixa claro que seu objetivo é atacar a hegemonia do marxismo da USP, o que chama "expressões uspianas ortodoxas dos ritos de celebração acrítica" da obra de Caio. Na *profundidade* que cabe em cerca de *uma página*, despeja adjetivos contra vários pesquisadores que produziram estudos de peso sobre o autor – F. Novais, L.

pessoal do pesquisador, às *viagens* aos sertões reais nos quais a história latente reduz espaço a esse tipo de devaneio vulgar.

Independente dos usos desviados que se tenha feito de algumas querelas, percebe-se que tais críticas teóricas contém em sua origem exageros e mesmo erros – e principalmente, que elas apresentam exceções, mas não desconstroem a base argumentativa caiopradiana. Na realidade, o historiador não negou a existência de um mercado interno, apesar de o considerar subsumido ao sentido da colonização – tendo assim a função de servir de arrimo à acumulação de capital nos centros mais industrializados (Europa e depois Estados Unidos). Não é um equívoco afirmar que a industrialização brasileira se caracteriza pela dependência de saldos positivos da balança comercial, o que até hoje em grande parcela se dá através da exportação de matérias-primas; e tampouco que a produção para o consumo interno era uma atividade secundária que encolhia quando o mercado mundial demandava mais bens de exportação.

No entanto, Caio Prado não deu suficiente atenção em sua obra a essa primeira fase da industrialização brasileira, que traria a semente de uma transformação contundente – como é o caso da intensa urbani-

---

Secco, B. Ricúpero e P. H. Martinez, chegando a sugerir que P. Iumatti conseguiu acesso aos seus *Diários Políticos* por ter sido orientando de M. Odila (que ele diz ter tido caso amoroso com o autor), mostrando puerilidade não só pelo recurso sensacionalista (e Iumatti declara que foi a professora M. Cecília N. Homem que lhe permitiu acesso aos arquivos), mas também por expor sua ignorância: pois o suposto *pesquisador crítico* de Caio, no ano de 2007 ainda não sabia da existência do *Fundo Caio Prado* (desde 2001 no IEB-USP). Não cabe enveredar no tema, mas só suscitar a reflexão de que *em parte*, o motivo de haver espaço a esse nível de crítica pobremente científica é o frágil esforço do meio intelectual em compreender este legado da obra de C. Prado – seus densos estudos *antipositivistas* sobre lógica dialética e filosofia da ciência – o que se deve em parte ao pouco apreço que em geral filósofos políticos e cientistas humanos costumam ter em relação aos campos *naturais* da ciência, bem como às disciplinas mais *abstratas* ou *matemáticas* do conhecimento filosófico.

zação que se constata a partir dos anos 1960. Já no fim da vida contudo, ele terá ainda tempo de reconhecer as "grandes modificações" no percurso histórico brasileiro: em especial a formação de uma "nacionalidade autônoma" com "existência e aspirações próprias"; além da "ocupação e integração" territorial e do "progresso urbano"; e mesmo a consolidação de um "largo setor industrial" que viria a constituir um mercado interno "apreciável". Mas apesar disto – em *A questão agrária no Brasil* (1979) –, pondera que o Brasil ainda não havia logrado "superar inteiramente" seu passado, especialmente no que se refere à "obsoleta" organização agrária, fator chave para que as massas populares continuem excluídas.[77]

Se Caio Prado cometeu erros – como aliás os comete todo aquele que se propõe a agir historicamente, e em especial de maneira autêntica e criativa –, todavia observa-se que na *resultante geral* de sua interpretação da história ele acertou: o Brasil é um país periférico, que mesmo sendo capaz de acompanhar o ritmo da civilização capitalista em muitos quesitos, tem sido impotente em sua tarefa primordial: modificar a forma subalterna com que está inserido no mundo globalizado.

Desta maneira, entende-se que as críticas sofridas pelo seu modelo historiográfico não denotam exatamente *equívocos* teóricos, mas antes *refinamentos*. Como ele mesmo diz em *Dialética do Conhecimento*, a ciência evolui por sucessivas *aproximações* da *realidade objetiva*.

Vale por fim destacar a forma excepcional como o pensador conseguiu reconstituir a *totalidade* do passado nacional, no que superou seus companheiros de *geração*, Gilberto Freyre e Sérgio Buarque. Enquanto ambos os intérpretes se restringem a aspectos *pontuais* da realidade brasileira (patriarcalismo, costumes), *partes* a partir do que não

---

77 C. Prado, obr. cit., p. 49. Ver também L. Secco: obra cit. (2008), p. 176-177, e obra cit. (2007), p. 6.; ver também B. Ricúpero, "Caio Prado Jr. como intérprete do Brasil", em *Sinais sociais* (2012), p. 27.

se logra explicar o *todo*, Caio, através do conceito totalizante de "sentido da colonização", permite que se alcance a compreensão de tais aspectos *parciais*. Na ideia de *sentido* encontra-se uma das mais ricas e criativas contribuições do marxismo caiopradiano, pensador que tal qual György Lukács, percebeu que a sociedade é uma "totalidade concreta", e que a categoria de "totalidade" é o fundamental no *método* que Marx "apreendeu" de Hegel – "transformando-o" de maneira "original".[78]

Polêmicas sobre a questão nacional – os Diários Políticos de Caio Prado

Com o prestígio intelectual dos primeiros trabalhos de Caio Prado, nos quais expõe certa *dissidência* teórica com a linha majoritária do PCB, ganham também visibilidade suas discordâncias políticas táticas e estratégicas, aumentando os atritos do escritor com a cúpula partidária. A partir da análise de seus manuscritos conhecidos como *Diários Políticos*, bem como de sua correspondência do mesmo período – pertencentes ao *Fundo Caio Prado Júnior* (Arquivo IEB-USP) – é possível traçar um perfil mais detalhado de seu pensamento político e vicissitudes de opiniões. Em se tratando de escritos quase todos inéditos, optou-se por apresentar aqui a transcrição de excertos selecionados desses originais. É o caso das análises conjunturais e das críticas que estão registradas especialmente em seus *Diários* de 1945-1946, tempos difíceis em que se mantém, como sempre, no Partido, mas um tanto *silenciosamente* polemiza com o líder Luís Carlos Prestes e a direção pecebista, em um crescente que irá desembocar duas décadas depois na explícita polêmica *A Revolução Brasileira*.

---

[78] György Lukács, *Historia y conciencia de clase* [1923], p. 86 e 108. Também B. Ricúpero, nota essa distinção entre Caio e os demais *intérpretes*, em obra cit. (2012), p. 24.

Em 1935, havia sido oficialmente criada a *Aliança Nacional Libertadora*. Poucos meses após sua fundação, esta entidade de âmbito nacional – cujo objetivo era combater o fascismo e o imperialismo – promove manifestação pública em comemoração aos levantes tenentistas, ocasião na qual é lido manifesto de Prestes propondo a derrubada do governo e exigindo "todo o poder à ANL". Diante da grande repercussão do ato, Vargas, com base na recém-promulgada Lei de Segurança Nacional, põe a *Aliança* na ilegalidade – gesto que geraria a deflagração do *Levante Comunista*, ação militar impulsionada especialmente pela ala pecebista oriunda do tenentismo. Iniciada em Natal, onde os comunistas chegam a tomar o poder por alguns dias, a ação alcança também Rio de Janeiro e Recife – porém dada certa desarticulação e baixa adesão das massas, logo as forças do Estado massacrariam o movimento, e o PCB sofreria violenta repressão governamental. Com o esfacelamento de sua organização, os comunistas só a partir do início dos anos 1940 começam a se reerguer, buscando reconstruir o Partido. Isto afinal teria sucesso com a iniciativa da Comissão Nacional de Organização Provisória (CNOP) de convocar a *II Conferência Nacional do PCB*, em 1943 (*Conferência da Mantiqueira*), a qual obtém o aval decisivo de Prestes – ainda na prisão. Em 1945, com o fim do Estado Novo e a libertação do líder comunista, a linha do CNOP, baseada na defesa da "união nacional", torna-se hegemônica no Partido, que assim deixa sua postura crítica a Vargas, passando a apoiá-lo em nome de uma estratégia "nacional-libertadora" pautada pela defesa da *soberania nacional* diante da ameaça nazifascista; acreditava-se ser esta a base para o desenvolvimento de um capitalismo autônomo no país. Conforme Anita Prestes, a análise do curto período de legalidade pecebista (1945-1947) mostra que apesar de algumas vitórias parciais, essa política sustentada pela crença em uma suposta "burguesia progressista" seria derrotada; no desenrolar do processo, o crescente anticomunismo advindo da Guerra Fria culminaria na tragédia de 1964.[79]

A nova orientação *nacionalista* faz com que vários camaradas de Caio Prado deixem o PCB – mas não ele, que embora se oponha à nova linha, comunista orgânico, recua e aceita a decisão coletiva partidária.[80] Será uma época em que o autor prefere manter-se um tanto calado nas reuniões de que participa, não obstante elabore cartas e anote disciplinadamente no *diário pessoal* o desenrolar dos acontecimentos políticos – em que constam tanto censuras à *estratégia* pecebista baseada em "esquemas abstratos" (etapismo, aliancismo), como especialmente seu desacordo quanto à postura *tática* inflamada de Prestes, em certos discursos que considera haver inútil "verborragia".

Caio Prado entendia como fundamental o trabalho de base junto ao povo – ao invés de falatórios excessivos que muitas vezes levavam apenas ao acirramento da repressão reacionária. É o caso da queda de Getúlio, em fins de 1945, que no seu entender deveria ter sido acompanhada por um esforço dos comunistas para a mobilização de trabalhadores marginalizados do campo e da cidade, pois apesar de as condições objetivas estarem dadas naquela situação precária, a imaturidade política das massas era latente – agravada por longos anos de ditadura e de uma estrutura sindical corporativa. Por outro lado, apesar de achar importante a figura de um líder prestigiado como Prestes, parecia-lhe que este *personalismo* enfraquecia a luta. O fundamental, em sua visão, era

---

79 Anita L. Prestes, "O PCB e o golpe civil-militar de 31/3/1964: por que as esquerdas foram derrotadas?", em *Portal do Partido Comunista Brasileiro*. Segundo a autora, no período que vai de meados dos anos 1940 até o golpe, "apesar das mudanças táticas havidas na política do PCB, a estratégia nacional-libertadora da revolução brasileira permaneceu intacta, marcando de maneira indelével a trajetória dos comunistas".
80 L. Secco, *Caio Prado Júnior – o sentido da revolução*, p. 66-67.

que se reforçasse o laço do Partido com a classe trabalhadora por meio do apoio às suas reivindicações imediatas, o que atenuaria essa *dependência* de uma só figura carismática, e abriria perspectivas promissoras para a transformação política – o que não se realizaria, como ele sempre frisa, sem a ampla conscientização e apoio popular. Um fato marcante registrado nos *Diários* data do início de 1945, quando a ditadura de Vargas já estava abalada e mobilizações populares germinavam por várias partes; Caio Prado anota que a "indecisão" do líder comunista não contribuiu para a aproximação dos comunistas com as massas – e assim, em sua ânsia por preservar o governo e evitar um golpe de Estado, Prestes e o CNOP tiveram uma postura meramente "adesista", propondo um governo de coalizão, porém sem nada reivindicar.[81]

Embora admitindo as muitas virtudes de Prestes, o autor alguns meses mais tarde comenta em seu *Diário* que o chefe do Partido havia fracassado na tarefa de reerguer o comunismo, pois "se fosse realmente um grande líder político", teria se empenhado em uma "remodelação completa do comunismo brasileiro", até "há poucos meses" confinado a "pequenos grupos dispersos, sectários e muito mais teóricos que práticos"; e assim sendo, poderia "fazer do comunismo uma verdadeira e grande força nacional":

> Prestes fracassou nisto por não estar à altura da tarefa que o destino colocou em suas mãos. Suas grandes qualidades pessoais, não incluem as de um dirigente político de envergadura.

---

81 Paulo Iumatti, *Diários Políticos de Caio Prado Jr.*, p. 59-61.

Estabeleceu assim a continuidade nefasta entre um pequeno grupo de semiconspiradores do passado, e o atual partido de massas. O desastre foi completo.[82]

Sua concepção é a de que, apesar de o Partido ter obtido alguma "simpatia instintiva" dos operários, estas adesões não foram "argamassadas com convicções profundas" – de modo que ele reflete: "O prestígio de Prestes, imenso há alguns meses, sofreu consideravelmente". Semanas depois, em viagem de campanha política pelo interior paulista – "campanha muito bem-sucedida" –, Caio escreve esperançoso:

> Cheguei à conclusão que a difusão do partido depende hoje só de trabalho de organização. Ele é bem recebido pelas massas em todos os lugares. Isto é particularmente verdadeiro com relação aos trabalhadores do campo, onde o partido representa a primeira força política.[83]

Note-se que a atenção à importância do camponês na Revolução Brasileira seria uma marca de seu pensamento, como afirma por exemplo em seu livro de 1966: "é na situação socioeconômica presente no campo brasileiro que se encontram as contradições fundamentais e de maior potencialidade revolucionária na fase atual do processo histórico-social que o país atravessa".[84]

Um outro ponto de divergência com a liderança pecebista era em relação ao *sectarismo*, ao isolamento. Ao citar dois congressos sindicais que haviam sido recentemente realizados (início de 1946) – um

---

82 "Anotação em diário" (11 nov. 1945), em Diários Políticos, Fundo Caio Prado Jr./ Arquivo IEB-USP: referência CPJ006-032.
83 "Anotação em diário" (24–28 nov. 1945), em Diários Políticos, Fundo C. Prado Jr./ Arq. IEB-USP: ref. CPJ006-056.
84 *A Revolução Brasileira* (1966), p. 215.

promovido pelo Movimento Unificador dos Trabalhadores (MUT) e prestigiado pelo PCB, e outro convocado pelos "sindicatos oficiais" (*pelegos*) –, Caio Prado observa com curiosidade que os trotskistas, "encastelados no Sindicato dos Jornalistas", tinham dado seu apoio ao "Congresso Sindical (PCB)". "Os trotskistas estão assim com os comunistas, e aliados a eles" – comenta: "Estou curioso por conhecer a reação e a opinião dos dirigentes comunistas neste assunto".[85]

Já quanto ao problema da "verborragia" insurrecional não sustentada por forças concretas, seu descontentamento com Prestes se agrava quando no início de 1946, recém-terminada a II Guerra, o comandante declara publicamente que se o Brasil entrasse em guerra com a URSS, os comunistas brasileiros deveriam apoiar os soviéticos. Esta notícia – em torno da qual a mídia conservadora logo faria um escândalo chamando-o *traidor da pátria* – logicamente levou a que as forças da ordem (como de costume, através de sofisma *democrático*) acirrassem a repressão. O autor anota no *Diário*: "As declarações infelizes de Prestes acerca da posição dos comunistas em caso de guerra contra a Rússia" estão gerando "pretexto para uma larga propaganda anticomunista". Caio Prado, mesmo não vendo *até então* "ambiente para medidas tão extremas como o fechamento do partido", já imagina o desfecho que logo viria a se efetivar – a cassação do PCB: "a preparação para isto se observa claramente no novo decreto sobre o registro civil", o qual prevê a suspensão de atividades de entidades que "houverem adquirido personalidade jurídica mediante falsa declaração de seus fins" – de tipos "nocivos ou perigosos ao bem público, à segurança do Estado... aos bons costumes".[86]

---

85 "Anotação em diário" (10 jan. 1946), em *Diários Políticos*, Fundo Caio Prado Jr./ Arq. IEB-USP: ref. CPJ006-067.
86 "Anotação em diário" (26 mar. 1946), em *Diários Políticos*, Fundo C. Prado Jr./ Arq. IEB-USP: ref. CPJ006-133.

No mês seguinte, comício de Prestes traz 250 mil pessoas ao Vale do Anhangabaú – que fica "compacto da massa popular". "O discurso de Prestes foi violento", escreve Caio, sugerindo em seguida certa incoerência, pois que o líder "ameaçou o governo, mas falou ainda de apoio e colaboração"; embora desconfiado das chances de uma mobilização popular de *envergadura*, ele vislumbra a possibilidade, dada a débil condição material:

> Prestes adota agora a tática de responder à ofensiva com outra ofensiva. Mas as novas reivindicações caem no vácuo. Não há ambiente para elas. (...)Não me parece muito inteligente esta tática. Com a aparência de estar avançando, o partido na realidade passa a um plano abstrato. Sua única chance está no desencadeamento de uma forte agitação popular. Neste caso sua atuação se tornaria concreta, pois tomando posição na luta, alcançaria prestígio e poderia tornar-se vanguarda(...). A eventualidade de uma tal agitação é possível. A situação é tensa, e mais agravada agora com a questão do pão, de que há grande falta. (...)Penso contudo que não há ainda condições para uma agitação de grande envergadura.[87]

Caio Prado, como se percebe em sua vida e obra – não é contra levantes *insurrecionais*, mas sim contra se *conclamar* insurreições sem antes haver mínimas condições de levá-las a cabo. Bradar-se contra o governo sem condições efetivas de respaldo massivo, ele acredita apenas servir para agravar as dificuldades revolucionárias. Antes de tudo – afirma –, é preciso desencadear-se uma intensa "agitação popular". Apesar disso, vê-se que

---

87 "Anotação em diário" (23 abr. 1946), em *Diários Políticos*, Fundo C. Prado Jr./ Arq. IEB-USP: ref. CPJ007-014.

ele acha possível ocorrer uma situação favorável ao enfrentamento, ponderando que esta oportunidade dependerá das ações do governo – embora creia que há "algum exagero" da parte de Prestes quanto a avaliação das *condições objetivas*, pois se há movimentos esporádicos (cita as greves de colonos em algumas fazendas), não lhe parece *ainda* que tais agitações estão em vias de se tornarem um "grande movimento de massas".[88] Em seu entender, naquele momento "os trabalhistas e getulistas servem-se do comunismo porque se apresentam como únicos elementos capazes de contrabalancear a influência comunista junto à massa popular" – de modo que a cólera de Prestes acaba sendo usada pelo governo para demonizar o PCB, *assustando* a população mais crédula.[89]

É manifesto no pensador deste período um certo otimismo – porém sempre ancorado em percepções concretas. Na mencionada carta desse mesmo mês a Evaldo Garcia, em que tece críticas aos *fáceis* "esquemas abstratos" – "que se vão ajeitando conforme as circunstâncias e que servem para todas as oportunidades" –, ele afirma porém, com entusiasmo, sua crença nos novos ventos trazidos pelo fim da II Guerra no tocante à maior conscientização popular:

> Não há dúvida que neste último ano demos um grande passo. Formou-se uma consciência popular como nunca tivemos no passado. Um interesse político em grau elevado em amplas camadas da população brasileira. (...)A guerra foi realmente uma grande experiência que transformou completamente a fisionomia do Brasil. E existem hoje as condições fundamentais para o início da grande transfor-

---

88 *Idem* (23 abr. 1946), em *Diários Políticos*, Fundo Caio Prado Jr./ Arq. IEB--USP: referência CPJ007-014.

89 "Anotação em diário" (6 mai. 1946), em *Diários Políticos*, Fundo C. Prado Jr./ Arq. IEB-USP: ref. CPJ007-018.

mação que nos levará, seja embora num futuro que não podemos ainda prever, para uma nova ordem bem diferente da atual.

No entanto, não se ilude com tais *condições subjetivas*, e vê a importância de se planejar com acuidade as tarefas revolucionárias – pois se "vamos às cegas", diz ele, desperdiçaremos "tempo e esforço": "condições não bastam; é preciso saber utilizá-las". E para isto é preciso se compreender os *movimentos* da história, evitando o "empirismo" das soluções imediatistas "em que estamos vivendo". "Cumpre-nos antes de tudo penetrar o sentido profundo da evolução dos acontecimentos, compreender o seu processo" – afirma ele, propondo a seu correspondente essa interessante reflexão em que exalta o gênio de Marx e Lenin:

> Veja bem como isto é importante no Brasil e neste momento. Pode-se em sã consciência afirmar que já exista entre nós uma correta interpretação marxista do nosso país e da nossa revolução? Qualquer coisa, já não digo que se aproxime, mas lembre vagamente o que Marx fez para o séc.XIX, e Lenin para a Europa e sobretudo a Rússia dos primeiros vinte anos deste século? A revolução não é uma brincadeira. Transformar a ordem estabelecida é uma tarefa imensa que não se resolve com um passe de mágica nem com as melhores intenções do mundo. Sinceridade, dedicação, sacrifício próprio são todos fatores necessários; indispensáveis. Mas faltará ainda alguma coisa, e de importância fundamental: uma consciência clara, nítida e segura do caminho a seguir.[90]

---

90 "Carta ao companheiro Evaldo da Silva Garcia" (11/05/1946), Fundo C. Prado Jr. / Arq. IEB-USP: referência CPJ-CA002.

Três semanas depois, Caio Prado teria uma intuição do começo da derrocada. Comenta que as greves da Estrada de Ferro Sorocabana e dos estivadores de Santos estão em declínio, e que o PCB fracassou em organizá-las: "A massa é desorganizada, hesitante e tímida, e os comunistas avançam demais". Sente que há exagero e pressa nas ações do Partido. Em reunião do Comitê Estadual do Partido com "elementos" da Sorocabana, diz que "foi discutida a eventualidade de sabotagens e atos violentos". "A proposta caiu", escreve, julgando que "os ânimos estão exaltados" e que não seria de "estranhar" se certos membros, junto a alguns elementos mais, se lançassem neste caminho: "Caminho evidentemente errado, porque ficará limitado a iniciativas individuais ou de grupo". "O espírito geral da massa não é esse" – continua, um tanto desesperançado: "O Partido se isolará e ficará a mercê dos golpes da reação". "Todos os fatos mostram que a ofensiva do Part. Com. fracassou" – conclui incisivo: "Agora vai sofrer a reação".[91]

Como se observa, o estrategista Caio estava atento até mesmo a questões de *psicologia de massas*, pois somente com bom respaldo das bases vê possibilidades de vitórias: é preciso captar-se o *espírito popular*, para se poder dirigir as ações de modo conveniente. Isto contrasta com o que ele percebe nas ações do Partido: excesso de arroubos emotivos, ao invés da promoção de um efetivo trabalho de organização dos trabalhadores e greves, de arregimentação de novos membros.

Neste curto período de legalidade, o PCB conquistaria importante espaço político, tornando-se um partido de expressão nacional, chegando a contar com 200 mil filiados. No entanto, as preocupações de Caio Prado – sobre serem equivocadas as táticas e estratégias dos

---

91 "Anotação em diário" (3 jun. 1946), em Diários Políticos, Fundo C. Prado Jr./ Arq. IEB-USP: referência CPJ007-077.

prestistas – se mostrariam rapidamente acertadas. Em 1947, no processo da pretensa "redemocratização" começada dois anos antes, o *militar* Eurico Dutra, aliado às forças conservadoras brasileiras, volta a cancelar o registro pecebista com base em texto constitucional que em nome da "democracia" *proibia* a existência de partidos que fossem contra o regime capitalista (cuja restrita noção de *liberdade*, como se sabe, reduz-se ao direito de voto e propriedade). No ano seguinte, os parlamentares do Partido – dentre os quais o próprio Caio – seriam cassados.

Passados quase 20 anos dessas polêmicas, o golpe militar iniciaria o sepultamento do *aliancismo* que colocou o PCB a reboque dos interesses de parcela da burguesia – primeiro sob Vargas, e no início dos anos 1960 sob Jango –, denotando o valor da visão caiopradiana de que o tripé que conduziria o processo revolucionário deveria ser a aliança entre operários, camponeses e a intelectualidade militante; e que dada a correlação negativa de forças, a tarefa imediata dos comunistas deveria ser a ampla reivindicação de direitos básicos e formação da consciência popular – chave para se *desencadear* o "processo" que constitui qualquer revolução, construção que demanda maturação.

Apesar de seus contrastes, em um intento de se oferecer uma síntese *construtiva* dessa discussão, pode-se pensar que a diferença entre os grandes comunistas que foram Caio e Prestes, no que diz respeito à ação revolucionária advém do prisma da formação de cada um: aquele, intelectual viajado, profundo investigador das mazelas dos ermos sertões do país, via a revolução como um processo de construção de hegemonia, a partir da organização das bases populares, isto é, *de baixo para cima*; já o comandante do Partido, experiente guerreiro, a enxergava de acordo com sua formação tenentista insurrecional, como um gesto que partiria da própria subversão da estrutura do poder militar, *de cima para baixo*. Hoje, com o advento de novas experiências históricas – como a momentânea derrota da Revolução Brasileira e a vitória do *bolivarianismo militar* na Venezuela –, pode-se supor que o problema não consiste em se decidir pela razão de um deles, mas antes em se erigir um movimento revolucionário que enxergue a *totalidade* dessas perspectivas, apoiando-se dialeticamente em ambas as forças.

Questão Nacional e Revolução

O debate sobre a presença de características "feudais" nos campos brasileiros remonta os anos 1920, no bojo da disputa por um Estado forte nacional, cujos partidários denunciavam o "localismo" econômico e político – análogo ao regime feudal – por parte dos federalistas liberais.

No campo marxista, Astrojildo Pereira, Octávio Brandão e Leôncio Basbaum – autores dos primeiros ensaios de compreensão da realidade brasileira – incorporariam pouco a pouco a noção de "feudalismo", ao que se somaria a de "imperialismo", para explicar o atraso brasileiro, projetando assim a necessidade de uma revolução *democrático-burguesa*.

No final da década de 1950, essa discussão ganha corpo – não apenas no PCB, mas também entre vários intelectuais marxistas. Em razão do renovado fôlego que o pós-Guerra traz ao tema da Revolução Brasileira, era preciso se entender com profundidade o caráter da nossa colonização, passo para a compreensão das relações de produção então existentes no país, posto que desta análise derivaria a estratégia e a tática dos revolucionários. Alguns intelectuais do Partido, como Nelson Werneck Sodré e Alberto Passos Guimarães, dentre outros, acreditavam na remanescência de relações feudais que constituíam obstáculos ao desenvolvimento das forças produtivas – entendendo que uma parcela "nacionalista" da burguesia brasileira, detinha posição progressista, o que ajudaria os comunistas a enfrentarem o que consideravam o obstáculo primeiro: os latifúndios.[92] Segundo Sodré, ao *escravismo* dos primeiros séculos de nossa existência, teria se seguido uma espécie de *feudalismo* – pois com a *Abolição*, a estrutura fundiária brasileira não fora modificada significativamente, de modo que a maior parte dos ex-escravos não tinha sido absorvida pelo ainda incipiente mercado, permanecendo sob o domínio de seus antigos senhores, em uma relação que se tornou então de servidão. Esta seria para ele a *especificidade* do Brasil, um país que evoluiu lentamente rumo ao capitalismo, ao mesmo tempo em que sofreu um processo de "regressão feudal", pois o desenvolvimento brasileiro se dera de forma muito desigual. Comportando etapas históricas distintas nas diversas partes do território, nossa evolução foi portanto diferente da europeia – o que ele frisa para se precaver da crítica de estar promovendo um reducionismo *etapista*. Assim, a superação de nossos "restos feudais" passava agora pela afirmação de uma suposta "burguesia nacional" – o que geraria o fortalecimento de nossa indústria. Isto se daria pela união das forças populares com essa parcela da elite que seria "nacionalista", de modo a *introduzir* o capitalismo no campo mediante uma reforma agrária *centrada* na divisão de terras – o que ampliaria o mercado interno e por conseguinte o desenvolvimento do capitalismo no país, reduzindo-se então a participação do capital estrangeiro e a influência imperialista.

Os livros *Formação histórica do Brasil* (1962) e *História da burguesia brasileira* (1965), de Sodré, foram particularmente incisivos na defesa dessa concepção – a que Passos Guimarães contribui com o artigo "A questão das etapas da revolução brasileira" (1960).

---

92 Marcos Del Roio, em "Sodré e o feudalismo no Brasil: uma tentativa de atualização". Em: CUNHA, Paulo; Cabral, Fátima (orgs.). *Nelson Werneck Sodré: entre o sabre e a pena*. São Paulo: Unesp / Fapesp, 2006, p.166.

Com o golpe de 1964, as forças democráticas são derrotadas – tombando consigo a predominância da linha conduzida por Werneck Sodré –, de modo que tal discussão voltaria ao plano central, como cerne da reorientação política comunista que se fazia necessária ao embate contra a ditadura. Contudo, no meio intelectual marxista já se gestava há tempos uma nova formulação sobre a formação econômica brasileira, defendida por Caio Prado – e mais tarde por Florestan Fernandes – que compreendia que a burguesia nacional já não detinha uma postura sequer minimamente progressista, argumentando que em diversas sociedades coexistem, ao lado da relação de produção determinante (no caso a capitalista), relações de produção arcaicas: de natureza pré-capitalista. Assim sendo, o *protagonismo revolucionário* nacional teria de ser das classes populares e sua vanguarda – não das "burguesias nacionais".

Para Caio Prado, como visto, a forma social brasileira surgira, desde a invasão europeia, indissoluvelmente ligada ao mercado mundial capitalista que se desenvolvia desde o século XVI – tendo sido a colônia apenas um elo desta estrutura mercantil. Vale contudo ressaltar – diante de certas interpretações equívocas da obra caiopradiana – que quando ele afirma que o Brasil surge como uma *empresa comercial*, isto não significa que esteja a considerar que o país foi sempre *capitalista*, embora tampouco visse na colônia um regime feudal. Conforme ele explicita em *A Revolução Brasileira*, o Brasil colonial teve sim um modo-de-produção *escravista*.

Quando jovem – conforme a citada carta a Lívio Xavier –, o autor afirmara, complacente, que *não negava* a existência no país de alguns "traços feudais".[93] Mais tarde porém, dadas as enormes consequências que aquela suposição *feudal* trouxera à análise da revolução nacional, ele muda de ideia, e alicerçado em dados sociodemográficos e argumentos

---

93 Caio Prado, "Carta a Lívio Xavier" [1933], em *Marxismo 21*.

mais específicos passa a negar categoricamente que no Brasil tenha havido qualquer sistema *feudal* ou *semifeudal* "em sua acepção própria". Em oposição a tal tese, afirma sim a existência de resquícios "escravistas" em certas regiões, embora não os considerasse significativos para a interpretação da nação. O que há ainda hoje, diz, são *restos escravistas*, relações laborais remanescentes do "sistema de trabalho vigente no Brasil até fins do século passado, a saber: a escravidão". Porém, adverte: "Mas escravismo e feudalismo não são a mesma coisa".[94] Embora o "sentido" de nossa colonização nos dirigisse paulatinamente ao capitalismo – segundo um escravismo interno voltado ao exterior capitalista – este processo, no entender de Caio Prado, somente consolidaria sua predominância a partir da *Abolição da escravatura* em 1888, momento que considera crucial na evolução político-histórica brasileira, embora seu advento não tenha modificado muito a situação de exclusão econômica das grandes massas de ex-escravos. Já a Revolução de 1930 é para ele o episódio que estabelece a plena hegemonia do capitalismo – apesar de que mesmo depois, ainda perdurassem resquícios pré-capitalistas *escravistas* no Brasil.

Apesar da divergência de ponto de vista entre Werneck e Caio, note-se que ambos concordam afinal que de fato as "etapas" do desenvolvimento brasileiro não eram *iguais* às da Europa, e que portanto nossa *evolução* era diversa da europeia – posição que recusa a tese *etapista*. Para Werneck, o desenvolvimento brasileiro era por demais desigual, comportando ao mesmo tempo, em um mesmo território, etapas históricas distintas, o que chamará de "contemporaneidade do não coetâneo".[95]

Assim, após décadas de debates em torno do *etapismo*, a antiga visão de Caio Prado lograria sua hegemonia analítica, não só referente

---

94 *A Revolução Brasileira*, p. 51-57.
95 Conforme *Formação Histórica do Brasil* (1962).

à nossa história, mas ao próprio materialismo histórico, pois se o caso brasileiro não é igual ao europeu (tanto em relação à *qualidade* de nossos períodos pré-capitalista e capitalista, como à sua *coexistência* que persiste), então não necessariamente será preciso se passar pelos mesmos ciclos fixos por que passaram as revoluções europeias – como queriam os *pseudo-ortodoxos* ou *dogmáticos*.[96] Enfim, se nossa realidade é diferente da europeia, não há modelo a se seguir; há pois que se construir o caminho nacional.

É importante todavia, outorgar também o merecido valor que têm as interpretações de Werneck Sodré para a estrutura fundiária brasileira que se seguiu – pois se o latifúndio e a cultura coronelista não são os únicos responsáveis pelo atraso brasileiro, são partícipes fundamentais que precisam ser eliminados. Como se sabe, é ainda hoje extremamente perniciosa a dominação patriarcal no meio rural, o que mostra que os restos *pré-capitalistas* eram mais graves do que supunha Caio Prado. Não é à toa que somente a partir de 2002, o Brasil conseguiria pôr-se em marcha (com a ascensão do Partido dos Trabalhadores), no *sentido* de se aproximar das metas mínimas que Caio propunha para que o país completasse sua formação enquanto *nação orgânica*.[97] Porém, ainda assim, mesmo no novo século pouco se pôde modificar dessa estrutura que lega poderio espetacular aos coronéis dos sertões, *senhores* não só de um exorbitante território – à revelia de trabalhadores sem terra para produzir, com consequente proliferação e inchamento de favelas,

---

96 Dada a diversidade de acepções, positivas e negativas, do termo "marxismo ortodoxo" na história do pensamento, optou-se por evitá-lo, usando-se, para se referir a posturas antidialéticas, o adjetivo "dogmático".

97 Como é o caso da renda-mínima, antes restrita a uma parcela de trabalhadores assalariados e com carteira registrada, direito que a partir do governo de Lula da Silva, finalmente passaria a se estender a todo brasileiro – através do soldo contra a extrema miséria dito "bolsa-família".

violência urbana –, como também detentores de influência decisiva no que tange ao atravancamento político de temas fundamentais, desde a economia e ecologia aos direitos humanos, passando por aspectos de ordem cultural e ética. Ademais, e logicamente, essa superestrutura *arcaica* (sem aqui se ater a rótulos) que persiste, como destacava Sodré, com o histórico desequilíbrio sócio-étnico que ela ratificou ao longo de séculos de dominação europeia sobre índios e descendentes de africanos, tem sérias implicações psicoculturais que urge serem resolvidas sob pena de perpetuação desta violência direta e indireta que afeta a própria coesão e vitalidade desse país mestiço e cada vez mais cosmopolita. De fato, se no Brasil colonial não havia "classes", mas sim "castas" – fato bem frisado por Octavio Ianni, pois que o africano saía de sua terra com um lugar já definido na sociedade brasileira –, contudo, mesmo hoje, conforme pondera Wilson Barbosa, é uma falácia se falar em "livre mercado", visto que os Homens, os trabalhadores, ainda são pré-julgados por sua "aparência"; portanto, em certa medida, resquícios da sociedade de castas *continuam existindo*, não havendo um regime capitalista realmente "aberto à competição social". Em suma, o problema étnico – que não foi desenvolvido em profundidade por Caio Prado – ainda está por ser examinado com o devido cuidado pelos marxistas contemporâneos.[98]

---

98   Wilson Barbosa, "A discriminação do negro como fato estruturador do poder" [2008], em *Sankofa – Revista de História da África e de Estudos da Diáspora Africana* (2009) – com citação da análise de Ianni. Vale reiterar que, apesar de não enveredar no tema étnico *superestrutural*, Caio Prado põe a *Abolição* como o evento fundamental na consolidação *estrutural* do capitalismo brasileiro. Entretanto, note-se que mesmo com a *Abolição*, tardariam décadas até que a superestrutura jurídica e política fosse modificada em seus mais básicos princípios (como se sabe, até há pouco tempo, negros e índios não podiam entrar em certos locais). Neste tocante, é preciso o aporte do martiniquense Franz Fanon, que com suas considerações sobre o *racismo* e a *psicopatologia da colonização*, coloca-se entre os grandes pensadores do marxismo latino-americano.

Já quanto à questão do imperialismo, embora seja hoje claro, com o fenômeno da globalização, que Caio Prado tinha razão ao dizer que a burguesia brasileira não é *economicamente* nacionalista – mas aliada do capital internacional –, contudo parece que ele desprezou por demais os efeitos *superestruturais* nefastos do imperialismo, cujos valores influenciam profundamente a cultura e política nacionais. Fato este agravado por uma elite xucra, de "baixo nível" político e cultural – "atrasada" e "por isso ineficiente" –, características bem observadas pelo autor, que percebe uma "relação proporcional" entre a degradação dos de *cima* e dos de *baixo*.[99]

Porém, talvez ele não tenha podido se dar conta do alcance pejorativo dessa mediocridade, por exemplo estampada diariamente nas páginas de uma grande imprensa cada vez mais ativa e reacionária que obstaculiza o desenvolvimento nacional.[100] Werneck portanto, merece aqui também seu crédito, ao dar ênfase à mazela *imperialista* – este problema que de acordo

---

99 A Revolução Brasileira, p. 166; L. Secco, *Caio Prado Júnior – o sentido da revolução*, p. 47.

100 Cabe uma menção quanto ao que alguns acusadores pouco atentos ou midiáticos divulgaram como sendo "racismo" do marxista, pois que ele usa a adjetivação "boçal" ao se referir ao trabalhador negro escravizado. Em função de suas condições de trabalho degradantes, Caio usa o adjetivo boçal (usado também por Florestan), que tem o significado de ser desprovido das técnicas que as tarefas lhes exigem (na origem do termo, "boçal" é o não "ladino", ou seja, o Homem recém-chegado ao país e logo desconhecedor da língua, sem habilidades para trabalhos específicos e elitizados da casa senhorial). Logo, com realismo, o autor percebe o escravo como banalizado pelo sistema produtivo – notando aliás que há um reflexo entre a rudeza cultural das elites e a do povo. Intui-se pois que tais escreventes não tiveram o esforço, em sua crítica, por compreender o sentido do texto, nem de ao menos consultar um dicionário. Quanto ao tema, Milton Santos (obra citada adiante) conta que quando de sua candidatura à presidência da Assoc. Geógrafos Brasileiros, uma conhecida "voz" se levantou a dizer que ele não podia desempenhar o cargo por ser "negro", ao que Caio, "homem de caráter" que mal o conhecia, apesar de já o ter citado, retrucou: "Não, vamos elegê-lo".

com Edward Said (em *Cultura e imperialismo*) é o "principal" do "horizonte político" – e "determinante" na cultura moderna.[101]

Polêmica sobre a Revolução Brasileira

Desde a Revolução Cubana, iniciara-se no Brasil uma maior mobilização popular que, embora não tivesse perspectivas revolucionárias, consolidaria as forças políticas que sustentaram as reformas de base de João Goulart – processo que seria freado pela aliança burguesa-militar em 1964, fazendo o país perder *oportunidade histórica*. Caio Prado, desde muito antes da derrocada, já denunciava a ilusão do "pacto populista" defendido pela direção do PCB – que seria traído pela pretensa *burguesia nacional* ao primeiro sinal de perigo à ordem capitalista.[102]

No contexto retrógrado do duro golpe de Estado que calara o sonho revolucionário, urgia reconsiderar interpretações e estratégias. Em 1966, o autor sistematiza os detalhes dessa polêmica no livro *A Revolução Brasileira*, em que critica, como colocado, a noção de que o país vivia sob um regime predominantemente feudal, e consequentemente nega a viabilidade de uma aliança (anti-imperialista) com uma certa "burguesia nacional", que ele visa demonstrar inexistente. Contrário à tese predominante no Partido, de que a Revolução Brasileira estaria em uma *etapa* democrático-burguesa, trata de desconstruir analiticamente tal equívoco, para em seguida delinear uma "tática defensiva" para a luta dos trabalhadores do campo e da cidade, sensível à pauta por melhores condições laborais, ao mesmo tempo em que tenta reorientar os objetivos da frente anti-imperialista, em prol de uma produção que se dirigisse ao consumo nacional.

---

101 Edward Said, *Cultura e imperialismo* (1993), p. 97.
102 Paulo Arantes, *Um departamento francês de ultramar* (1994), p. 298.

Em fins de 1966, um acontecimento político reforçaria significativamente a posição de Caio Prado: Marighella se desliga do Partido para formar a Ação Libertadora Nacional (ALN), explicitando sua disposição de lutar revolucionariamente junto às massas, ao invés de continuar aquela falida política burocrática, que segundo ele ainda imperava por entre as lideranças. Já não era possível apoiar-se em *conciliações* de classes – a burguesia historicamente havia perdido qualquer posição de vanguarda no desenvolvimento das transformações, tanto nas metrópoles, como nas sociedades coloniais ou semicoloniais. Segundo observa o ex-guerrilheiro da ALN, Takao Amano, ao reunir em torno de si um amplo espectro de forças políticas – trabalhadores urbanos, do campo e intelectuais –, Marighella justamente "resgatou" a tese *antialiancista*, defendida por Caio Prado e Florestan Fernandes.[103]

Em *A Revolução Brasileira*, Caio principia por analisar o significado "profundo" de uma *revolução*, o que então ele já não vê (tal qual via nos anos 1930) como um processo inevitavelmente ligado ao caráter violento – ou *insurrecional* – da *imediata* conquista do poder, mas antes relacionado a transformações socioeconômicas e políticas concentradas em um "período histórico relativamente curto". Sendo o "ritmo da história" não uniforme, ele entende que a revolução é aquele período histórico *acelerado*, em que se desenvolvem mudanças bruscas nas relações sociais – em contraposição às fases de "relativa estabilidade", caracterizadas por uma "aparente imobilidade". Aliás, segundo escreve nos anos 1960, o marxista vê o Brasil na *iminência* de adentrar este período de densas *transformações* – dados os "descontentamentos e insatisfações generalizadas". Porém, para desencadear tal processo, o prioritário era centrar forças na defesa de direitos fundamentais dos trabalhadores. Sua ideia

---

103 Takao Amano, *Assalto ao céu* (2014), p. 57.

é a de que, uma vez que as massas tivessem sua condição econômica melhorada, estariam mais propensas a participar do processo transformador político – e portanto nesta própria melhoria de condições básicas de vida (a luta econômica imediata) já está implícito o começo do processo revolucionário (luta mais longa que envolve mudanças estruturais complexas, políticas e culturais). De qualquer modo, a revolução para ele tem antes que ser desencadeada, para que depois se vá determinando aos poucos suas tarefas, ao se evoluir no percurso. Mas para provocá-la é preciso focar energias nas transformações mais urgentes ou possíveis.[104] Ademais, para se pensar a revolução, não se deve buscar saber de antemão se sua natureza será socialista ou democrático-burguesa – pois sua *forma* somente se desenhará no *movimento* de seu próprio *processo*. "É de Marx a observação tão justa" – afirma – "que os problemas sociais nunca se propõem sem que, ao mesmo tempo, se proponha a solução deles", pois só no próprio contexto dos problemas, pode-se compreender sua "dinâmica" e revelar suas "contradições", para assim se pensar sua resolução. O Homem, "autor e ator" dos acontecimentos históricos, somente pode considerá-los adequadamente quando se encontra inserido neles. Não importa pois as *designações* que se atribuam às "transformações" da Revolução Brasileira. Um marxista busca agir no *sentido* do socialismo, mas não pode querer prevê-lo historicamente, estabelecendo um rígido

---

104 À semelhança da analogia que Caio Prado faz entre as humanidades e a física moderna (o que importa é saber *o que se passa* e não *o que é* – ideia tratada logo adiante), cabe aqui outra analogia com a *teoria quântica*, que versa dentre outras coisas, sobre a mínima carga de energia necessária para que se desenvolva qualquer modificação estrutural física; ou seja: o quantum é a carga mínima de energia necessária para que se possa transformar um estado físico; a natureza se transforma através de golpes, saltos. Já a teoria caiopradiana insiste que, de maneira bem planejada, deve-se unir amplos esforços *concentradamente* em reivindicações fundamentais, que se vislumbre possíveis – ou na "ordem do dia" –, de modo a se transformar o *estado* de coisas em tempo *relativamente curto*.

programa "predeterminado". Um projeto socialista não deve ser sectário, pois esta atitude dilui as forças: o sectarismo socialista é "antimarxista", pois leva ao isolamento – fazendo com que o projeto revolucionário perca aliados importantes.[105]

Em sintonia com as então recentes conquistas da física moderna, o autor põe sua ênfase no *processo*, ponderando que o conhecimento "já de há muito" consiste em saber "o que se passa", e não – como quer a concepção "metafísica das 'essências'" – "o que é". Inclusive, na leitura de Milton Santos, é exatamente esta preocupação para com os "processos" – "eterno movimento da história, do homem" – que faz do legado de Caio tão "atual", pois que permite não só o conhecimento da "dinâmica do presente", como a "percepção, ainda que mais ou menos nebulosa, do futuro".[106]

Citando a "polêmica de Marx", depois "retomada por Lenin", contra os anarquistas, Caio Prado argumenta que qualquer incidente da luta revolucionária – uma greve, por exemplo – tem uma "significação própria", ou seja, seu objetivo é a conquista de reivindicações que estejam na "ordem do dia". Assim, não cabe *a priori* querer adivinhar se a Revolução Brasileira terá caráter socialista ou democrático-burguês, mas sim há que se saber interpretar os acontecimentos, o *processo histórico*, seu *sentido*. Com uma teoria correta, incute-se ânimo no povo – porém um modelo abstrato, sem concretude, desorienta os trabalhadores, apassivando-os; e foi justamente esta passividade e falta de rumo que facilitou o golpe reacionário. O pensador cita então Cuba como exemplo de "ação revolucionária" *dialética*: uma revolução que se inicia como oposição a um regime ditatorial violento, mas que evolui, transformando seu "senti-

---

105 Caio Prado, *A Revolução Brasileira*, p. 2-12 (grifos do autor); citação de Marx referente ao "Prefácio" à *Contribuição à Crítica da Economia Política*.
106 Milton Santos, "Renovando o pensamento geográfico", em *História e ideal* (1989), p. 431-432.

do", colocando-se no *rumo* de uma "revolução agrária e anti-imperialista" – o que portanto "prova o acerto" do "ponto de vista revolucionário" de Fidel Castro. O que importa para uma ação revolucionária não é o que se "proclama" e "projeta", mas o "sentido dialético" que se imprime ao processo através de *ações*, isto é, "sua potencialidade em projeção para o futuro". Se a Revolução Cubana já continha "em germe" a futura revolução socialista, nem mesmo Fidel, com sua "grande agudeza política", o podia saber – pois a revolução não tem de ser proclamada, mas executada. A "transformação" é a *contraposição dialética* à "conservação do *status quo*".[107]

Após as preliminares, Caio Prado passa a discutir o que considera os *equívocos estratégicos* cometidos pelos revolucionários brasileiros, que a seu ver foram: de ordem *teórica*, advindos de uma má leitura dos clássicos marxistas e consequente não compreensão da aplicação da metodologia dialética às particularidades do país; e de ordem *histórico-política*, resultantes de uma má "interpretação" da realidade brasileira, em que se acreditou ver o país a viver *inexistentes* "momentos revolucionários profundos". Para ele, destas falhas analíticas resultaria uma desacertada ação política, que por não contar com "diretrizes justas", perdeu-se em estéril agitação, não sendo capaz de "despertar e mobilizar" em grau suficiente as "verdadeiras forças e impulsos revolucionários" populares. Como dito, o autor enxerga, a partir do refinamento analítico da realidade pelas vanguardas, a capacidade de conscientização e mobilização dos trabalhadores – fundamento do processo revolucionário. A interpretação acurada permite uma apreensão mais *dinâmica* – mas o equívoco desorienta, desanima, promove a desconfiança no Partido, afeta pois mesmo psicologicamente a tomada de consciência. Assim que, concretamente, os erros das esquerdas em seu ponto de vista são os de terem

---

107 Caio Prado, *A Revolução Brasileira*, p. 13-15 e p. 18-20.

enxergado no Brasil a necessidade de se lutar por uma "revolução agrária, antifeudal, anti-imperialista", sendo que no entanto, diz ele, "não se tratava de nada disso" – tanto é que bastou uma "passeata militar" para dispersar "sem maior esforço" esses "iludidos *pseudo-revolucionários*".[108]

O filósofo-historiador oferece então um outro caminho para a *Revolução Brasileira: se o Brasil estruturou-se voltado para fora – como um "capítulo da história do comércio europeu" – cabe agora, justamente, modificar este sentido que ainda perdura.*[109] *Para que o país se realize enquanto nação, é preciso fomentar-se uma transição que lhe permita se livrar dessa reminiscência do passado colonial – verificada em sua produção de bens primários subordinada ao mercado externo –, o que se dará através do desenvolvimento de um ainda incipiente mercado interno.*

É sob essa orientação que Caio examinará a questão agrária nacional. Dadas as possibilidades *conjunturais* concretas, ele não considera a mera divisão de terras como prioridade generalizada para todo o território. Sendo baixa a produção dos campos brasileiros e irrisórios os salários dos camponeses, defende que a divisão fundiária por si só, não eliminaria estes problemas. Alguns anos antes, em 1963, o *Estatuto do Trabalhador Rural* trouxera alguns ganhos tímidos em relação à anterior lei trabalhista de 1943, do governo Vargas (*Consolidação das Leis Trabalhistas*) – a qual só atendia ao trabalhador urbano. Entretanto, os militares reverteriam as pequenas vitórias trabalhistas, anulando o direito a greves e livre sindicalização. Para o autor era necessário antes de tudo reivindicar-se direitos mínimos para essa massa de miseráveis, de modo a integrá-los de fato à nação, tornando esses *produtores* também *consumidores*. Assim, a luta comunista deveria se centrar na incorporação

---

108 Caio Prado, *idem*, p. 30 (grifo meu).
109 Citação de *Formação do Brasil Contemporâneo*, p. 11.

dos grandes contingentes populares – em especial os trabalhadores do campo, mas também os urbanos – através de apoio a suas causas mais imediatas, como a vital extensão dos direitos trabalhistas ao meio rural. Como mostrado, Caio Prado não nega a *sobrevivência* de resquícios pré-capitalistas, o que contudo considera casos isolados, de menor significado na análise da economia como um todo – atitude com que se põe contra a ideia *eurocêntrica* do PCB. Sua posição é a de aliar proletários, camponeses e a vanguarda militante por uma revolução por eles mesmos protagonizada – sem se rebaixar aos interesses e liderança burgueses.[110] Para tanto, apresentará estudos detalhados. É o caso dos vários dados que ele oferece em junho de 1960, no artigo "As *Teses* e a Revolução Brasileira" – em que faz duras críticas às *Teses para o V Congresso* do PCB (abril de 1960), em polêmica que prenuncia a de 1966. Nos latifúndios em que vigoravam relações "capitalistas" (*assalariadas*), e que eram a ampla maioria, verificava-se uma condição de trabalho ainda mais *desfavorável* ao camponês, do que naqueles em que se mantinham relações "pré-capitalistas". A partir de detalhados estudos socioeconômicos, Caio Prado mostra que o "progresso capitalista no campo" e inclusive a "elevação do nível tecnológico da produção" não melhorou a condição miserável do camponês; pelo contrário, a piorou. O suposto "progresso" exaltado pelo capitalismo não está orientado à *humanização*, mas inversamente, a aprofundar a exploração do Homem.[111] Conforme o censo de 1950, eram 2.064.642 o total de estabelecimentos agropecuários no país (ocupando cerca de 232 milhões de hectares), sendo apenas 186.949 os que se encontravam em regime de arrendamento (não alcançando nem 13 milhões de hectares). Lutar pela extinção da "par-

---

110 Conforme *A Revolução Brasileira*, p. 51-57.
111 Note-se que Mariátegui chega a conclusão semelhante em sua análise da suposta *modernização* da produção nas terras andinas.

ceria" e sua substituição pelo "salariado" – diz ele –, como enunciam as "erradas premissas teóricas" das *Teses*, fere "frontalmente" os interesses das massas trabalhadoras para a qual em regra "a parceria é muito mais vantajosa que o salariado". Combater o "latifúndio improdutivo" como *resolução principal* para a questão agrária, como queria o Partido, é para ele atitude do "mais puro reformismo burguês"; e isso fica mais evidente no tocante ao "estímulo da produtividade", oferecido ao capitalista.[112]

Apesar disso, é necessário ressaltar que o autor defende o pequeno negócio rural, onde fosse "possível" que ele se mantivesse, atentando a que, em meio à mercantilização intensiva dos campos (de que surgiria o agronegócio), seria importante que a economia agropecuária se "orientasse" para o pequeno negócio – "porque, nas mãos destes trabalhadores, a terra produziria melhor". A agricultura familiar se manteve através de diversos ciclos de nossa economia, inserida nos circuitos produtivos – e Caio Prado percebia que seu desenvolvimento estaria majoritariamente ligado ao mercado interno, ao contrário do grande empreendimento voltado ao exterior. Porém, adverte que isto somente poderia se realizar mediante uma série de políticas de "favorecimento e fomento" do fracionamento das propriedades – como que "domesticando" o capitalismo no campo. Assim, sua proposta se fundava, de modo bastante nítido, em duas vias distintas, mas "convergentes": extensão da legislação social trabalhista ao mundo rural e fim da grande concentração fundiária.[113]

Como que profetizando os atuais debates acerca do agronegócio e do combalido *desenvolvimentismo* (que logrou na atualidade

---

112 C. Prado, "As Teses e a Revolução Brasileira" [originalmente publicado na revista *Novos Rumos*, jun-jul. 1960], em *Mouro* (2013), p. 75-85.

113 L. Secco, *Caio Prado Júnior – o sentido da revolução*, p. 215-221 – com citação de C. Prado, *Anais da Assembleia Constituinte de 1947*, vol.II, p. 78-102; C. Prado, *A questão agrária no Brasil*, p. 83.

produzir em plena abundância, sem resolver o problema fundamental da fome), Caio Prado chegará à interessante sentença: "a produtividade não tem relação direta com as condições de trabalho e de vida do trabalhador". Cita o exemplo do Nordeste, que viveu considerável "progresso tecnológico", o que entretanto culminou em maior concentração de propriedade e riqueza, pois a expansão da lavoura canavieira para abastecer as modernas usinas acabou avançando sobre espaços ocupados anteriormente por "culturas de subsistência". A partir de relatório de 1951, da FAO-ONU, ele mostra que este fato também se dá em outras regiões do mundo, como no arquipélago indonésio de Java, onde as grandes fazendas de cana-de-açúcar (cita o documento): "embora alcançando êxito no sentido de proporcionar grandes lucros ao capital privado, dominaram toda a economia(...) e tiveram efeito nocivo no sistema de rotação de lavouras, desenvolvendo a cultura da cana em detrimento da do arroz".[114]

"Como sempre acontece" – explica –, o *salário* é relativamente rígido (não variando com a produtividade), e "acompanha com grande atraso a desvalorização da moeda e inflação de preços". Deste modo, quando a "remuneração" do trabalhador é parcela da própria produção – relação que era comumente vista como *pior* que a plenamente capitalista –, isto acaba por lhe ser uma boa vantagem. Nada há que se esperar portanto do mero desenvolvimento do capitalismo no meio rural – e inclusive, "frequentemente" ocorre que o "aumento da produtividade agrícola" é acompanhado pelo "agravamento das condições de vida do trabalhador". É no "terreno da luta social" que a reforma agrária deve ser

---

114 Cita o estudo da ONU ("Reforma agrária no mundo e no Brasil, do *Serviço de Informação Agrícola do Ministério da Agricultura*, Rio de Janeiro, 1952, p. 44), em "As Teses e a Revolução Brasileira", obra cit., p. 85. *Sobre o tema da fome em meio às grandes plantações*, ver o relatório da FAO-ONU (2011): "Global food losses and food waste".

colocada: "é esse processo dialético que a reforma agrária desencadeará, e que na fase subsequente levará a economia agrária para sua transformação socialista". A melhoria de vida dos camponeses então somente virá "através da luta" por melhores condições de trabalho.[115]

O autor porém admite que o "maior embaraço" no caminho desta *luta* é de fato a concentração da propriedade agrária – pois que, antes de tudo, gera mão-de-obra barata. Diante disso, propõe, a par das "reivindicações imediatas" – legislação trabalhista, regulamentação da parceria, etc –, que se estabeleça uma política de tributação de maneira a atacar os privilégios fiscais herdados da época colonial, onerando o latifundiário. Isto, explica ele, acabaria por forçar a "mobilização comercial" das terras, barateando-as e permitindo assim que a massa trabalhadora pudesse ter acesso a ela – abrindo outra "perspectiva de ocupação e atividade remuneradora". Caio tampouco descarta a "eventual desapropriação", o que encontrava "plena justificativa" legal, diz ele, na Constituição Federal – "que condiciona o uso da propriedade ao bem-estar social" –, sendo portanto passível de ser demandada apesar do contexto de autoritarismo.[116]

Em *A questão agrária* (1979), reafirmará suas posições dos anos 1960, considerando como luta "atual" a defesa de uma reforma agrária bem equacionada e diversificada – que começasse por se centrar na luta pela legislação trabalhista e proteção do trabalhador rural – como o grande passo no *processo* de consolidação da nação. E oferece exemplos de como sua ideia se mostrou correta, citando "fatos recentemente ocorridos no Nordeste", em que um "poderoso" movimento de trabalhadores da cana conseguiu através da organização e sindicalização uma verda-

---

115 "As Teses e a Revolução Brasileira", *obra cit.*, p. 83 e 88.
116 Caio Prado: "As Teses e a Revolução Brasileira", *obra cit.*, p. 88 e 91; e *A questão agrária no Brasil*, p. 83-85.

deira "transmutação" em suas condições de vida, ao ter seus vencimentos aumentados em nove vezes (de 80 a 120 cruzeiros diários, para 900). Daí, infere que o encarecimento da mão-de-obra acabará, por meio da concorrência, liberando áreas menos competitivas, o que permitirá o parcelamento de latifúndios. A "questão agrária marcha muito lentamente" – pondera com realismo – e "continuará assim" até que as forças políticas de esquerda se decidam a "intervir acertadamente" no assunto, deixando de lado a "estéril agitação" por objetivos que "na situação atual do País" estão "inteiramente fora do realizável".[117]

Todavia, sendo mal interpretado, Caio Prado seria criticado por supostamente legar a um segundo plano a distribuição de terras, preferindo o que seria um *simples apoio* ao sindicalismo. No entanto, como exposto, seu intuito ao se contrapor aos defensores da tese da *inevitabilidade* da revolução nacional-democrática, não é de modo algum recusar a necessidade de se efetuar a reforma agrária – mas *refinar* esta análise, diversificado regionalmente suas soluções. Ao contrário de recusar a repartição fundiária, ele demonstra que para alcançar seu sucesso não se pode *reduzir* a complexidade do problema. Em grande parte do país, o que vigorava em meados do século já eram *plenas* relações capitalistas de produção, e portanto não basta dividir terras, mas também é preciso fortalecer os trabalhadores do campo em suas demandas urgentes – direitos trabalhistas, salários. Isto aliás está em sintonia com a concepção ampla que o MST atualmente segue em suas reivindicações – pois, sem apoio à infraestrutura agrária, maquinário e insumos, um pequeno produtor rural não pode fazer frente à concorrência dos gigantes do agronegócio, o que em médio prazo pode se configurar no

---

117 C. Prado, *A questão agrária no Brasil*, p. 161-166 e 172.

retrocesso do processo, com a volta da concentração de terras nas mãos dos mais *bem sucedidos* ou poderosos.

Apesar de diferenças conjunturais das distintas épocas, como visto o autor não era *adversário* do tipo de luta que mais tarde o MST promoveria (ênfase na agricultura familiar e pressão popular massiva). É certo que ele tentou, em sua situação histórica, reformas dentro dos interstícios da ordem, não chegando a defender a viabilidade de ocupações de terra, em tempos nos quais a vida de um camponês – para as leis, forças públicas e *veículos de opinião* das classes dominantes – *valia* menos do que atualmente. Outro ponto chave é que a conscientização política desses trabalhadores estava distante do que lograria sê-lo hoje, passado o período mais autoritário; e ademais, muitos cadáveres seriam enterrados até que os massacres ruralistas passassem a ser ao menos *ligeiramente* reprimidos pelo Estado semi-democrático atual. Mas o essencial – como analisa Secco – é que ambas as formas de lutas (propostas por Caio e pelo MST) compreendem como *não exclusivas* as "estratégias" de reforma agrária – abstendo-se de fixar prévios "esquemas gerais". O MST não nasceu com um programa único e totalmente definido, mas à semelhança de Caio Prado definiu sua política de práxis a partir da realidade "de cada região", da idiossincrasia de "cada cultura agrícola" – não recusando, em linhas gerais, nem mesmo a convivência com a *legalidade instituída*[118].

Para se fechar um panorama da larga polêmica revolucionária caiopradiana, há ainda que se reiterar sua conclusão *estratégica* de que, quanto à luta contra o imperialismo, não se deve confiar em uma burguesia nacional enquanto classe – pois a elite brasileira não possui nenhum lastro histórico com o povo, identificando-se antes com o próprio imperialismo –, mas sim é preciso fomentar-se a aliança entre

---

118 L. Secco, *Caio Prado Júnior – o sentido da revolução*, p. 222-223.

todos os trabalhadores, apoiando as reivindicações populares mais prementes. O golpe militar respaldado pela alta burguesia foi a lacônica resposta da história quanto à confiança que mereciam as reacionárias elites brasileiras – um triste desfecho para aquela polêmica comunista. Não existia uma burguesia industrial, progressista, que realmente se opusesse a uma *outra* burguesia mercantil, imperialista: eram aliadas, sócias. A questão não era portanto apoiar-se *esta* burguesia contra *aquela*, mas pensar-se no que se estava a produzir, por quê, para quem; tratava-se de mudar o sentido da produção nacional, de forma a se poder enfim abastecer um mercado consumidor nacional, ampliando a cidadania até então restrita quase só às elites – e caminhar assim para a emancipação nacional.

Após três décadas do fim da ditadura, nota-se que a história da luta popular agrária, ainda que indiretamente, acabou por tomar o rumo que Caio Prado previu ou acreditou – sindicalização, conscientização popular, ampliação das leis trabalhistas. Somente com o retorno do *processo* de democratização do país, reiniciado nos anos 1980, pôde-se ampliar a consciência das massas campesinas. Conforme ressalta documento do MST, foi através do "sindicalismo combativo" (também dito "novo sindicalismo") e do movimento "Diretas-Já", que se forjou o nascimento desta organização camponesa – grupo que no ímpeto da recente liberdade política, mobilizaria um contingente humano imenso que viria a contribuir com as conquistas da Carta de 1988.[119] Na nova Constituição, que restabelece o direito à greve e à livre associação sindical, ficaria também estipulada a desapropriação de terras improdutivas, em uma redistribuição que viria acompanhada – segundo o conceito

---

119 Igor F. Santos *et all*. "Nossa história". Em *Portal do Movimento dos Trabalhadores Rurais Sem Terra*, 2009.

caiopradiano de reforma agrária *ampliada* – de melhorias das condições laborais, de organização e conscientização das massas, e de reivindicações quanto à infraestrutura produtiva para os assentamentos. É certo porém, que apesar dessas vitórias, os resquícios pré-capitalistas (caso da forte bancada parlamentar *ruralista* e por que não da *cristã reacionária*) – que Caio Prado minimizava –, ainda não permitiram uma efetiva e abundante reforma agrária, base para a *realização* da nação.

Polêmicas posteriores – pela construção do processo revolucionário

O tom desafiador d'*A Revolução Brasileira*, bem como o contexto histórico reacionário desatariam polêmicas de várias matizes. Se antes de 1964, as posições de Caio eram absolutamente minoritárias, agora já não havia uma *hegemonia* a guiar as esquerdas.[120] Dentre as críticas que mais ressoaram, encontra-se a do dirigente pecebista Marco Antônio Tavares Coelho – sob o codinome Assis Tavares –, e a do trotskista Ruy Fausto, professor de filosofia da USP.

Tavares Coelho – cuja crítica Caio Prado considera "contribuição positiva", recebendo-as com "satisfação" – afirma que na obra polêmica o autor fizera apenas um exame "abstrato" dos problemas da Revolução.[121] Seu argumento é o de que o livro se limitaria a estudar algumas "teses marxistas" sobre o "processo revolucionário" – o que seria equivocado, pois a análise deveria ser não sobre *ideias*, mas sobre o *processo* em si. Porém, como foi aqui mostrado, Caio Prado tem vários escritos historiográficos repletos de investigações ancoradas em dados – ao que Coe-

---

120 Marco Aurélio Garcia, "Um ajuste de contas com a tradição", em *História e Ideal*, p. 273.
121 Conforme Marco A. Coelho ("A. Tavares"), "Caio Prado e a teoria da revolução brasileira", em *Rev. Civilização Brasileira* (1966/1967); e C. Prado, "Adendo a *A Revolução Brasileira*", em *Rev. Civilização Brasileira* (1967).

lho quiçá não atentou. Por outro lado, cabe recordar que o próprio Marx também se usou da *crítica da economia política* para analisar o *capital*.[122] De qualquer forma, um dos principais questionamentos de Coelho será acerca da *solução* do problema que o pensador estaria oferecendo, ao recusar a existência de uma elite progressista – o que na visão do crítico seria que as "correntes progressistas" se *isolassem* totalmente da "política impura". Tal conjectura no entanto, não parece ter sido bem colocada. Como já discutido, Caio Prado não fala que os revolucionários devam agir em *isolamento*, mas sim se põe contra sua *subordinação* à política burguesa, afirmando – naquele momento de retrocesso histórico – uma espécie de solução *intermediária*: o partido proletário tem de dirigir o processo de transformação social, devendo centrar *defensivamente* suas forças nas reivindicações imediatas da população mais desassistida; o que não exclui angariar possíveis apoios à causa.

Em seu "Adendo a *A Revolução Brasileira*", em resposta a Coelho, o autor reforça que não se trata simplesmente de apurar se há elementos burgueses antagônicos ao imperialismo, mas de perceber que a burguesia enquanto "formação socioeconômica" (e não "simples indivíduos"), pela natureza de seus "negócios", "ambições" e "aspirações", tem interesses convergentes com os do imperialismo. Décadas depois, Coelho voltaria ao tema, em parte retomando alguns pontos de vista, mas também admitindo que foi um "erro político do conjunto das forças progressistas" – e "particularmente do PCB" – não ter levado em conta a "correlação de forças real" daquela situação; no panorama "tempestuoso de 1964" – diz ele – "o PCB teve a ilusão de que setores da burguesia brasileira enfrentariam o conluio das forças mais reacionárias de nosso país com as empresas estrangeiras, no clima do acirramento da guerra

---

122 B. Ricúpero, *Caio Prado Jr. e a nacionalização do marxismo no Brasil*, p. 215-216.

fria no mundo". Além disso, reconhece como "incorreta" sua crítica às ponderações de Caio sobre o chamado "capitalismo burocrático" – considerando que o fato de o pensador ter colocado em questão esse tema foi uma "iniciativa pioneira".[123]

A outra famosa polêmica foi perpetrada por Ruy Fausto, desde o campo do trotskismo, quem nos anos 1960 sugere que Caio Prado é um *reformista*, pretendendo *rotular* seu pensamento como uma espécie de social-democracia próxima ao revisionismo de Eduard Bernstein, para quem "o fim último do socialismo, não é nada" – "o importante é o movimento". Desde o âmbito universitário onde estava inserido, o intuito do *esquerdista* era defender a bandeira da luta armada. Para tanto, apesar de admitir a correção de "algumas teses" d'*A Revolução Brasileira*, acusa haver "descontinuidade" entre suas análises *econômicas* e *políticas* – pelo fato de o pensador priorizar reformas imediatas, ao invés de clamar a esmo pelo socialismo (em pleno *estado de exceção*). O crítico entende que o autor, no que seria uma falta de *rigor* de sua fundamentação, "separa radicalmente" os "objetivos imediatos" (reivindicações sociais), dos "objetivos finais" da Revolução – censurando o que considera o "economicismo" de sua linha política. "O discurso 'teórico' sobre o socialismo" – especula ele sobre as posições caiopradianas – "não interessaria às massas". O *jovem* Fausto entendia como fundamental para uma "teoria que se pretenda marxista", oferecer respostas à questão do poder do Estado – unindo os dois significados de revolução *distinguidos* por Caio: transformação político-social e insurreição. Em suma – conforme interpreta Paulo Arantes –, o que Ruy Fausto tentou foi enquadrar o problema histórico-social, explanado na *obra*, em uma "questão de método" – base-

---

[123] Marco Antonio Coelho. "Caio Prado Jr. e a política" (out. 2007), em *Gramsci e o Brasil*.

ando sua argumentação sociológica e política em uma "análise conceitual de fundo filosófico".[124]

O filósofo trotskista contudo, além de desprezar em sua análise escritos fundamentais de Caio Prado, desconsidera também a própria essência *totalizante* de sua filosofia: a inerência entre reformas imediatas e marcha rumo ao socialismo – ou em conceitos *filosoficamente* mais concretos, entre mínima dignidade humana e conscientização popular revolucionária. Nos termos de Fernando Novais, a produção intelectual caiopradiana configura a "práxis-teórica em sentido pleno", pois é "fundada diretamente na atividade política" – sendo suas *convicções* em um só tempo "intelectuais e existenciais".[125] Ver *economicismo* ou mero *reformismo* em seu pensamento soa pois a leitura superficial que não alcançou se aprofundar na dimensão radical que atravessa toda sua obra e vida de militância.

Como mostrado no presente trabalho, o autor enquanto marxista dialético, defensor da práxis revolucionária leninista e mais tarde do socialismo cubano logicamente não era contra a luta armada. Ele aliás detalha esta posição abertamente em seu livro sobre a União Soviética dos anos 1930; e depois, na própria obra polêmica de 1966, faz elogio das Revoluções Soviética e Cubana como modelos de *autenticidade revolucionária*, teorias não-dogmáticas que segundo ele compreenderam o marxismo em seu fundamento dialético – "exemplo" que se deve "louvar" no Brasil. Por outro lado, em se tratando de *dedicação* mais aprofundada ao tema no período da crítica de Fausto, em *O mundo do socialismo* (então recém-publicado), ele além de defender o que percebe como políticas emergenciais, *discursa* também (como queria o trotskista) sobre o aper-

---

124 R. Fausto, "A Revolução Brasileira de Caio Prado Jr.", em Teoria e Prática (1967), p. 11 e p. 22; Paulo Arantes, *Um departamento francês de ultramar* (1994), p. 302-303.
125 F. Novais, "Caio Prado Jr. historiador", em *Revista Novos Estudos* (1983), p. 67-69.

feiçoamento do socialismo que se almejava e punha em prática – o que inclui sua discussão sobre a liberdade e emancipação humana. É o caso de sua já citada compreensão dos Partidos Comunistas enquanto *condutores* não só de reformas econômicas de curto prazo, mas de batalhas mais demoradas pela *conquista efetiva* do poder político – o que passa também pelo aspecto cultural da conscientização popular. Destaca ainda que tal evolução no processo superestrutural se prolongará ainda após a tomada do poder – mesmo porque, como mencionado, ele acredita que não se pode alcançar o *comunismo* em sua plenitude libertária, sem que antes os seres humanos se reeduquem segundo princípios democráticos e solidários.[126] Esta parte de seu pensamento e obra – negligenciada pelo acadêmico – em última análise consiste em uma densa defesa estratégica e ética relativa aos *fins* do processo histórico de construção comunista.

Não obstante, Caio Prado pensava que na situação brasileira, para realmente se começar a transformar a ordem estabelecida, seria antes preciso efetuar-se uma interpretação marxista acurada – aos moldes do que fizeram Marx e Lenin –, como passo para se superar a alienação massiva. A Revolução é uma "tarefa imensa" e para levar-lhe a cabo é preciso "sacrifício" e "dedicação".[127] Tendo vivido duas ditaduras, Caio

---

[126] *O mundo do socialismo*, p. 110-111. A menção sobre a reeducação necessária ao *comunismo de fato*, é do jovem Caio (*URSS: um novo mundo*, p. 60). É aqui importante observar que Caio Prado foi um pensador que passou a vida a escrever *uma* grande e *mesma* obra – a qual por mais variada que seja, converge e mantém seus princípios e unidade sempre coesa.

[127] Conforme a citada carta a Evaldo Garcia (1946). Ademais, das obras citadas, na década seguinte (e portanto após a crítica de Fausto), ele reforçaria o valor da ação pelos fins revolucionários, em seus densos ensaios contra o estruturalismo de Althusser e Levi-Strauss – dedicado esforço filosófico contra o imobilismo histórico desta moda reformista; também depois, em *O que é filosofia* se aprofundaria na defesa da teoria da práxis. Vale ainda notar que em meados do século, quando havia uma situação menos desfavorável aos comunistas, nos seus *Diários Políticos* ele demonstra esperança, embora mínima, na possibili-

Prado sabia que em meados do século XX não cabia discutir sobre a *forma* revolucionária – se insurrecional ou não –, mas antes era preciso criar-se um exército popular que fosse o fundamento desse processo transformador; ele conhecia bem a força reacionária da burguesia brasileira, entranhada fisiologicamente em um poder falsamente democrático sustentado por farsas eleitorais e conluios. Por isto, como afirma aos alunos da USP em 1967, o momento não era de se discutir a maneira como seria feita a revolução – pois *ainda* não havia alguns *milhares de trabalhadores* dispostos a pegar em armas –, mas sim se deveria analisar como *forçar* reformas estruturais que fossem passo a uma mínima cidadania popular, o que por sua vez permitiria ao Partido Comunista respaldo em suas ações: *seja quais forem elas*. Por outro lado, se o pensamento de Caio é crítico a bravatas grandiloquentes sem respaldo das massas, ele valoriza a atitude revolucionária efetiva, e exalta a coragem e inteligência de Fidel por ter planejado e executado sua revolução – sem *adjetivações* prévias. Pode-se inferir daí, que caso alguém decididamente acredite que há uma insurreição armada iminente, apesar do pouco apoio popular (como Fausto), caberia ao sujeito, não se expor em um período autoritário e desfavorável publicando polêmicas a respeito do *formato* revolucionário, mas antes (como fez Marighella por exemplo) lançar-se a organizar esse levante.

Entende-se em suma que Caio Prado não se *recusou* a tirar "consequências políticas" de sua análise, mas evitou *rotular* previamente fórmulas para alcançá-las – embora não tenha deixado de se expressar pelos *fins* socialistas, explicitando a necessidade da tomada de poder. Tampouco ele priorizou "meios", ou colocou "fins" em segundo plano,

---

dade de que a Revolução se desse através de um "golpe" – como ele supôs que talvez acreditasse Prestes.

mas equacionou ambos no complexo panorama do real, sendo nítido que para ele há uma dialética *temporal* entre tarefas – umas *imediatas*, reformas infraestruturais mínimas, outras *finais*, envolvendo mudanças não só econômicas, mas político-culturais –, de modo que o avanço de uma promove e reorienta o avanço da outra.

Neste processo – cujas ações têm vicissitudes de acordo com as prioridades que surgem ao caminhar –, a interação entre transformações da infraestrutura e da superestrutura está pautada pelo refinamento de análises por parte da vanguarda: a fomentar esta relação entre o tempo mais curto, da reforma premente (humanização das condições de vida), e o tempo maior, da conscientização das bases e conquista do poder (violenta ou não, conforme o avanço da consciência). Isto porque a práxis para Caio Prado, como apresentado, comporta uma visão da *totalidade* da paisagem histórica, apreendendo seu *sentido*, para a partir daí *reorientar* a marcha ao socialismo, efetuando a "reconstrução do real".[128] Portanto, a acuidade interpretativa, fomenta o *processo* de *hegemonia* necessário para se desenvolver a revolução – bem como a falta de refinamento analítico reforça a reação e leva a desastres como o de 1964.

Não à toa, Milton Santos vê a *atualidade* do pensamento caiopradiano nesta sua atenção aos *processos*; e Carlos Nelson Coutinho considera que suas análises foram "brilhantes" – pensador que "reinventou" para a realidade brasileira conceitos como os da via não-clássica de Gramsci e Lenin, pois que intuiu com precisão as dificuldades provenientes de uma estrutura autoritária e excludente.

A revolução é um processo a ser *desencadeado*, mas este movimento depende de tarefas prévias, concretas, imediatas. E este primeiro passo não pode ser diminuído, segundo visão perfeccionista – como

---

128 Ver Braudel, obra cit.; e F. Novais, "Caio Prado Jr. historiador" (1983), p. 68.

pretendeu o crítico uspiano – a *tão somente* uma mera luta por reformas urgentes para a generalidade da população. Antes de ser uma questão política, é questão vital e ética: consiste na própria reumanização de inúmeros indivíduos sujeitos a jornadas degradantes – tais quais os boias--frias, a que atenta Caio Prado –, que ao conquistarem a condição de cidadãos, poderão então refletir sobre sua situação, tornando-se potencialmente revolucionários.[129]

Finalmente, em se observando os acontecimentos segundo o crivo inequívoco da própria *história*, nota-se que a feroz crítica de Fausto não condiz com sua postura de algumas décadas depois, quando se percebe um *retrocesso* político – ou ao menos uma pouca "dedicação" ao socialismo (para usarmos o termo caiopradiano). Em 2010, o crítico *crítico* – que de certo modo desprezou a atenção de Caio à extrema miséria – fundaria uma revista de nome *Fevereiro* (referência à revolução republicano-burguesa russa), na qual o professor emérito da USP – do cume de sua posição confortável – louva abertamente as virtudes da "democracia capitalista". Em crítica dirigida a Paulo Arantes – pelo motivo deste filósofo seu colega perceber que a *democracia liberal* não é mais que um "Estado oligárquico de direito" –, Fausto chega mesmo a aviltar a Revolução Bolchevique como sendo, *desde seus primeiros anos*, uma ditadura pessoal: "ditadura leninista".[130]

Donde se conclui, com Caio Prado, que bradar pela revolução e dedicar sua existência a ela são tarefas bastante distintas.

---

129 Um *marxista* não deveria deixar de notar que para um esfomeado, uma mínima dignidade laboral tem traços revolucionários contundentes, ainda que a melhoria salarial de um médico ou letrado possa não o ter (ou ao menos não em mesma medida); e isto à revelia de qualquer debate *metodológico*. Certamente este não é um detalhe, e não pode ser menosprezado por um *filósofo da práxis*.
130 Ruy Fausto, "Esquerda/direita: em busca dos fundamentos e reflexões críticas"; e "Por que perpetuar a ditadura" – ambos em *Fevereiro*, n.5.

Capítulo 2

Mariátegui e a Questão Nacional
contribuições ao marxismo – originalidade e atualidade

O pensamento de José Carlos Mariátegui com seus originais aportes ao marxismo mantém após quase um século grande vigor e atualidade. Sua característica mais marcante se encontra na negação de certos valores hegemônicos na civilização capitalista, como o intelectualismo, ceticismo e individualismo, tendências sintomáticas da crise de uma sociedade marcada pela desesperança, degradação sociocultural e acentuada exploração humana – crise que persiste neste novo milênio e se aprofunda.[1] Segundo o pensador peruano, em meio ao processo de alienação política e existencial inerente ao capitalismo, a Revolução Soviética despertou o *Homem matinal*, cansado da noite *artificialmente iluminada* da decadência pós-bélica europeia-burguesa; e na construção social deste *novo Homem* deve-se absorver os bens de todas as *fontes* do conhecimento a que pôde ter acesso o mundo

---

1 Além da degeneração sociocultural, vale ressaltar que a visão predadora ocidental agride também o meio-ambiente, chocando-se com aquela do índio, que vê a Terra como parte de sua cosmologia, de cujas "entranhas" não apenas saem os frutos alimentícios, como também "o próprio homem", conforme afirma o indigenista L. E. Valcárcel (*Del ayllu al Imperio*, p. 166), citado por Mariátegui em *Sete ensaios de interpretação da realidade peruana*, p. 71 – embora o marxista peruano não enverede na discussão ambiental.

contemporâneo: não apenas as ocidentais, mas também as de outros povos, como os indígenas.[2] Confrontando dialeticamente aspectos infraestruturais e os relativos à cultura e subjetividade humana, o autor analisa qualidades de épocas históricas e de modelos socioeconômicos distintos, oferecendo importante contribuição ao pensamento marxista: uma utopia revolucionária concreta que propõe síntese entre os conhecimentos *ocidental* e *oriental* (ou *não-ocidental*),[3] entre o *moderno* e o *antigo*, entre *objetivismo* e *subjetivismo* – dentre outras contraposições potencialmente criadoras.

Sua intenção é a de revitalizar a práxis marxista, em seu tempo abafada pelo reformismo da II Internacional, buscando na apreensão de saberes diversos, fundir suas virtudes, evitando os vícios.

É o caso por exemplo, de seu embate contra o *racionalismo vulgar* (frio, cético e imediatista), que se dá em paralelo a sua crítica à concepção oposta – o *velho romantismo individualista* (narcísico e ingênuo a crer no *retorno* da história). Diante desta que considera uma equívoca polarização, defende o que chama de "romantismo socialista" (ou "novo romantismo"), caracterizado por ser uma reação à *modernidade* desumanizada – ou por promover um novo *encantamento* perante a vida. Este neorromantismo rejeita o decadentismo dos românticos do século XIX, cultivando a energia presente na esperança por uma nova sociedade: a ideia do *mito revolucionário*. Contudo, tal aspecto subjetivo, sem pecar por abstrato, relaciona-se intimamente com a face objetiva do marxismo; trata-se de um subjetivismo enérgico, mas que não prescinde da

---

2   Mariátegui, "El alma matinal" (1928), em *El alma matinal y otras estaciones del hombre de hoy*, p. 11-12. Além dos incas, o pensador observa também a "alma milenar" dos asiáticos, povos que *renascem*.

3   Sobre esse significado "lato" de *oriental*, ver seus *Sete ensaios* ("O processo da literatura", p. 285) – em que ele contrapõe o "orientalismo indígena" à "civilização capitalista, burguesa, ocidental" –, além de outros textos do próprio autor.

objetividade concreta. Mariátegui entende que neste renovado espírito romântico encontra-se subsumido o "realismo proletário" – postura epistêmica e artística advinda da Revolução Russa, que percebe o Homem como ser *imperfeito* (em oposição à visão positivista do "pseudorrealismo burguês"). Este realismo, diz o autor, é *criativo*, aporta novos elementos e consolida novos mitos, e é para ele que tendem a *filosofia*, a *literatura* e a *ciência* de nosso mundo *pós-revolucionário*.[4] Seu esforço é pois por unir o impulso revigorante e idealista da *subjetividade* romântica, à concretude sempre conflitiva da *objetividade* realista.

Romantismo e realismo são para ele, duas posturas intrínsecas ao marxismo, que concorrem para a transformação revolucionária – segundo uma dialética que se poderia dizer *romântico-realista*.

A concepção marxista mariateguiana exalta o valor das tradições comunitárias da América, ressaltando certos fatores que permitiram ao índio desfrutar de uma melhor qualidade de vida, anteriormente à invasão europeia – como é o caso da *solidariedade* característica do povo inca, em contraste com a *competitividade* liberal. Porém, se antigamente o índio trabalhava com prazer e vivia com mais *plenitude*, Mariátegui todavia tem claro que já não é possível abdicar-se da tecnologia e ciência desenvolvida pela civilização moderna. Segundo ele, a tarefa está em promover a junção do melhor fruto do pensamento contemporâneo ocidental, a saber, o marxismo dialético e de práxis, àquele que é o me-

---

[4] Conforme *Sete ensaios de interpretação da realidade peruana*, p. 296-297 – dentre outros textos: "*Elogio de 'El cemento' y del realismo proletario*", em *El alma matinal*, p. 106; "*Rainer Maria Rilke*", em *El artista y la época*, p. 82-83. Sobre o tema do *romantismo-realista* – que será aprofundado adiante –, ver: Antonio Melis, "*La lucha em el frente cultural*", em *Mariátegui en Italia* (1981); e M. Löwy e R. Sayre, *Revolta e melancolia: o romantismo na contramão da modernidade* (1995). A ideia de mito, Mariátegui a encontra em Georges Sorel.

lhor legado da sabedoria *oriental* (no caso do Peru, a cultura andina) – materializado em seus hábitos de *cooperação mútua* e *fé transformadora*.[5] Para tanto, travará polêmicas, enfrentando tanto revisionistas e nacionalistas conservadores, quanto a tendência positivista que se infiltrara no marxismo desde o fim do século XIX. Sua tese (bastante pertinente em tempos de desenvolvimentismo insustentável) é a de que a partir do mero *progresso* técnico não se obtém, *passiva* ou *naturalmente*, uma *evolução humana*, como prega o positivismo ao propagandear a naturalização da história – movimento que ele já à época vê em "ruínas".[6] Pelo contrário, percebe que observando-se a *totalidade* do conjunto social e a fria evolução científica há um agravamento da *desorientação humana*, em um processo civilizacional autodestrutivo – no qual se destaca o *economicismo*.[7] Opondo-se à ilusão simplória da "tese evolucionista" – com sua ideia mística acerca do "progresso" – Mariátegui quer reacender os ânimos revolucionários: o Homem contemporâneo tem necessidade de "fé combativa". A I Guerra mostrou à humanidade que existem "fatos superiores à previsão da Ciência" – e especialmente "fatos contrários ao interesse da Civilização". A partir dessa constatação, o autor entende que a "realidade histórica", a "decadência"

---

5   Sobre tal síntese entre pensamento *oriental* e *ocidental*, ver: "Advertência", em *Sete ensaios*; e "*Occidente y Oriente*", em *Figuras y aspectos de la vida mundial* (vol. II).

6   Tema que o autor desenvolve em sua obra *Defesa do marxismo*, escrita entre 1928 e 1929.

7   Isto é, a atenção ao desenvolvimento puramente econômico – que despreza o humano. Sobre a *decadência civilizacional*, interessa-se por ideias de Oswald Spengler (autor de *A decadência do Ocidente*, 1918); ver dentre outros, "*El crepúsculo de la civilización*" (em *Signos y obras*); sobre este tema, admira reflexões de Nietzsche, como se lê em diversas passagens de sua obra.

política e econômica, aponta para o "fim desta civilização" (moderna) – a qual é (hoje) "essencialmente europeia".[8]

A convicção de Mariátegui, na análise de Florestan Fernandes, é a de que os *progressos* do capitalismo redundam em "aumento geométrico" da barbárie – realidade esta sempre subestimada desde uma perspectiva "eurocêntrica".[9] Note-se que quase um século após tais conjecturas, observa-se ainda hoje que tal *ideário religioso* sobre o "progresso" segue hegemônico na política liberal, que insiste em abordar degradantes relações de produção segundo um cientificismo a-histórico – ou nos termos de Marx, como "categorias fixas, imutáveis, eternas", desprezando o "movimento histórico" que as engendra.[10]

Intelectual, mas também militante ativo, Mariátegui não se aventurou a escrever grandes *tratados* ou elaborar *sistemas* de conhecimento complexos. Foi antes um pensador de *práxis*, cuja vida teórica e prática foram inseparáveis. Conjugou sua intensa atividade política como líder articulador, escritor e editor a reflexões acerca de como tornar viável o caminho de uma saudável utopia comunista. Seu texto – sobretudo composto por ensaios e artigos – é erudito, sem pecar por prolixo; ainda que aborde temas complexos, ele busca sempre clareza

---

8   Mariátegui, "*Dos concepciones de la vida*", em *El alma matinal*, p. 14-15; e "*El crepúsculo de la civilización*", em *Signos y obras*, p. 60. Apesar de ser hoje "essencialmente" moldada pela cultura europeia, dado que o discurso é dos vencedores, porém, a "civilização" ou "cultura" dita moderna ocidental – conforme observam F. Braudel, E. Dussel e tantos outros –, é em verdade uma "edição", um recorte interessante, feito pelos europeus ocidentais, dos saberes gerais do grande "continente" euro-afro-asiático (com seus tantos intercâmbios), em prol de seus interesses políticos e econômicos; além disso, a partir da invasão da América, foi enriquecida com fundamentais contribuições também destes povos.
9   Conforme Florestan Fernandes, "Significado atual de José Carlos Mariátegui", em *Coleção Princípios* (n.35, 1994-1995), p. 2.
10 Karl Marx, *Misère de la philosophie* [1846-1847], p. 114-115.

em suas exposições, mantendo como princípio da práxis a comunicação com as massas. A seu faro investigativo de viajante e jornalista, o pensador somou conhecimentos de história e filosofia, para no período entre--Guerras criticar a decadência ético-política de um capitalismo cada vez mais excludente que se estabelecia pela violência.

Seu marxismo não-dogmático – tachado de *irracionalista* ou *romântico* por socialistas ainda atados ao espírito positivista daqueles tempos – foi um dos primeiros, desde o próprio Marx, que percebeu a necessidade de que o Homem desenvolvesse todas as potências de seu ser: intelectual, física, criativa, sentimental.[11]

Mediante sua refinada interpretação do marxismo enquanto práxis revolucionária e metodologia dialética, Mariátegui, ao investigar os caminhos da história e atuar pelo seu redirecionamento, afirma-se como notável *político* e *historiador*, mas também como um dos primeiros *filósofos contemporâneos* da América, na acepção filosófica de práxis que aqui se concebe e discute.

Panorama histórico e práxis

Apesar de Mariátegui ter hoje reconhecida nos meios acadêmico e editorial internacionais suas inovadoras contribuições ao marxismo, foi somente neste novo século que ele chegaria a ocupar o espaço na posteridade, que seu esforço lhe designou. Seus escritos, elaborados essencialmente nos anos 1920, percorrem campos historiográficos, filosóficos e literários, dentre outros, manejando com habi-

---

[11] Ver, de Marx: *Grundrisse*, *A ideologia alemã*, *A sagrada família* e os *Manuscritos econômico-filosóficos*. Mariátegui, em "Freudismo e marxismo" (um dos artigos de *Defesa do marxismo*) aborda a questão da sexualidade e do psiquismo; e em variados escritos trata de temas como a importância da arte, solidariedade, criatividade e paixão revolucionária.

lidade a ferramenta *dialética materialista* para analisar o pensamento e realidade histórica contemporânea, como é o caso de seus *Sete ensaios*, cuja estrutura, em conformidade com o método de Marx, ascende da compreensão das relações de produção – determinação fundamental –, às ricas análises superestruturais.

Sua abundante obra trata desde temas relativos a seu próprio país – nação inserida em um contexto latino-americano então alijado de qualquer centralidade –, até aspectos da geopolítica mundial: da Rússia de Lenin e Lunacharsky, à Índia de Gandhi e Tagore; da "mensagem" dos povos do Oriente, às pioneiras reivindicações feministas; do surrealismo, às primeiras análises psicológicas sobre a irracionalidade humana. Polemizando com revisionistas e regionalistas, ou ainda iluminando personagens importantes no jogo dos poderes e ideias, ele engrandeceu a experiência socialista da primeira metade do século XX, elaborando uma tradução latino-americana do marxismo – apropriação criativa que se constituiria com um sotaque comunista peculiar, sendo ainda reforçada por variados elementos presentes na grande gama de pensamentos que se lhe ofereceram.[12]

Marxista periférico e que não abdicava de autonomia reflexiva, foi por certo tempo impopular – tendo seu pensamento inclusive segregado por alguns, como *desvio ideológico*. Tardaram décadas até que um livro seu chegasse ao leitor brasileiro – somente em 1975, Florestan promove a publicação em português dos *Sete ensaios*. Antes disso, Nelson Werneck Sodré foi pioneiro em conceder-lhe importância, tendo citado em notas alguns trechos deste seu clássico, nos anos 1960 – em *Formação Histórica do Brasil*.[13] Tal demora deve ser também atribuída à

---

12 No sentido de haver *absorvido* a análise marxista à sua realidade de maneira autêntica.
13 Livro de 1962, originado a partir de curso ministrado por Werneck no ISEB.

marginalidade do Peru aos olhos de uma elite e intelectualidade brasileira subserviente, que somente se voltava à Europa, Estados Unidos e quando muito Argentina e México.

Desbravador de um pensamento marxista *propriamente* americano, Mariátegui veio a exercer influência sobre diversos movimentos sociais, desde agrupamentos de resistência camponesa e indígena, a grupos de várias tendências revolucionárias – tendo alcançado debates político-teóricos de organizações como o Movimento dos Trabalhadores Sem-Terra do Brasil (MST – com sua tática de ocupação comunitária de latifúndios), chegando à resistência guerrilheira autóctone do Exército Zapatista de Libertação Nacional (EZLN), além de grupos armados ofensivos, caso da guerrilha marxista-leninista Forças Armadas Revolucionárias da Colômbia–Exército do Povo (FARC-EP). Ademais, como destaca Zilda Iokoi, é importante observar o caso do *Partido Comunista de Perú por el Sendero Luminoso de José Carlos Mariátegui* (PCP-SL), guerrilha camponesa cuja tendência maoísta, apesar de só parcialmente se apoiar no pensamento do autor marxista (a que homenageia), procurou articular a "estrutura do processo da Revolução Cultural" chinesa com os "princípios da mística andina".[14]

---

14 Conforme Zilda Iokoi, "A atualidade das proposições de Mariátegui, um revolucionário latino-americano", em *Projeto História* (2005), p. 163; J. Alcàzar, N. Tabanera *et al*, *Historia contemporánea de América* (2003), p. 370. Quanto à presença mariateguiana em debates teóricos de organizações político-sociais, ver por exemplo: "Atualidade do pensamento de José Carlos Mariátegui" (2010), seminário da Escola Nacional Florestan Fernandes (MST); "*Marcos, el heredero de Mariátegui*" (2001), em *Portal Página 12*; "*Mariátegui y el marxismo creador*" (2007), em *Portal Resistencia Colombia–Bloque Martín Caballero* (FARC) – além de variados artigos publicados pela ANNCOL (*Agencia de Noticias Nueva Colombia*). Note-se que o *Sendero Luminoso*, historicamente liderado por Abimael Guzmán, embora homenageie Mariátegui, desenvolve concepções revolucionárias próprias – que se distinguem das do autor.

Categoria fundamental do pensamento mariateguiano é o *mito revolucionário* — ideia que ele apreende do pensamento romântico de Georges Sorel, transformando-a à realidade indígena. Enxerga o *mito* como antídoto para uma razão desacreditada, para um racionalismo asséptico em que não há espaço à "crença superior" — à "esperança sobre-humana" que no século XX Mariátegui percebe se materializar na *ideia* da *revolução*. A civilização burguesa quis colocar no lugar do misticismo religioso, um cientificismo desprovido de paixão, a servir de novo *mito* ao Homem, mas "nem a razão nem a ciência podem ser mito" — diz o autor —, pois nem a razão nem a ciência podem satisfazer "toda a necessidade de infinito" que há no espírito humano.[15]

Sua concepção é a de que a razão tem de se efetivar na história, a teoria tem de ser organicamente voltada à prática, a faculdade de "pensar a história" identifica-se com a de "criá-la" — e para tanto é preciso *fé*, pois a *esperança* anima a "vontade criadora":

> Quem não pode imaginar o futuro, tampouco pode imaginar o passado(...). Os revolucionários encarnam a vontade da sociedade de não se petrificar(...). Às vezes a sociedade perde esta vontade criadora, paralisada por uma sensação de desencanto(...). Mas então, constata-se inexoravelmente, seu envelhecimento e sua decadência.[16]

Este tom enérgico é o mesmo com que ele abre sua principal obra (historiográfica, mas com diversas incursões no debate filosófico), *Sete ensaios de interpretação da realidade peruana* (1928), quando logo na "Advertência" *exige* ser reconhecido *no mínimo* pela virtude, "confor-

---

15 "El Hombre y el Mito" [originalmente publicado em Mundial, Lima, jan.1925], p. 1.
16 "Heterodoxia de la tradición", em *Peruanicemos el Perú*, p. 84.

me um princípio de Nietzsche", de ter empenhado todo seu *sangue* nas suas *ideias* – pois que escrever não deve ser uma atividade deliberada de *produção* de um livro, mas um gesto inadvertido, em que pensamentos *espontaneamente* formam um livro. Em seguida, define com profundidade e síntese seu conceito de *práxis*: "Meu pensamento e minha vida constituem uma única coisa, um único processo".[17]

Note-se que Mariátegui foi um dos primeiros marxistas a reconhecer a importância de aspectos do pensamento de Nietzsche para a filosofia da práxis – em especial no tocante à crítica do alemão à debilidade geral da civilização burguesa-cristã.[18]

O pensador peruano, por outro lado, contra a pretensa assepsia *cientificista*, ressalta que a *realidade* é sempre a *realidade interpretada*, e portanto não existe crítica "imparcial" ou puramente "objetiva" – como quer fazer crer o discurso conservador. "Minha crítica renuncia a ser imparcial ou agnóstica, caso a verdadeira crítica pudesse sê-lo" – diz ele – "toda crítica obedece a preocupações de filósofo, de político ou moralista".[19]

Suas *preocupações* filosóficas, políticas e artísticas – além de correspondências, críticas literárias etc. – foram publicadas em 1959, em versão popular, pela editora Amauta (Lima), em 16 volumes (com mais 4 tomos extras *sobre* o autor), com o título *Obras completas*. Em 1994, no marco do comemorativo do centenário do pensador, a mesma editora publicaria *Mariátegui total*, edição ainda mais completa, que inclui seus escritos de juventude e vasta correspondência.

---

17 *Sete ensaios de interpretação da realidade peruana*, p. 31. Perceba-se aqui a proximidade dessa ideia, com a mencionada ponderação de Caio Prado (carta a Evaldo da Silva Garcia), em que recusa a atitude do escritor que quer "fazer 'bonito'".

18 Uma década depois de Mariátegui, Henri Lefebvre seguiria esse mesmo caminho, em seu ensaio *Nietzsche* (1939); ambos no entanto, souberam também criticar o filósofo alemão em seu individualismo e ceticismo.

19 *Sete ensaios*, p. 222.

Além do clássico *Siete ensayos*, dentre seus principais livros destacam-se: *La escena contemporánea* (seleção de artigos/ 1925); e as obras póstumas que o próprio autor deixou pré-organizadas, *Defensa del marxismo – polémica revolucionaria* (debate filosófico: 1928–1929/ publicado em 1934), *El alma matinal y otras estaciones del hombre de hoy* (seleção de textos: 1923–1929/ publicado em 1950), e *La novela y la vida* (1955); além das seleções de ensaios e artigos organizadas posteriormente por seus editores, como *Temas de Nuestra América*, *Peruanicemos al Perú*, *Cartas de Italia*, *Signos y obras*, e em especial *Ideología y política* (livro em que constam suas analises sobre o indigenismo e a formação das ideologias socialistas no Peru, além de diversos escritos nos quais explicita sua posição político-filosófica como *marxista-leninista*).[20]

Período de formação

Nascido em fins do século XIX, a formação de Mariátegui se dá em um conturbado momento político-filosófico, quando por um lado as potências capitalistas haviam levado a humanidade a conhecer uma das piores carnificinas de sua história (I Guerra Mundial), enquanto por outro a Revolução Soviética apontava uma saída àquele sistema que o autor percebia como ilógico e antiético. Imerso em época histórica densa, ele não se limitou a abstrações teóricas *esquerdistas*, mas amparado por sólidas fontes, dedicou-se aos *acontecimentos históricos* cruciais, inseridos no *todo geopolítico*, de modo a enxergar as possibilidades do porvir

---

[20] Dentre suas publicações, somente contam com edições integrais em português, *Siete ensayos de interpretación de la realidad peruana* e *Defensa del marxismo–polémica revolucionaria* – este último com o título *Defesa do marxismo–polêmica revolucionária e outros escritos*, obra que além de conter esta sua principal obra filosófica, traz também a maior parte dos artigos que perfazem a coletânea *La escena contemporanea* (Boitempo/2011, trad. e org. Yuri Martins Fontes).

humano no instável pós-Guerra, em que ambiciosos imperialismos, com suas disputas internas e expansionismo descontrolado, demonstravam-se incapazes de oferecer uma solução de paz duradoura a uma sociedade incrédula e devastada – na qual ele precocemente percebeu fecundar-se o fascismo, como *reação* ao que chamará "crise da democracia" (em conferência de 1923).

Lima, no início do século XX, já era uma capital cosmopolita, com uma cultura universalizada que no entanto, tinha mais relação com a Europa de que com o próprio interior pobre do país. O Peru era um país fraturado em regiões bem separadas, tanto por seus nichos ecológicos, como por ritmos históricos peculiares – costa, serra e selva –, não havendo uma ideia de *nação*, no sentido tradicional do termo. Conforme observa Alfredo Bosi, será justamente deste "baixo grau de coesão" que Mariátegui virá a depreender sua tese mais cortante: "o Peru, seu contemporâneo, é uma formação nacional incompleta, um esboço de nação".[21]

Era preciso *fazer-se* o Peru. As elites das classes dirigentes estavam voltadas aos modelos estrangeiros e só o indigenismo, por volta dos anos 1920, havia interrompido parcialmente esta tendência. Até então, o que prevalecia mesmo no âmbito socialista era a ideia de que a emancipação dos povos indígenas consistiria em torná-los "civilizados" aos moldes ocidentais; isto somente começaria a mudar a partir da ação dos próprios índios, que na década de 1910 inauguram um novo ciclo de sua longa história de resistência contra a dominação do Estado colonial e dos latifundiários. Por motivo de sua participação na *Campaña de la Sierra* (1881-1883) – durante a Guerra do Pacífico, em que o Chi-

---

21 Alfredo Bosi, "A vanguarda enraizada: o marxismo vivo de Mariátegui", em *Estudos Avançados* (1990), p. 59. Observe-se que Mariátegui equaciona o problema de uma maneira bastante convergente com a de Caio Prado, a saber: enquanto nação incompleta.

le invade e anexa parte da costa peruana e a totalidade da boliviana –, os índios conquistariam algumas terras e autonomia, em um processo contestatório que seria o início de diversos movimentos nos Andes por recuperação de terras, além de denúncias contra abusos cometidos pelos coronéis rurais (*gamonales*). Como táticas, utilizam desde requisições coletivas por vias jurídicas, a ocupações de fazendas e vilarejos, e mesmo insurreições – que se intensificam com a revolta massacrada da Província de Azángaro (1911-1912), à qual se seguiriam inúmeras outras. Estes eventos foram o estopim para a autocrítica do meio socialista peruano, que se dá conta que as populações indígenas não precisavam ser "despertadas", mas antes era preciso que os próprios revolucionários relativizassem suas referências europeias, atentando à experiência prática das mobilizações nativas.[22]

Neste ínterim, o autodidata Mariátegui começa a trabalhar com tipografia no diário *La Prensa*, ainda adolescente (1909). No prelúdio da I Guerra debuta na escrita, no mesmo veículo, com uma crônica de 1911, ironizando a frivolidade limenha (assinando Juan Croniqueur); a isto se sucede alguma crítica literária e versos, e em seguida ele passa a publicar seus primeiros artigos político-jornalísticos. Esta atividade o aproximaria do *movimento operário* que se gestava desde o fim do século, de linha anarquista bakuninista trazida à América por militantes europeus, dentre os quais alguns haviam participado da I Internacional. Jornalista notável e mesmo um tanto esteta, o ainda moço escritor logo se tornaria cronista regular do jornal "*El Tiempo*" (1916), no qual além de novelas e poemas, dedica-se energicamente ao embate político, denunciando a "democracia mestiça" de espetáculos – demagógica fonte de

---

[22] Gómes Muller, "*Anarchisme et diversité culturelle en Amérique Latine*" (2012), p. 170-171.

"divertimento e alvoroço" que servia para desviar a atenção ao fato de que a burguesia da costa peruana, aliada aos grandes proprietários rurais do interior do país, tornavam o país cada vez mais um "setor colonial" do imperialismo estadunidense. Foi uma época de grande alta dos preços de alimentos, de modo que em consequência do mal-estar popular, a movimentação operária se agudiza. Seus escritos de tendência socialista, apoiam greves e enfrentam a classe dirigente limenha.[23]

Em 1918, inicia-se em Córdoba (Argentina) um intenso movimento pela Reforma Universitária, que abrangeria pouco a pouco todo o continente – entusiasmando o autor, que afirma ser este o "nascimento da nova geração latino-americana"[24]. Contudo, ele percebe que é com certo exagero que se fala de um *bolchevismo* universitário – pois o movimento não passava de uma nova feição de ideias democráticas liberais[25]. Mas este seria um *marco inicial*, como também o foi a revista *Nuestra Época*, por ele fundada neste mesmo ano – que conforme sua avaliação, não traçava um "programa socialista", mas aparecia como um esforço ideológico nesta direção. Dava assim início a suas atividades como editor – o que perfaria importante parcela de sua atuação política –, ponto de partida, segundo afirma, de sua "orientação socialista".[26]

---

23 Conforme Mariátegui escreve em *La Prensa*, citado por José Rénique, em *A Revolução Peruana* (2009), p. 39-40; e conforme Bellotto e Corrêa, "Mariátegui: gênese de um pensamento latino-americano" (1982), p. 7-8. Ver também Carlos Castillo Peralta, "*Mariátegui creador*" (2014).
24 *Sete ensaios*, p. 129-130.
25 Robert Paris, "*Préface*", em *Sept essais d'interprétation de la réalité péruvienne*, p. 7-9
26 "*Antecedentes y desarrollo de la acción clasista*", em *Ideología y política*, p. 127.

Práxis político-filosófica

O fim da I Guerra assinala no Peru e no mundo, um período de agitação das classes trabalhadoras – com reivindicações chave, como a da "jornada de 8 horas". Em 1919, Mariátegui funda o jornal *La Razón*. No mesmo ano, uma greve geral é reprimida com violência e prisões de líderes operários. A pressão popular acaba por derrubar o presidente José Pardo, ascendendo ao poder em meio à confusão, Augusto Leguía – um entusiasta do *indigenismo conservador*. Foi o início de uma década de populismo direitista – economicamente pró-ianque, mas que flertaria também com o movimento *indigenista* –, tempos em que foram criadas várias instituições relativas ao índio, fomentadas entidades (como o *Comitê Pró-Direito Indígena*) e promovidos congressos indígenas "oficiais".[27]

Alguns dias se passam e nova paralisação força o presidente a libertar os líderes operários presos. Como consequência da libertação, uma multidão sai em passeata por Lima a comemorar, detendo-se em frente à redação do *La Razón* para aclamar os diretores do "único jornal que em um clima de conservadorismo e em momentos difíceis defendeu a causa do povo" – segundo declara um dos líderes grevistas, o orador anarquista Nicolás Gutarra.[28] Um mês depois, como reação a outro artigo do jovem editor criticando o novo governo, o periódico é fechado, e Mariátegui é discretamente deportado à Europa, recebendo uma *bolsa* governamental, sob a fachada de "propagandista do Peru no estrangeiro" – benesse conciliadora, pois que ele era parente da mulher do presidente.

---

27 Conforme José Rénique, obra cit., p. 51.
28 Robert Paris, "*La formación ideológica de Mariátegui*", em *Mariátegui en Italia*, p. 105.

Sua pronta aceitação, sem demasiados alardes, foi-lhe censurada por camaradas, amigos e inimigos;[29] todavia, afirmando-se "nauseado com a política crioula" de seu país, Mariátegui segue para a Europa, rompendo com suas experiências iniciais de literato "contaminado de decadentismo" e, a partir de então, volta-se "resolutamente ao socialismo". Passará três anos por lá, tendo conhecido Tchecoslováquia, Áustria, Suíça, Alemanha, Hungria, França e Itália – este último, o país que elege para se estabelecer (especialmente Roma). Em meio à fértil influência do momento histórico ali vivido – posterior à *Revolução de Outubro* – a Europa o aproximará das obras de Marx, Engels e Lenin, além do fervilhante movimento comunista italiano e o surrealismo. No partido revolucionário soviético, Mariátegui enxerga a convergência entre *teoria* e *prática*, entre *filosofia* e *ciência*. Afirma ser Lenin "incontestavelmente" o revigorador "mais enérgico e fecundo do pensamento marxista".[30] Conforme suas *Cartas de Italia* – publicadas originalmente como correspondente do jornal "*El Tiempo*" (Lima) – é neste país onde se deu o essencial de sua aprendizagem no Velho Mundo.[31]

Nesse *período italiano*, se casaria – diz ele – com "uma mulher e algumas ideias". De fato, no país do Mediterrâneo é consolidada sua formação como comunista, e em 1921 dá-se sua união com Ana Chiappe, companheira que desde então sempre estaria a seu lado, transmitindo-lhe um "novo entusiasmo político" que o ajudaria a superar seu juvenil

---

29 Bellotto e Corrêa, *obra cit.*, p 11-12.
30 *Defesa do marxismo*, p. 31.
31 Não obstante, na França acompanhará a evolução do movimento surrealista, conhecendo Romain Rolland e Henri Barbusse – quem mais tarde faria elogio de Mariátegui: "o novo homem americano", "a nova luz da América".

"decadentismo" de fim de século.[32] A família de Ana é próxima a Benedetto Croce, filósofo através do qual ele conhecerá a obra de Sorel – a quem admirará no tocante às questões do "mito da greve geral" e da defesa do uso da violência *revolucionária* contra a violência *instituída*. Em sua opinião, foi Sorel quem melhor soube aproveitar o pensamento de Henri Bergson – filósofo francês quem por sua vez levaria o peruano a se interessar pela psicologia. Na Itália, assiste ocupações de fábricas, congressos de trabalhadores e em Turim aproxima-se do movimento "*L'Ordine Nuovo*", travando contato com ideias de Antonio Gramsci e Umberto Terracini – e tendo a oportunidade de observar de perto a criação do Partido Comunista da Itália. Suas escassas referências a Gramsci – apesar da simpatia expressa por seu movimento – devem-se, ao menos em parte, à dificuldade de acesso aos escritos do italiano, especialmente em seu regresso ao Peru.[33]

Além disto, a Europa foi para ele um mirante donde pôde observar o Oriente: a Revolução Chinesa, e o despertar da Índia, dos árabes e dos diversos movimentos insurgentes do pós-Guerra. Nestes acontecimentos, nota o *declínio* de uma já envelhecida sociedade ocidental. Tal ideia seria agravada por sua observação *in loco* do início da ascensão fascista italiana, o que enxerga como resposta do *grande capital* a uma crise social e política profunda. Desde uma pioneira *perspectiva antropológica invertida* – de início com a humildade de um discípulo aberto ao centro do pensamento moderno, para em seguida se decepcionar com a sequência de desgraças –, ele capta detalhes da crise europeia até então inadvertidos pelos próprios europeus; é o caso da decadência da dita

---

32 Mariátegui, "*Apuntes autobiográficos*" – carta enviada a *Enrique Espinoza* (Samuel Glusberg), editor da revista *La vida literaria*, em 10 de janeiro de 1927.
33 Sylvers, Malcom. "*La formación de un revolucionario*", em *Mariátegui en Italia*, p. 50.

democracia burguesa, que ele logo entende como uma nova farsa a se redesenhar com traços autoritários. Sua análise busca a raiz do problema. Percebe que o movimento fascista não era *estranho* à ordem burguesa, mas pelo contrário, sua *solução*: uma *reação* à "crise da democracia", ou seja, uma adaptação estrutural diante dos novos tempos de imperialismo monopolista, em que a democracia-liberal com suas instituições parlamentares, já não servia aos interesses da burguesia. Ou de outro modo: o fascismo foi a expressão insana de uma classe dominante que já não se sentia protegida por suas instituições *pobremente democráticas*.[34]

Em paralelo a toda esta efervescência sociopolítica, Mariátegui tem acesso às obras de Freud e Nietzsche, logo se interessando pela recém-criada *psicanálise* austríaca, bem como pela *filosofia intuitiva* do filósofo alemão – em análises que abarcavam a "irracionalidade" humana. Percebe nestes pensadores boa arma crítica para a denúncia da alienação, da impotência e da artificialidade do Homem moderno inserido em uma repressiva e insalubre estrutura sociocultural burguesa e cristã. Longe de qualquer proposta de síntese *eclética*, Mariátegui se utilizaria de certos conceitos *psicológicos* e *vitalistas* em sua empreitada contra o determinismo mecanicista e o reformismo – ou seja, enquanto *reforços* para o desenvolvimento de um discurso marxista mais amplo. Seu interesse pela

---

34 Conforme seu artigo *"Crisis de la democracia"*, de *La escena contemporánea* [1925] – incluído na edição brasileira de *Defesa do marxismo*. Ele porém, não viveu o suficiente para ver a ascensão do nazifascismo (que consolidaria seu ideário *sucessor* para tempos sem guerra declarada – o imperialismo neoliberal globalizante). No entanto, intuiu a ascensão que teria este movimento reacionário extremista, como mostram vários de seus textos acerca do fascismo, notoriamente (além do citado) *"Biología del fascismo"* (também de *La escena contemporánea*). Por outro lado, analisou atentamente o movimento de expansão do imperialismo (que ele percebia na consolidação do poderio dos *monopólios*) – conforme expressa em *"Punto de vista anti-imperialista"* (em Ideología y política), entre outros escritos.

investigação das motivações psíquicas e do inconsciente, bem como pela arte surrealista, trará ao autor consistentes argumentos para criticar as "certezas positivistas" do século XIX, as quais associa à II Internacional – tida por ele como uma "fossilização acadêmica" do marxismo.[35]

Em suma, receptivo às ideias transformadoras do pós-Guerra, ele teve contato com grande diversidade de filósofos, políticos e líderes operários, tendo estado aberto mesmo a contribuições que, embora por vezes contraditórias, reteve para mais refinada análise. Algumas dessas conjecturas viriam a público inicialmente na obra *La escena contemporánea* (1925). Sua ligação com a Itália permaneceria mesmo após seu regresso à casa, por meio de correspondências e leituras.

É a partir da *tragédia* da Europa que Mariátegui viria a compreender com mais nitidez o alcance histórico da *tragédia* da América. Assim, passa a elaborar reflexão inovadora, com base na experiência das lutas de classe que por lá presenciara (1919-1923).[36] Conforme interpreta Florestan Fernandes, a "atração" de Mariátegui pelo marxismo – apesar de outras influências "divergentes" e por vezes "muito fortes" – nasce de sua sede por uma explicação dos "processos históricos de longa duração", e de uma "proposta revolucionária concomitante", a qual "vincula dialeticamente passado, presente e futuro". Sua sedução por Marx não provém da grandeza do gênio alemão enquanto "filósofo, crítico da ciência social existente e combatente do socialismo revolucionário consequente" – mas tem raízes mais profundas: no "esclarecimento do ser", no "enten-

---

[35] Conforme, Antonio Melis, "*La lucha en el frente cultural*", em *Mariátegui en Italia* (1981), p. 130.

[36] Manfred Kossok, "*Mariátegui y el pensamiento histórico marxista*", em *Mariátegui y las ciencias sociales* (1982), p. 14.

dimento integral" de uma civilização nativa atrofiada pela colonização, e na necessidade de romper com este "opróbrio".[37]

Porém, Mariátegui, embora queira se acercar da "totalidade do fenômeno", a considera inapreensível – pois mesmo que se conheça o "movimento" da história, há também aquele da própria teoria. Diante disto, pondera que para se obter um "panorama geral do mundo contemporâneo" é preciso conhecer-se não só os acontecimentos, "episódio por episódio" e sob vários ângulos, mas também sua inserção no *processo histórico* – atitude epistêmica rigorosa que assim oferece uma visão do todo. Ilustra sua *metodologia* do conhecimento – espécie de dialética de *ritmos* próxima àquela que mais tarde seria explorada pelos *Annales* – através de uma imagem literária, afirmando que para melhor se "explicar e traduzir" nosso tempo deve-se usar um método que seja "um pouco jornalístico e um pouco cinematográfico".[38]

Quando retorna a Lima, em 1923, ele já defende abertamente a causa comunista. No mesmo ano, Haya de la Torre o apresenta à audiência das *Universidades Populares González Prada* (nome que homenageia o pensador anarquista), semente do que viria a ser a Aliança Popular Revolucionária Americana (APRA) – movimento internacional revisionista, então de centro-esquerda, com significativa influência no Peru. O recém-chegado faria ali quase duas dezenas de conferências de difusão do marxismo, nas quais apresenta sua visão de uma cena mundial polarizada onde as teses social-democratas ou evolucionistas já não tinham sentido; e assim sendo, entidades de trabalhadores, como aquela *universidade popular*, já não podiam ser apenas "institutos de extensão universitária agnóstica e incolor" – mas antes tinham de ser ativas "es-

---

37 Florestan Fernandes, "Significado atual de José Carlos Mariátegui", obra cit., p. 5.
38 "Prefácio" a La escena contemporánea, p. 10. Note-se aqui a atenção de Mariátegui aos *processos*, característica também marcante do marxismo de Caio Prado.

colas de classe". Em contrapartida à "crise da democracia liberal", propõe a "agitação revolucionária e socialista do mundo oriental". Como exemplo cita o renascimento da "alma milenar" de antigos povos em colapso, como a Índia, a China e a Turquia, bem como o caráter *aberto* da Internacional Comunista, no sentido de que, diferentemente da II Internacional, não estava limitada aos Homens de "cor branca".[39]

O centro destes debates foi a "questão do índio". Mariátegui envereda pelo tema com o propósito de submeter as diversas tendências de então, à crítica socialista radical. E vai à raiz. Critica o "nacionalismo crioulo", da elite mestiça que quer *embranquecer*, sem vínculo nacional, solidária com o colonialismo; propõe um nacionalismo vanguardista que reivindique o "passado incaico". Com a fundação em 1926 da revista *Amauta* (em quéchua, *guia, mestre, sábio*), se enfraqueceria sua breve aproximação com a APRA – que se deu em especial durante a Revolução Mexicana. Liderada por Haya de la Torre, a APRA tinha um projeto indefinido e revisionista – embora o próprio Haya admirasse Lenin, a quem costumava citar para ressaltar que a *questão essencial da revolução* era a "questão do poder".

No início de sua polêmica com a APRA, Mariátegui se põe contra o indigenismo *paternalista* pregado por aquela organização. Defende que na América não se poderia ter apenas uma imagem do comunismo europeu, mas sim que seria necessária uma "criação heroica", em que a comunidade camponesa autóctone, essencialmente *solidária* em suas relações sociais, se tornaria a base do Estado *contemporâneo* comunista. Rechaça também a teoria de certos indigenistas "racistas" que, em oposição *simétrica* aos racistas eurocêntricos, afirmavam que os índios teriam algo *inato* em sua espécie que os levaria *naturalmente* a se libertarem:

---

[39] José Luis Rénique, *A Revolução Peruana*, p. 50-51.

Do preconceito da inferioridade da raça indígena começa-se a passar ao extremo oposto: o que a criação de uma nova cultura americana será essencialmente obra das forças raciais autóctones. Firmar esta tese é cair no mais ingênuo e absurdo misticismo. Ao racismo dos que desprezam o índio, porque creem na superioridade absoluta e permanente do branco, seria insensato e perigoso opor o racismo dos que superestimam o índio com fé messiânica em sua missão como raça no renascimento americano.[40]

A raça por si só não é emancipadora; os índios, como os operários das cidades estão sujeitos às mesmas "leis" que governam os povos. O que assegurará a emancipação indígena é o "dinamismo" de uma economia e uma cultura que "portam em suas entranhas o germe do socialismo". É pois, papel do revolucionário, conclama ele – em consonância com algumas teses marxistas de sua época –, convencer os índios, mestiços e negros de que somente um governo de trabalhadores e camponeses unidos, representativo de todas as etnias, pode libertá-los de sua opressão.

Em 1927, Mariátegui assume a publicação de *Tempestad en los Andes*, do historiador e antropólogo Luís Valcárcel – estudioso da América pré-colombiana que promoveu o indigenismo andino –, obra que seria denominada a "bíblia do indigenismo radical". No prólogo, Mariátegui escreve a frase que se tornaria emblema de seu marxismo: "a esperança indígena é absolutamente revolucionária". Estabelecia assim a revolução socialista como o "novo mito" indígena, a *fé* segundo a qual o comunismo peruano construiria seus pilares. Descartando os enfoques "humanitários ou filantrópicos" do problema do índio, define sua natureza fundamental como sendo *econômica*: o problema do índio é o

---

40 "El problema de las razas en la América Latina", em *Ideología y política*, p. 20.

problema da terra, é o latifúndio. Seu discurso se radicaliza. Declara o *indigenismo* como "substrato revolucionário emergente". Contesta a oposição *aprista*, acusando seu *indigenismo paternalista* de ter sido criado "verticalmente" por mestiços das classes letradas (crioulos), o que apesar de útil na condenação do latifundismo, *exalava* um cunho filantrópico. E a *filantropia* não serve à revolução, como o comunismo não pode ser confundido com *paternalismo* ou *humanismo*.[41]

Por esses tempos, a APRA (cujo projeto era etéreo, sem delimitação ideológica clara) flutuava entre o nacionalismo conservador e a Internacional Comunista. No *Congresso Internacional contra o Imperialismo e a Opressão Colonial* (Bruxelas, 1927), Haya definira sua linha *autônoma*, ao recusar a orientação comunista, optando pelo *multiclassismo* do *Kuomintang* chinês; ironicamente, isto se dá apenas alguns meses antes da entente *nacionalista-comunista* chinesa ser rompida e as forças do *Kuomintang* passarem a perseguir os "vermelhos" de Mao Tsé-Tung.[42] Mariátegui, que já desconfiava da missão revolucionária do nacionalismo burguês, com o exemplo da China terá a lucidez de recusar terminantemente o *aliancismo*, compreendendo os *ardores patrióticos* burgueses como efêmeros ímpetos, cujo fim já estava selado – como nota Bosi – pela "tendência" que leva os parceiros frágeis a gravitar na órbita dos mais fortes.[43]

Com a publicação em 1927, do ensaio "*El problema de la tierra*" (incluído nos *Sete ensaios*) – em que faz a famosa declaração na qual

---

41 Nesta discussão, bem como em passagens de vários de seus escritos, observa-se certo apreço pela análise ácida nietzscheana, a desmascarar as intenções da *caridade*, da *filantropia* – ou a falsa moral do *bom burguês*.
42 J. L. Rénique, A Revolução Peruana, p. 52-61.
43 Conforme analisa A. Bosi, "A vanguarda enraizada: o marxismo vivo de Mariátegui" (1990), p. 60.

se afirma *marxista* "convicto e confesso" –, Mariátegui acirra os debates com a APRA. Em 1928, reunindo dezenas de escritos elaborados desde 1924, publica *Sete ensaios de interpretação da realidade peruana*, ponto alto de sua "investigação da realidade nacional de acordo com o método marxista" – estudo que segundo ele se iniciara logo de seu retorno ao Peru.[44] Era evidente a colisão frontal de suas ideias com a intelectualidade aprista – provinciana e nacionalista. Neste mesmo ano dá-se o rompimento: em carta a Haya, expõe seu desacordo, sobretudo quanto à política de aliança de classes. Haya responde, acusando-o de excesso de *europeísmo* – ao que ele contesta:

> Fiz na Europa o melhor de minha aprendizagem e acredito que não há salvação para a Indo-América sem a ciência e o pensamento europeus ou ocidentais(...). Meus juízos se nutrem dos meus ideais, dos meus sentimentos, de minhas paixões. Tenho uma ambição enérgica e declarada de contribuir para a criação do socialismo peruano.[45]

Ainda em 1928, funda o *Partido Socialista Peruano*, colocando como prioridade sua vinculação à III Internacional – organização da qual desde então não se afastaria. Secretário-Geral, defende que o Partido deveria adaptar sua ação às condições sociais peruanas, mas sem deixar de observar critérios mais universais, pois que as circunstâncias nacionais estavam submetidas à história mundial. O método de luta, declara, seria o *marxismo-leninismo* e a forma, a *revolução*.

---

44 Ricardo Melgar Bao, "Entre resquicios, márgenes y proximidades: notas y reflexiones sobre los 7 ensayos de Mariátegui", em Pacarina del Sur (2012); Mariátegui, "Apuntes autobiográficos", em La Vida Literaria (1930).

45 *Sete ensaios*, p. 32.

Este foi um momento fervilhante da vida do *Amauta* – como o arguto autor se tornaria conhecido –, época em que se iniciam seus grandes embates político-filosóficos. Passa a contestar com vigor não só o nacionalismo conservador que o diz *europeizado*, como também o dogma positivista – este sim *eurocêntrico* – que previa certa "evolução natural" no socialismo, conforme se dera na história europeia. Nestas polêmicas, vê um flanco para novas investigações que considerava vitais à "modernização" do pensamento marxista e leninista – o qual segundo ele deveria absorver o que de melhor houvesse em cada distinta concepção de vida, ou em novas teorias que lhe fossem úteis. Este seria o passo para então questionar a suposta *centralidade* da cultura ocidental, em prol de uma dialética que a relacionasse e confrontasse com os pensamentos *orientais* – sempre no sentido do *outro*, do *não-ocidental*. O marxismo, pondera ele, embora tenha começado na Europa, não é um movimento específico ou particular, mas um *processo mundial* – à semelhança do capitalismo.

Em 1929, dedica esforços ao desenvolvimento sindical no país, participando da criação da *Confederación General de Trabajadores del Perú*. Ainda neste ano vem a público formalmente a contestação cabal de Mariátegui ao *aprismo* de Haya – no clássico ensaio "*Punto de vista anti-imperialista*" (1929). Em síntese, detalha e aprofunda suas críticas à burguesia nacional: as elites latino-americanas não têm *nenhum* interesse em se confrontarem com o imperialismo, como "ingenuamente" pressupõe a APRA, pois que diferentemente, por exemplo da China, não estão vinculadas ao povo por alguma história ou cultura comuns. Não, ao contrário: "o aristocrata e o burguês" *desprezam* o "popular", o "nacional" – antes de tudo "sentem-se brancos", e o pequeno-burguês mestiço os imita.[46] O discurso genérico anti-imperialista tenta passar a ilusão de

---

46 "*Punto de vista anti-imperialista*", em *Ideología y política*, p. 53.

soberania nacional, mas não anula o antagonismo entre as classes. "Os elementos feudais ou burgueses em nossos países, sentem pelos índios, como pelos negros e mestiços, o mesmo desprezo que os imperialistas brancos" – afirma – e assim, somente a revolução socialista pode barrar o *imperialismo* de um modo radical.[47]

Pouco depois, em 1930, a saúde do pensador e ativista peruano volta a se complicar; é submetido a uma cirurgia, mas vem a falecer, antes de completar 36 anos de idade. À véspera de sua morte, lamenta os rumos reformistas da Revolução Mexicana, de que fora entusiasta – evento que ratificara o protagonismo revolucionário indígena na América, mas que então havia se limitado pela tese do *Estado mediador*. Em um de seus últimos pronunciamentos, o moribundo e ainda jovem marxista conclama os revolucionários a estudarem o *leninismo*.

Por um marxismo latino-americano autêntico

Como era de se esperar, as ousadas posições de Mariátegui arrebanharam opositores – não apenas os *revisionistas* da APRA, mas também marxistas de veio *dogmático*. Conforme analisa Michael Löwy, o socialismo latino-americano à época estava polarizado entre duas atitudes antípodas: de um lado o marxismo eurocêntrico que queria mecanicamente submeter o particular ao universal, desprezando qualquer singularidade que fugisse ao modelo prévio europeu; doutro, o *exotismo* indo-americano, revisionismo populista e eclético que superestimava as especificidades locais em prejuízo da *universalidade* da teoria de Marx.[48]

---

47 "El problema de las razas en América Latina", em *Ideología y política*, p. 67.
48 M. Löwy, "*Puntos de referencia para una historia del marxismo en América Latina*", em *El marxismo en América Latina*, p. 12 e seguintes.

Assim, devido à ênfase que Mariátegui punha na *questão indígena*, e dada sua insistência (precoce no âmbito marxista) na importância de se avaliar elementos *instintivos* presentes por exemplo na formação da consciência política – caso da resistência intelectual ao marxismo que ele considera "irracional" –, o autor não tardaria a ser rotulado de *subjetivista*. Em resposta a essa ala *dogmática*, ele replica que não é um "espectador indiferente ao drama humano", mas pelo contrário: "um homem, com uma filiação, uma fé".[49]

Em sua noção dialética totalizante, concebia o "verdadeiro moderno marxismo" como um conhecimento que quer abarcar o *todo* que envolve o ser humano, não podendo deixar de utilizar nenhuma das "grandes aquisições novecentistas na filosofia, psicologia e etc".[50] Além disto, Mariátegui acusa o *eurocentrismo* de haver contaminado o conhecimento humano em geral, aí incluído o marxismo, tornando-se agora tarefa imprescindível *incorporá-lo* às peculiaridades históricas de cada povo – ou de outro modo, efetuar-se uma *apropriação fértil* do marxismo.

Em 1928, com a publicação de seus *Sete ensaios* – uma das primeiras interpretações marxistas de fato americanas –, ele se consolida como referência no pensamento comunista, a ponto de chamar a atenção do revolucionário bolchevique Grigori Zinoviev, que o considera um "autêntico criador".[51] Pouco depois, redige suas três *Teses*, apresentadas na *Conferência Comunista de Buenos Aires* (1929), em que polemiza

---

49 Quanto à importância que atribui ao instinto, ver "Freudismo e marxismo", em Defesa do marxismo, p. 68-70 – além de textos em que mostra sua valorização dos mitos. Citação final: "Prefacio" a La escena contemporánea, p. 11.

50 Nota de Mariátegui apresentada à *Primeira Conferência Comunista Latino-americana de Buenos Aires* (junho de 1929), em *Ideología y política y otros escritos*, p. 54.

51 Robert Paris, "José Carlos Mariátegui (1984-1930)", em *Marxists e nacions en lucha*.

com membros da III Internacional que viam na experiência da Europa o modelo para o mundo.

O Partido Socialista Peruano

Foi em fins de 1927 – quando Mariátegui havia sido convidado a intervir no *IV Congresso da Internacional Sindical Vermelha* (*Profinterm*, 1928) – que se inicia sua aproximação com a Internacional Comunista. Dois delegados peruanos de sua equipe, Julio Portocarrero e Armando Bazán são enviados ao evento em Moscou. Nesta ocasião, Vittorio Codovilla – italiano membro do PC argentino e do secretariado latino-americano da IC – reuniu assinaturas dos participantes pela expulsão de Andreu Nin, militante espanhol que se vinculara à Oposição de Esquerda.[52] Os dois delegados peruanos foram dos poucos que se recusaram a firmar o documento – assim como o cubano Julio Mella; não estando inteirados sobre as disputas que cindiam o PC soviético, argumentaram que só conheciam "uma versão do problema". Esta posição contrariou Codovilla, e teria sido o início das polêmicas entre Mariátegui e a *Comintern* – pois que ele apoia a postura de ambos seus camaradas. Note-se que o autor sempre optou por conservar uma posição independente frente ao conflito interno soviético.[53]

Além dessa ocorrência, que denota rigidez em detrimento do diálogo – e ele valorizava o "debate" como signo de *vitalidade* da postura dialética[54] –, Mariátegui discordava do eurocentrismo nas leituras da IC

---

[52] Facção do PC soviético que se aglutina em torno a Trotski e Preobrajenski, em oposição ao poder de Stalin.

[53] Flores Galindo: "*La agonía de Mariátegui: su polémica con el Komintern*" (1980), p 23; Löwy, "*El marxismo romántico de Mariátegui*", p. 1.

[54] Ideia expressa em "*El exilio de Trotski*" – texto incluído em *Figuras y aspectos de la vida mundial* (vol.III).

sobre a *questão nacional* latino-americana. De acordo com Aníbal Quijano, nesses tempos já era inevitável reconhecer, "para além das fronteiras eurocentristas" que restringiam o pensamento marxista, a "contribuição criadora e vivificante dos revolucionários não-europeus ao desenvolvimento do pensamento marxista".[55]

Assim, que o *eurocentrismo* parece ter sido o motivo principal pelo qual, em sua fundação (1928), o partido de Mariátegui – Partido Socialista Peruano (PSP) – não utilizou num primeiro momento a denominação "Comunista": expressão que à época se carregava de concepções viciadas no *centralismo* europeu. Não obstante, nos *Princípios programáticos* do PSP consta textualmente que seu "método" – "a práxis do socialismo marxista" – é o "marxismo-leninismo":[56]

> O capitalismo se encontra em seu estádio imperialista. É o capitalismo dos monopólios, do capital financeiro, das guerras imperialistas pelo domínio dos mercados e das fontes de matérias-primas. A práxis do socialismo marxista, neste período, é a do marxismo-leninismo. O marxismo-leninismo é o método revolucionário da etapa do imperialismo e dos monopólios. O Partido Socialista do Peru o adota como seu método de luta.[57]

Por esses tempos, era crescente e já forte a influência da linha soviética mundo afora, cuja análise porém padecia de certo *mecanicismo*

---

55 Aníbal Quijano, *"José Carlos Mariátegui: reencuentro y debate"* (Prólogo a *Siete ensayos*), p. X.

56 Conforme os *"Principios programáticos del Partido Socialista"*, em *Ideología y política*, p. 94.

57 Item 4 dos *"Principios programáticos del Partido Socialista"*, p. 94. Citação em português da tradução brasileira: "Programa do Partido Socialista Peruano", em *Defesa do Marxismo e outros escritos*, item 4, p. 206.

– o que foi em parte inspirado no dogmatismo da II Internacional. Vale mencionar que o próprio Bukharin, duro crítico da II Internacional, em seu "Informe sobre o programa da Internacional Comunista" – enquanto secretário do Comitê Executivo do *VI Congresso da Internacional Comunista* (Moscou, 1928) –, declara que a III Internacional era "sucessora da I Internacional" e "herdeira das melhores tradições da II Internacional anteriores à guerra", ainda que pontue ser "oportunista" a orientação "social-democrata" desta organização.[58] A nova Internacional, nascida da "revolução vitoriosa do proletariado", não tolerava a teoria reformista de "conciliação de classes", cujo referido "Informe" considera uma "mistificação burguesa do socialismo"; entretanto, ela mantinha em linhas gerais a ideia rígida da revolução em etapas (*etapismo*), advinda da interpretação *eurocêntrica* social-democrata, o que para Mariátegui era um *dogma* a ser combatido.

Além desta questão internacional, ainda no tocante à nomenclatura partidária há que se considerar um outro aspecto mais pragmático e local: a então atrasada realidade socioeconômica peruana. Mariátegui, que fora testemunha do nascimento do Partido Comunista da Itália, acompanhara também sua derrota frente ao fascismo – bem como a do Partido Socialista, do qual o primeiro havia se separado. Ambas as agremiações, divididas, tinham perdido grande parcela de sua influência, permitindo maior espaço aos fascistas. E com o agravante de que isto ocorrera na Itália, país cujas relações produtivas e sociais eram mais desenvolvidas de que as do Peru. Assim, o autor pondera que o novo partido, criado em uma realidade "semifeudal", sob repressão estatal e sem apoio popular, não se deveria permitir cisões *prelimi-*

---

58 "*VI Congreso de la Internacional Comunista, Informes y Discusiones*" (1928), em *Cuadernos de Pasado y Presente* (1977), p. 249-250.

nares entre o já pequeno grupo fundador – optando então pelo termo *conciliador* de "socialismo".[59]

Apesar dos fatores apresentados, cabe reconhecer que Mariátegui não se afastou da III Internacional – aliás como Gramsci e o próprio Nin (quem mais tarde se desliga da Oposição de Esquerda e de Trotski). Ao contrário, o líder peruano buscou uma maior aproximação, pois compreendia que se vivia uma sensível época de construção.[60] Além disso, como já colocado, naqueles tempos ser comunista era antes de tudo militar pelo *Partido* – o qual em última instância, se constituía na própria *Internacional*.

Em relação à oposição de Trotski – por quem demonstra certa simpatia –, a avaliação de Mariátegui é a de que, se sua postura é válida "para a política soviética", contudo suas qualidades "até o momento" (escreve-o em 1929), não lhe parecem suficientes para "dar-se razão ao trotskismo" em sua intenção de *substituir* o governo soviético, o qual ele ainda vê com "maior capacidade objetiva de realização do programa marxista", naquela fase delicada do processo. Ainda assim, a posição trotskista é vista pelo autor como "prova de vitalidade do partido bolchevique". "A morte de Lenin, que deixou vacante o posto de chefe genial, de imensa autoridade pessoal" – reflete ele – desequilibraria "qualquer partido menos disciplinado e orgânico que o russo". Em seu entender, "Trotski se destacava por sobre todos os seus companheiros" devido a sua "brilhante" personalidade; no entanto, avalia, "faltava-lhe vinculação sólida e antiga com a equipe leninista", e ademais, antes da

---

59 Martín Guerra, "*La política revolucionaria de José Carlos Mariátegui y su contribución a la crítica socialista*" (2010), p. 60.
60 Martín Guerra, *idem*, p. 45.

Revolução "suas relações com a maioria de seus membros haviam sido muito pouco cordiais".[61]

Desta forma, se por um lado ele reconhece a vitalidade bolchevique justamente na prática dialética do debate, entende porém que o trotskismo peca por excesso de formalidade teórica, diante da *objetividade* levada a cabo por um Stalin ainda não entregue às paranoias da disputa interna pelo poder – o que até então considera indispensável, dada a enorme pressão reacionária exterior e interior. Entretanto, o que parece fundamental nesse posicionamento do pensador peruano, é que ele reitera aí a necessidade "vital" e "útil" do conflito dialético entre ambas as *posições* – ou *"partidos"*, se se quiser – dos soviéticos. É vital a "crítica vigilante", sem a qual corre-se o "risco" – atenta ele, como que premeditando o problema – de "se cair em um burocratismo formalista, mecânico".[62]

---

61 Citações de "*El exilio de Trotski*" (1929), em *Figuras y aspectos de la vida mundial* (vol.III), p. 19-20.

62 "El exilio de Trotski", obra cit., p. 19. Sobre as disputas internas, com o acirramento da ofensiva capitalista, elas descambariam em personalismo, consequente fragilização e mesmo retrocesso de aspectos do processo revolucionário. Caso emblemático é relatado pelo psicólogo e educador, o austríaco Wilhelm Reich, que em 1929 visita a URSS e verifica que projetos libertários propostos por Lenin para os jardins de infância e a educação sexual, estavam sendo revistos e até cancelados por Stalin; ao retornar a Viena, publica em 1930 a primeira parte d'*A Revolução Sexual*. Por ser marxista, logo seria expulso da *Sociedade Psicanalítica de Viena*, dirigida por Freud; mais tarde, seria também excluído do *Partido Comunista Alemão*, por sua defesa de uma política sexual centrada no problema da família e educação autoritárias. Caio Prado, nos anos 1930, em *URSS: um novo mundo* (p. 14-15), também ressalta este tom libertário dos primeiros anos da Revolução, quando observa a participação feminina – exaltando-a como "pormenor interessante" – em debate político no qual com "consciência clara" populares discutiam os problemas da implantação socialista durante viagem de trem.

Polêmicas sobre a questão nacional

Mariátegui entendia que o engessamento teórico operado pela II Internacional – não apenas em relação às alianças de classes, mas também no tocante à questão nacional – já havia sido historicamente superado por Lenin e a Revolução de Outubro. Fora afinal o próprio Lenin um dos primeiros teóricos marxistas a desbravar a temática das *periferias* do capitalismo – das particularidades e possibilidades do socialismo em uma nação fora dos centros industrializados europeus ocidentais –, em sua obra *O desenvolvimento do capitalismo na Rússia* (1899).

Apesar de tais evidências material e teórica, Bukharin retomaria o intento de Plekhanov (*Os problemas fundamentais do marxismo*,[63] de 1908) ao buscar através de um *manual* (*A Teoria do materialismo histórico – manual popular de sociologia marxista*) simplificar o marxismo. Malgrado a intenção didática desse empreendimento – de popularização das ideias de Marx –, na prática político-filosófica esse gesto implicaria em nova regressão positivista do marxismo, rompendo com sua concepção de dialética histórica, tolhendo a atividade transformadora do sujeito revolucionário e induzindo os comunistas a crenças como a de que qualquer sociedade, *naturalmente*, em suportando o capitalismo, alcançaria o socialismo, conforme o exemplo e modelo soviético.

Mas o marxismo de Mariátegui era antes aquele que *faz a história*. "Lenin não é um ideólogo, mas um realizador" – diz ele, para quem o mero "ideólogo" carece de "sagacidade, perspicácia e elasticidade" para realizar sua ideia. "Sua dialética é uma dialética de combate, sem elegância, sem retórica, sem ornamento" – continua o autor, criticando o

---

[63] Plekhanov defende que o socialismo seria instaurado a partir de uma evolução econômica, sendo impossível saltar-se etapas – como queriam os populistas russos.

intelectualismo passivo: "Não é a dialética universitária de um catedrático, mas a dialética nua de um político revolucionário".[64] É portanto na prática revolucionária de Lenin que Mariátegui vê o "núcleo autêntico" do marxismo, obscurecido pela II Internacional – em uma posição que coincide com a de Gramsci, quando o italiano denomina a Revolução de Outubro como uma "revolução contra *O Capital*", no sentido de ser uma revolução que na prática derrubou a visão dogmática mecanicista.[65]

Em junho de 1929, Hugo Pesce e Julio Portocarrero, membros do PSP, vão a Buenos Aires para representar o partido, na *I Conferência Comunista Latino-Americana*, na qual apresentariam as "Teses" sobre a *questão indígena*, redigidas por Mariátegui – ausente por problemas de saúde, mas que ainda assim, na ocasião seria eleito membro do *Conselho Geral da Liga Anti-imperialista*, participando portanto, organicamente desta entidade ligada à III Internacional. No período anterior à *Conferência*, Mariátegui já havia se aproximado da Internacional Comunista, escrevendo um dossiê para a *Agência de Informação Soviética* (TASS) e tendo preparado as três *teses* que seriam apresentadas por seus camaradas na capital argentina: "Antecedentes e desenvolvimento da ação classista", "Ponto de vista anti-imperialista" e "O problema das raças na América Latina". Como realça César Germaná, embora Mariátegui não tenha sido um disciplinado militante da Internacional Comunista, tampouco se pode considerá-lo "alheio" a ela.[66] A Internacional tinha sido formada em Moscou, em 1919, pelos líderes bolcheviques, com o propósito de fomentar a revolução mundial. Sob os novos ventos da Revolução Soviética, seu poder sobre os movimentos comunistas de todo o

---

64 Mariátegui, "Lenin", em *La escena contemporánea y otros escritos* (2010), p. 228.
65 Melis, *José Carlos Mariátegui hacia el siglo XXI* (1996), p. 13.
66 C. Germaná, *El "socialismo indo-americano" de José Carlos Mariátegui: proyecto de reconstitución del sentido histórico de la sociedad peruana* (1995), p. 174-175.

mundo era grande, embora estudos aprofundados mostrem que não se pode reduzir esta influência (e seus debates) de modo maniqueísta – classificando-a generalizadamente de positiva ou negativa.[67] Nos anos 1920, alguns membros da IC defendiam um controverso projeto de se estabelecer "repúblicas nativas independentes" para as populações negras da África do Sul e dos Estados Unidos, baseando--se em interpretações de Lenin acerca da questão nacional na Europa. O líder russo entendia que as minorias nacionais tinham direito a se autodeterminarem, e mesmo de se separarem dos Estados que os oprimiam. Assim, na *Conferência de Buenos Aires* – em que a questão nacional indo-americana alcança os debates comunistas –, a proposta de criação de Estados indígenas, dentre os quais um na região andina, é *importada* desde a Europa para a América. Mas Mariátegui se opõe a uma *transposição* teórica; afirma que a questão indígena é naquele momento histórico um problema *fundamentalmente* de classes, cujo cerne não são propriamente as divisões raciais, mas a posse da terra.[68]

A solução portanto, não se encontra na fundação de um novo *Estado independente*, mas na *revolução socialista*. É curioso observar que neste ponto, Mariátegui mantém uma leitura muito mais *tradicional* do marxismo, do que a própria Internacional, que se pretendia *ortodoxa* – no sentido de *fiel* ao que compreendia como *princípios originais*.

Até então, a América Latina tinha estado à margem dos debates da III Internacional, que acreditava que o proletariado da industrializada Europa Ocidental seria a vanguarda de uma revolução mundial. Nos cinco primeiros *Congressos* da Internacional, poucos delegados

---

67 Becker, "*Mariátegui y el problema de las razas en América Latina*" (2002), p. 193.

68 Embora tal posição veemente pareça ter sido necessária no calor da discussão, talvez Mariátegui tenha diminuído por demais, nesta formulação, a importância da questão étnica – debate hoje proeminente.

americanos haviam estado presentes; mas em 1928, no *VI Congresso* (Moscou) – em que a Europa "descobriu a América" – foram 25 os votos latino-americanos (dentre 532 delegados). Na ocasião histórica, Bukharin notou que a América Latina havia entrado no "âmbito de influência da Internacional Comunista".[69]

As três detalhadas *teses* elaboradas por Mariátegui, defendiam que a opressão indígena estava baseada na distribuição injusta das terras e na estrutura ainda *feudal* do campo peruano. Os representantes latino-americanos da *Comintern* eram em sua maioria dos países com mais presença europeia e maior urbanização – Brasil, Argentina, Uruguai e Chile. Diante deles, Mariátegui apresenta o fato de que o Peru vivia uma realidade distinta dessas nações, pois lá os camponeses perfaziam 80% da população, e nove em cada dez camponeses não tinham propriedade de sua terra, vivendo na condição de *servos*. Por esta posição, que enfatizava a singularidade da realidade peruana – segundo uma perspectiva presente no próprio leninismo –, Mariátegui foi criticado por membros da Internacional; ao que argumenta que a crítica é contraditória, pois que a *teoria* para Lenin – como para Marx e Engels – não é um *dogma morto*, mas um *guia vivo* para a ação. De fato, conforme Lenin a práxis revolucionária se dá com a aplicação do marxismo a cada realidade concreta, conforme as "tarefas práticas determinadas" de cada época, de cada nação – e que "podem mudar com cada nova viragem da história".[70]

Desde outro flanco, as *teses* peruanas, como já mencionado, batem-se também contra o *paternalismo* nas concepções indigenistas

---

69 Becker, *idem*, p. 194. Neste VI Congresso estiveram representados 57 partidos vindos de todos os continentes (além de 9 organizações), com a participação de 532 delegados no total – conforme La Internacional Comunista, obra coletiva do Instituto de Marxismo-Leninismo do PCUS (Moscou), p. 117.

70 Vladimir Lenin, Algumas particularidades do desenvolvimento histórico do marxismo, p. 1-4.

(como a posição da APRA) – o que para Mariátegui é fruto de uma parcela *humanista* da oligarquia. Em sua visão, os problemas indígenas não seriam resolvidos por uma maior assimilação pelos camponeses da cultura europeia; a colonização da América pelos brancos apenas teve efeitos negativos na vida dos indígenas, retardando seu desenvolvimento. Além disto, a ideia de um estado indígena tampouco vai libertar o índio; a raça por si só não o emancipará – a libertação do índio está sujeita aos mesmos princípios que a libertação da classe trabalhadora.

Para se ter êxito, Mariátegui propõe que os revolucionários devem lutar junto aos índios e negros pela constituição, não de um Estado separado, mas de um governo de operários e camponeses, que represente todas as etnias, emancipando a todas. Um Estado autônomo indígena, afirma, "não conduziria no momento atual à ditadura do proletariado indígena, nem muito menos à formação de um Estado indígena sem classes"; ao contrário, isto levaria a um "Estado indígena burguês, com todas as contradições internas e externas dos Estados burgueses". Somente o "movimento revolucionário classista das massas indígenas exploradas" poderia oferecer ao índio "um *sentido* real" à libertação de seu povo da exploração, "favorecendo as possibilidades de sua autodeterminação política".[71] Além disso, a opção *separatista* excluiria os mestiços, bem como os operários urbanos de ascendência indígena – os quais eram frequentemente tidos pelos camponeses indígenas também como opressores, pois que muitos eram funcionários de seus exploradores brancos. E portanto, só a consciência de classe poderia superar o ódio que dividia essa população explorada. Tal consciência, por outro lado, seria facilitada justamente por este camponês imigrado à cidade, que no ambiente operário, sofrendo de sua condição degradante, já teria mais

---

71 Citações de *Ideologia y política*, p. 48.

contato com a *concepção revolucionária*. A solução não era "étnica", mas "classista" – e começava pela eliminação das características feudais do campo peruano. Além do que, seria muito mais efetivo os índios lutarem por igualdade dentro da sociedade então dominante, de que se alijarem dos benefícios da modernidade técnica, em um Estado independente desprovido de infraestrutura. Observe-se novamente que Mariátegui, apesar das críticas sofridas, manteve-se dentro da mais *clássica* teoria marxista-leninista ao compreender a pobreza e a exploração dos índios como frutos da opressão de classe.[72]

Por fim, as "Teses" do Partido Socialista Peruano abordarão o papel socioeconômico dos índios da América Latina, tanto na agricultura, como nas minas e na indústria. O texto de Mariátegui apresenta então um amplo contexto histórico-econômico, para justificar a ideia de que nos Andes havia condições favoráveis ao comunismo, que poderiam permitir a estes povos uma passagem direta de sua economia, ainda em grande parcela comunitária, ao sistema socialista, sem a necessidade de se *sofrer* a etapa capitalista – o que implicaria na proletarização de grande contingente popular, especialmente campesino.

Tal ideia ia contra a teoria então dominante na III Internacional, que à semelhança da II Internacional acreditava que era preciso se passar pelo capitalismo – como ocorrera na Europa Ocidental –, tal qual uma *missão civilizatória*, antes de se poder alcançar o socialismo. Sob este ponto de vista, as nações ditas "atrasadas", que mantinham resquícios da estrutura colonial e economia ainda *feudal* – como eram então classificados diferentes países, sem nenhum critério que não o vício

---

72 Becker observa ainda que o ponto de vista de Mariátegui, "desde uma perspectiva marxista", é "racional e ortodoxa", embora "não seja claro o que teriam opinado os indígenas" à época, pois "aparentemente" não lhes chegou este debate: obra cit., p. 211.

eurocêntrico –, deveriam apostar em uma aliança de classes, unindo-se a *supostas* "burguesias nacionais", de forma à realizarem sua *prévia* revolução "democrático-burguesa".

Diante desta divergência, o pensador peruano reforça sua leitura da teoria marxista sobre a questão nacional. Para ele, o marxismo não poderia ser obstruído por uma visão estagnada, pré-estabelecida, pois que se tratava de um *método* interpretativo e de uma prática de vida "heroica" e "criadora" – o que deveria ser construído segundo a realidade de cada país. Diferentemente de outros "países semicoloniais", afirma Mariátegui: "Na Indo-América as circunstâncias não são as mesmas".[73]

Conforme ele escreve em *"Dos concepciones de la vida"*, a "filosofia evolucionista", antes da I Guerra, à revelia das diferenças políticas e sociais, unia "duas classes antagônicas"; a urbanização e relativo bem-estar material haviam engendrado um "respeito supersticioso" pela ideia de "progresso"; conservadores e progressistas, na prática, aceitavam as mesmas teses "evolucionistas", em uma *suspeita* similaridade de interesses.[74] Já em *Defesa do marxismo*, mais incisivo, ele acusa o caráter "absolutamente burguês" e "não socialista", do "rudimentar determinismo econômico" que unia, em um aparente paradoxo, a burguesia conservadora e os reformistas. Ilustra sua posição com frase "atribuída" a Lenin – "que Unamuno enaltece em sua *A agonia do cristianismo*" –, pronunciada quando o líder russo polemizava com alguém que dizia que "seu esforço ia contra a realidade": "Tanto pior para a realidade!". Para o Amauta, o marxismo "onde se mostrou revolucionário", ou seja em sua perspectiva

---

73 *"Punto de vista antiimperialista"* e *"Mensaje al Congreso Obrero"*, em *Ideología y política*, p. 53 e p. 65; e *Defesa do marxismo*, p. 60-62.
74 *"Dos concepciones de la vida"* [1925], em *El alma matinal*, p. 13.

dialética – ou ainda "onde foi marxismo" – "não obedeceu nunca a um determinismo passivo e rígido".[75]

A partir daí, amparado em sua concepção marxista criadora, no texto "O problema do índio" (*Sete ensaios*) ele irá categoricamente refutar a leitura *europeia* dos defensores do etapismo, negando – à semelhança de Caio Prado para o caso do Brasil – que no Peru tenha algum dia existido uma *burguesia nacional*.

Afirma assim a necessidade de se desenvolver uma perspectiva revolucionária com raízes nas próprias tradições e culturas populares. Se é verdade que "Liberdade, Democracia, Parlamento, Soberania do Povo", todas estas "grandes palavras" que pronunciaram "nossos homens de então", procederam do "repertório europeu", entretanto a história não mede a "grandeza" destes Homens pela "originalidade de suas ideias", mas pela "eficácia" e "genialidade" com que as serviram. Em sua concepção de práxis marxista, não admite um socialismo que se pretenda "absoluto", "abstrato", indiferente aos fatos reais, à realidade "mutante e móvel". O marxismo não é uma "diversão" para "intelectuais puros". Há de se retornar a sua "ideia germinal" – "concreta, dialética, operante, rica em potência e capaz de movimento". É preciso não apenas "professar-se uma ideia histórica", mas "confessar uma ideia ativa", obedecendo-se a um "movimento social contemporâneo". Para tanto, é indispensável considerar-se o socialismo que já estava presente na "tradição americana" – pois a "mais avançada organização comunista primitiva registrada pela história é a incaica".[76]

Contudo – afirma Mariátegui –, esse *indigenismo revolucionário* "não sonha com utópicas restaurações": "Sente o passado como uma raiz,

---

75 "O determinismo marxista", em *Defesa do Marxismo*, p. 60.
76 Mariátegui, "*La revolución socialista latinoamericana*" [1929], em *El marxismo en América Latina* (org. M. Löwy), p. 107.

mas não como um programa".[77] Segundo a interpretação de Bosi, na teoria mariateguiana, a distinção entre "raiz" e "programa" opera a "dialética de passado e futuro". Assim, seu projeto ultrapassa a limitação de uma herança cultural absoluta e estática, pois nem a civilização peruana, nem a forte presença hispânica se bastam por si sós para fundar a realidade nacional. Daí a "falácia" de um *peruanismo em si*, bem como de um *europeísmo* nos mesmos moldes. Ao afirmar a necessidade de se *peruanizar* o Peru, o autor supõe a formação de uma sociedade civil "integrada e justa", em que o índio tenderia a desaparecer enquanto "marca discriminante", para surgir, em lugar disto, como "cidadão livre" convivendo em um "regime de direito", com acesso geral aos bens da civilização – o que "inclui evidentemente as riquezas da sua própria história".[78]

Não obstante tais desacordos, o PSP de Mariátegui e a Internacional Comunista não romperiam. Ainda eram tempos de *dialética revolucionária* e as propostas de debates trazidas da Europa não tinham ares de imposição. Tanto que ao fim da *Conferência de Buenos Aires*, o suíço Jules Humbert-Droz, membro do comitê executivo da Internacional e ministro do *Secretariado Latino*, acabou por defender a comitiva peruana, afirmando que a *autodeterminação* não era suficiente para resolver os complexos problemas raciais da América Latina – que passavam pela questão da *distribuição agrária*. Declara então que para se elaborar uma estratégia revolucionária para a região seria preciso uma análise mais profunda de sua *própria realidade*. Tal reflexão, aliás, já tinha sido levantada pelo suíço, no ano anterior, em relatório prévio ao *VI Congresso* (1928) da *Comintern*, no qual ressaltava os "aspectos particulares" da realidade latino-americana, mostrando compreensão acerca da

---

77 *"Nacionalismo y vanguardismo"* [1925], em *Peruanicemos el Perú*, p. 52.
78 Alfredo Bosi, "A vanguarda enraizada: o marxismo vivo de Mariátegui" (1990), p. 60-61.

subordinação cultural de nossas burguesias em relação ao imperialismo tanto inglês como estadunidense – polos entre os quais, segundo ele, elas *oscilavam*.[79]

Além disso, como já exposto, e está explícito nos "*Princípios*" do Partido, desde sempre o PSP se declarou um partido *marxista-leninista*, o que denota o valor que Mariátegui e seus camaradas davam à organização partidária – e portanto à *Comintern*, que era o *partido internacional* dos trabalhadores.

Desta forma, a posição de Mariátegui – como se percebe com clareza nas atas da *Conferência* e em sua própria obra, especialmente textos de *Ideología y política* e *Defensa del marxismo* – foi a de um ativista político revolucionário, cujo intuito era incorporar o Peru ao processo da *revolução mundial*, o que tinha por condição necessária, a militância por um partido filiado à Internacional.

Questão Nacional e Revolução

Mariátegui foi um dos primeiros marxistas a observar a importância do *campo* na revolução – tanto no aspecto geográfico, como no protagonismo do camponês.[80] Nesta época, como exposto, a esquerda *tradicional* de diversos países, guiada pela tradição europeia, ainda

---

79 *Secretariado Sul-americano da Internacional Comunista* (SSAIC), p. 310-312, *apud* Becker, p. 212. Ver também: Mazzeo, "O Partido Comunista na raiz da teoria da via colonial do desenvolvimento do capitalismo" (2003), p. 158.

80 Como Mariátegui, Caio Prado também observa a importância central do trabalhador do campo para a revolução de seu país – questão fundamental para o marxismo em diversas sociedades, e que seria mais tarde posto em prática por Fidel e Guevara, na Revolução Cubana. Guevara se aprofundaria depois no tema, escrevendo o livro Guerra de guerrilhas (1960), em que compreende a necessidade da aliança entre operários urbanos e camponeses como uma "totalidade histórico-social concreta".

se ocupava em estabelecer alianças com supostas burguesias *nacionais progressistas*, segundo a ideia de uma revolução pacífica nacional-democrática. Isto obstruiu por muito tempo o enfrentamento da chamada *questão nacional* na América, posto que nos países do continente – bem como em várias outras sociedades – jamais se consolidou uma burguesia política ou culturalmente nacionalista. Até a publicação dos *Sete ensaios* mariateguianos, a discussão sobre o desenvolvimento do capitalismo em sociedades periféricas era bem escassa no âmbito do marxismo, embora Marx e Engels tenham abordado o assunto, além de Vladimir Lenin e Rosa Luxemburgo.

Lenin e a questão nacional russa

Um dos desbravadores da discussão sobre a *questão nacional* foi Lenin, com seu escrito de 1899, *O desenvolvimento do capitalismo na Rússia*. Em sua condição de teórico e líder revolucionário – cujo pensamento e ação política se pautaram –, ele analisou a realidade russa, a que pretendia superar. Tendo como base a tradição marxista enquanto um *guia*, o líder bolchevique se esquiva das interpretações mecanicistas, *adaptando* a teoria marxista – gestada e concebida no contexto central do capitalismo – para uma nação ainda predominantemente rural. Lenin utiliza o método marxista dialético para "agarrar" a realidade, de modo que sua particularidade não resultasse subsumida no *reducionismo* inerente às instâncias teórico-metodológicas – pois que diante da irredutível particularidade que constitui todas as formações econômico-sociais, o método tem de se *recriar* no confronto com a história.[81]

---

81 José Paulo Netto, "Introdução" a *O Desenvolvimento do capitalismo na Rússia* (Lenin), p. XXI.

O pioneirismo de sua análise – em confronto com os *populistas* – consiste em ter percebido que na Rússia, à diferença do modelo válido para a industrializada Europa Ocidental, coexistiam diferentes modos-de-produção. Os populistas recusavam o capitalismo ocidental, com seus cortiços e miséria, porém *misticamente* acreditavam que a Rússia poderia evitar a guerra de classes – transferência *direta* do feudalismo ao socialismo agrário –, fundados em um messiânico *eslavofilismo* voltado ao passado, desligado da realidade deteriorada das comunidades russas (os *mir*) nas últimas décadas do século XIX.[82]

Naquele momento histórico, as comunidades camponesas já não eram igualitárias e homogêneas, como as queriam ver os populistas, mas estavam desintegradas em três partes em conflito: os camponeses ricos, que comporiam a burguesia rural; o campesinato médio; e os camponeses pobres, que formariam o proletariado rural.

Lenin, de sua parte, entendia que os interiores russos mantinham nítidas características feudais; mesmo com o capitalismo continuamente avançando no meio rural desde o século XVIII, os latifúndios feudais ainda exploravam sobretudo o trabalho servil. Frente a esta realidade nacional *objetiva*, ele defende a eliminação da propriedade privada da terra afirmando que a *estatização* era a única forma de acabar com o feudalismo na Rússia.[83] Para tanto, na Rússia era preciso uma *revolução democrático-burguesa* – que ele via como tarefa não realizada pela burguesia, que assim deveria ser levada a cabo, como passo que "beneficiaria" o proletariado em seu caminho ao socialismo. Naquele cenário da correlação de forças, propõe que o proletariado se alie ao campesinato – que embora sendo, no contexto russo, uma camada baixa da burguesia,

---

82 J. Paulo Netto, obra citada, p. XII.
83 Lenin, "Revisión del programa agrario del partido obrero", em *Obras – vol.III* (1973) [1906].

tinha então interesses comuns com os operários. O caráter da Revolução Russa seria então *democrático*, libertando não só o proletário, mas também o camponês e o pequeno-burguês. Contudo, Lenin deixa claro que a revolução deveria ser dirigida sob a hegemonia do proletariado.[84]

Note-se que, à diferença das comunidades camponesas dos Andes – analisadas por Mariátegui –, as comunidades da Rússia de Lenin já estavam bastante degeneradas e repletas de contradições devido à intensa penetração capitalista – como é o caso das mencionadas *classes sociais camponesas* em conflito. De todo modo, o lugar que Mariátegui destina à comunidade indígena na Revolução Peruana – e segundo Quijano, sem que o soubesse –, coincide com o que Lenin pensa sobre o problema da passagem ao socialismo de sociedades que ainda mantinham ampla característica pré-capitalista. Por exemplo, no informe apresentado no *II Congresso da IC* (1920), em nome da *Comissão sobre o Problema Nacional e Colonial*, Lenin sustenta que a Internacional deve "estabelecer e justificar no plano teórico" o princípio de que o proletariado dos países avançados deve "ajudar" o dos países atrasados, de modo que estes possam "alcançar o regime soviético", sem ter que passar pelo "estágio capitalista".[85]

Com isso Lenin – como Mariátegui – descarta o economicismo etapista, caro aos mencheviques e certos revisionistas. É importante lembrar que esta tese *antietapista* já se encontrava em Marx e Engels, os quais no "Prefácio" à edição russa do *Manifesto Comunista* (1882), afirmam que na Rússia, junto ao florescimento da "fraude capitalista", mais da metade da terra ainda é propriedade "comum" camponesa, e que portanto existe a *possibilidade* de que esta forma "já deteriorada" da antiga

---

84 Lenin, "Duas Táticas da Social-Democracia na Revolução Democrática", em *Obras escolhidas – vol. I* (1979) [1905].
85 Quijano, "José Carlos Mariátegui: reencuentro y debate", obra cit., p. LXXXIV.

comunidade rural passe "diretamente" a uma "mais alta forma comunista" da propriedade agrária, ao invés de ter que sofrer o mesmo processo de dissolução ocorrido na Europa Ocidental. Antes disto, em 1881, no rascunho à carta que escreve a Vera Zasulitch, Marx já dissera que a passagem pelo capitalismo não era uma inevitabilidade histórica – e que isto dependeria dos rumos que luta revolucionária tivesse na Rússia.[86]

A Revolução Peruana

Mariátegui, da mesma maneira fecunda que Lenin, entende o marxismo como um *guia*, "um método fundamentalmente dialético" que se baseia na realidade nacional – e não como um "corpo de princípios de consequências rígidas, iguais para todos os climas históricos e latitudes sociais". Como ele afirma: "Marx extraiu seu método das próprias entranhas da história".[87]

Ao analisar a Revolução Peruana – segundo seu próprio momento histórico e *realidade nacional* – o peruano coincidirá com o russo em um aspecto central: a revolução, ainda que em um primeiro momento tenha características *democrático-burguesas*, deve ser *dirigida* pelo *proletariado* organizado. "Somente a ação proletária" – diz ele – "pode primeiro estimular e depois realizar as tarefas da revolução burguesa que o regime burguês é incompetente para desenvolver".[88] Além disto, o peruano afirma ser interessante o "paralelo" com o caso russo, pois que analogamente a seu país, o feudalismo na Rússia também permitiu que

---

86 *Manifesto do Partido Comunista* (1989), p. 43-44; *"Proyecto de respuesta a la carta de Vera Zasulich"* [1881]; e *"Marx-Zasulich Correspondence"* [1881], obras citadas.
87 *"Mensaje al Congreso Obrero"* [1917], em *Ideología y política*, p. 65.
88 "Programa do Partido Socialista Peruano" [1928], item 5, em *Defesa do marxismo e outros escritos*, p. 206.

"subsistissem as comunas rurais", tendo assim um processo histórico mais próximo dos países "agrícolas e semifeudais", do que dos países capitalistas do Ocidente.[89]

Todavia, ao contrário da Rússia, nos Andes as comunidades camponesas ainda preservavam suas tradições, pois o feudalismo isolado e débil não as conseguira desarticular; a chegada de relações capitalistas ao Peru, se resumia ainda à região costeira. A *conquista* da América e a independência peruana – diz Mariátegui –, embora tenham mudado os alicerces da vida indígena, não transformaram radicalmente a *estrutura* econômica e social do índio *isolado* dos Andes, e isto deveria ser levado em conta ao se pensar um modelo socialista andino. Deste modo, se o socialismo peruano tinha de ser *dirigido* pela classe operária, era contudo na aliança com o campesinato indígena – esta população que mantinha em sua agricultura e vida cotidiana "elementos de socialismo prático"[90] – que os proletários encontrariam seu principal *aliado*.

De fato, no Peru, como aliás em toda a América, a questão camponesa era premente. O camponês, na maior parte do continente, ainda era a maioria da população, além de compor sua parcela mais pobre e explorada. Apesar deste aspecto miserável, por outro lado – como nota Mariátegui – os camponeses eram também a comunidade mais *solidária* e *disciplinada*, uma herança de sua sabedoria ancestral indígena, além de serem os que dispunham de mais conhecimentos sobre as características das imensas e hostis terras virgens americanas (florestas, campos, montanhas).

Assim, seus *Sete ensaios* tratarão da *questão nacional* do Peru, visando comprovar – em tom expositivo didático – sua tese da necessi-

---

89 *Sete ensaios*, p. 80.
90 *Sete ensaios*, p. 69.

dade de construção de um socialismo *propriamente peruano* ou *andino*. Neste sentido, ele elabora de início um levantamento histórico-econômico, para em seguida analisar temáticas paralelas, cujo fio de ligação é a *europeização* cultural de seu país – na educação pública, na imposição do catolicismo, no centralismo e distância de Lima da *realidade* peruana, e mesmo na literatura nacional.

O primeiro dos *Sete ensaios* ("Esquema da evolução econômica"), dedicado à história econômica de seu país, percorre desde a economia colonial, à republicana, atentando ao problema essencial dos latifúndios e de uma economia basicamente rural. Apresenta aí sua concepção sobre o que chamará "comunismo agrário" ou "incaico" – regime em que viviam os incas, *povo simples* que cultivava a *disciplina* e dispunha de *bem-estar material*:

> Todos os testemunhos históricos concordam na afirmação de que o povo incaico – trabalhador, disciplinado, panteísta e simples – vivia com bem-estar material(...). A organização coletivista, regida pelos incas, tinha amortecido o *impulso individualista* nos índios; mas havia desenvolvido neles, em proveito deste regime econômico, o hábito de uma humilde e religiosa obediência ao seu dever social(...). O trabalho coletivo e o esforço comum eram frutiferamente empregados nos fins sociais.[91]

O autor defende que a sociedade incaica não deveria ser *reduzida*, sendo censurada como "escravista" apenas por sua estrutura estatal hierarquizada (como se dera inclusive na tradição do marxismo); para ele, *comunismo agrário* seria o termo adequado para definir uma sociedade na qual não havia propriedade privada, e em que não obstante suas

---

91 *Sete ensaios*, p. 33-34 (grifo meu).

contradições e conflitos, mantinha-se o coletivismo, tendo o escambo como meio para o funcionamento de um poderoso Estado.

Ao contrário das análises centradas no proletariado da urbe, que ocupavam o debate marxista, Mariátegui concebe que a libertação do índio andino passa pela união dos povos indígenas, em luta conjunta com os demais camponeses e os trabalhadores urbanos, na construção de um socialismo adequado às realidades históricas do Peru. Para tanto, parte de uma observação fundamental: o socialismo em uma nação onde a ampla maioria da população é indígena, não pode ser criado sem a participação efetiva dos índios. Isto vem a compensar a debilidade numérica de operários – feição de seu país de economia *atrasada e camponesa*. Além disso, afirma que as práticas *saudáveis* da sociedade indígena devem ser preservadas, sem que no entanto se deixe de considerar o aporte que a cultura europeia legou ao mundo – e cujo "mais alto plano é a filosofia marxista".

Para ele, o marxismo em sua ampliação de temas, ou "modernização", tem que incorporar certas noções do saber indígena que são fundamentais a sua própria concepção ontológica totalizante. É o caso da solidariedade comunal e da esperança firme na capacidade de transformação histórica – em oposição à debilidade ocidental, cujo individualismo em nível patológico, somado a um conformismo social *descrente*, minimizam as possibilidades do ser humano.[92]

---

92 Quanto às atuais *limitações* da civilização ocidental, é importante a reflexão sobre o fato de que o individualismo – vaidade, competitividade, etc – corrompe mesmo organizações de esquerda, nas quais por vezes certas diferenças de pontos de vista ou dificuldades em relações pessoais, que poderiam ser só um desentendimento ou natural antipatia entre um ou outro membro (algo que permeia qualquer grupo humano), dão lugar de modo irracional a episódios incontroláveis de hostilidades – um dos germes do divisionismo sectário que estagna o desenvolvimento de uma frente ampla comunista.

O comunismo agrário dos incas

Em seu segundo e terceiro *ensaios* (*Sete ensaios*) – "O problema do índio" e "O problema da terra" –, Mariátegui passa a reexaminar com seu enfoque marxista a sociedade indígena comunitária e a questão agrária, em contraste com o legado *destruidor* europeu:

> O socialismo nos ensinou a colocar o problema indígena em novos termos; deixamos de considerá-lo abstratamente como um problema étnico ou moral, para reconhecê-lo concretamente como um problema social, econômico e político. (...) A história, felizmente, resolve todas as dúvidas e apaga todos os equívocos. A conquista foi um ato político. Interrompeu bruscamente o processo autônomo da nação quéchua, mas não implicou na substituição repentina das leis e costumes dos nativos pelos dos conquistadores.[93]

Certamente a vida indígena tinha sido transformada pela invasão europeia, porém as comunidades andinas, em seu distanciamento geográfico, conseguiram em grande medida manter suas práticas comunais de cooperação. Com o intuito de aprofundar-se em sua até então pouco conhecida *realidade nacional*, o Amauta investigará o trabalho de pensadores peruanos progressistas – Castro Pozo, César Ugarte, Abelardo Solís – que embora não marxistas, recusam a dependência cultural europeia, tendo dado os primeiros passos para uma sólida história econômica e social do país.[94]

---

93 *Sete ensaios*, p. 54n.
94 Harry Vanden e Marc Becker, "L'Amauta: la vie et l'oeuvre de José Carlos Mariátegui", em *Indianisme et paysannerie en Amérique Latine* (2013), p. 16.

Apoiado nos estudos do sociólogo Castro Pozo (chefe da *Seção de Assuntos Indígenas* do Ministério de Fomento do Peru), Mariátegui busca verificar certas *aptidões* do povo incaico – as quais, em consonância com o pesquisador, ele considera revolucionárias. *Nuestra comunidad indígena* (1924) é um trabalho meticuloso que tomou ao indigenista cinco anos de esforços – reunindo pesquisa sociológica e documental a investigações de campo junto às comunidades rurais quéchuas remanescentes das antigas *comunidades indígenas* (os *ayllus*, forma típica andina, inca e pré-inca, constituída por estruturas de parentesco).[95] No ensaio – que trata de temas como a organização da comunidade, sua indústria, mitos, alimentação, medicina e mesmo concepção estética – Castro Pozo mostra que a preservação das tradições comunais podem ser vislumbradas em diversas formas de organização que persistem, como: "comunidades agrícolas", "comunidades agropecuárias", "comunidades de pastos e águas" e "comunidades de usufruto", além do fato de que muitas das terras pertenciam ainda à *sociedade comunal* como um todo, não podendo ser alienadas.[96]

Isto demonstra – dirá Mariátegui – não só a vitalidade das sociedades autóctones, mas também que não se efetiva uma nova ordem sociocultural de um momento para outro, ou através de meras leis. Um século de regime republicano e leis burguesas não fizeram com que a sociedade incaica incorporasse o *individualismo* importado da Europa. Ao contrário, seu trabalho de cooperação – seu aporte disciplinado à coletividade – continuava sendo para o inca, uma virtude libertadora. Ao contrário do trabalho degradado da civilização ocidental, o índio

---

95 Ladislao F. Meza, "Prefacio" de Nuestra comunidad indígena, p. XII.
96 Castro Pozo, *Nuestra comunidad indígena* (1924), p. 16-17 e p. 10.

trabalha com gosto – "amor ao ofício" –, pois entende o trabalho como dever virtuoso de sua vida:

> O destino do homem é a criação. E o trabalho é criação, o que quer dizer libertação. O homem se realiza no seu trabalho. Devemos à escravização do homem pela máquina e à destruição dos ofícios pelo industrialismo, a deformação do trabalho em seus fins e em sua essência. (...)[O amor ao ofício] tem que ser também o princípio adotado por uma sociedade herdeira do espírito e da tradição da sociedade incaica, na qual o ócio era um crime e o trabalho, amorosamente desempenhado, a virtude mais alta.[97]

O autor marxista, embora não enxergue o modelo incaico de maneira idílica, irá defender o regime hierárquico dos incas, relativizando o seu "despotismo" e a dita "escravidão generalizada" – o que incomodava certos cronistas *liberais*, impregnados, segundo ele, de anacrônicos *preconceitos contemporâneos*. Para Mariátegui, é de fundamental importância distinguir-se entre "escravidão generalizada" e "servidão" – esta ainda presente no Peru *semifeudal* de sua época. Aliás, em grande parte, sua análise do Peru contemporâneo e em particular sua definição do "caráter semifeudal" da economia estão condicionadas em última instância por tal diferenciação.[98]

O feudalismo foi trazido pelo europeu, e Mariátegui percebe sua permanência em "restos feudais", como a existência de "latifúndios" e de "servidão" – relação por meio da qual um "senhor feudal, dono de vidas e bens" mantém índios à sua disposição "como se fossem árvores do

---

97 *Sete ensaios*, p. 156.
98 Robert Paris, José Carlos. *Mariátegui et le modèle du 'communisme' inca*, p. 1067.

bosque"[99]. Segundo ele, esta relação servil difere bastante de uma espécie de regime de *escravidão*, no qual o camponês tem de fornecer à coletividade ou à classe dominante uma parcela do produto de seu trabalho. O "comunismo incaico" – afirma – "não pode ser negado nem diminuído por ter se desenvolvido sob o regime autocrático dos incas" (refere-se ao que designa "aristocracia indígena").

E para melhor definir este "comunismo agrário", ele lança luz sobre os estudos do historiador econômico César Ugarte,[100] em que são ressaltados dois traços gerais incaicos: I) a propriedade coletiva da terra, dos cultivos, e dos pastos e águas pela *comunidade* (*ayllu*); II) a cooperação no trabalho comunitário.

Mariátegui, ao longo dos *Sete ensaios*, tecerá assim ampla argumentação, para então, a partir da reflexão do economista francês Charles Gide, "o roubo é a propriedade" (variação da célebre frase de Proudhon), concluir: "na sociedade incaica não existia roubo porque não existia a propriedade", ou antes, "porque existia uma organização socialista da propriedade".[101]

É notável aqui as semelhanças argumentativas de Mariátegui e de Marx acerca dessa questão. Conforme Marx escreve nos *Grundrisse* (obra que Mariátegui não conheceu), o *modo de produção oriental* ou *asiático* – que segundo ele ocorre "no México, *em especial no Peru*, entre os antigos celtas, em algumas tribos hindus" – é caracterizado pelo que chama de *escravidão generalizada*, mas também por um "caráter coletivo" do trabalho, em que "a propriedade só existe como propriedade comunitária", de modo que "cada fração da propriedade não pertence a nenhum mem-

---

99 *Sete ensaios*, p. 79.
100 César Ugarte, *Bosquejo de la historia económica de Perú* [1926]; citado por Mariátegui, em *Sete ensaios*, p. 71.
101 *Sete ensaios*, p. 93n.

bro por si mesmo"; a produção aldeã é uma "combinação de manufatura e agricultura no interior da pequena comunidade", que produtivamente é "autossuficiente"; há por outro lado, a "apropriação" coletiva das obras da "unidade superior" (o "governo despótico" que une as comunidades), como aquedutos, meios de comunicação etc. Ou seja, a importância primordial do Estado se baseia na realização de funções delegadas pelas aldeias. Marx afirma ainda no texto – também em sintonia com o que pensa Mariátegui – que esta "forma" produtiva é aquela que "necessariamente se mantém com *mais tenacidade* e por mais tempo", pois que "o indivíduo singular não devém autônomo em relação à comunidade".[102]

Contudo, o ponto principal é que o próprio Marx relativiza essa noção de *escravidão*, afirmando que tal compreensão só poderia ocorrer do "ponto de vista do europeu" – devido a seu restrito conceito *individual* de liberdade –, pois no modo de produção oriental, nenhum indivíduo é *proprietário*, mas somente *possero*. Entre os povos antigos, dá-se uma relação que ele denomina "escravidão geral" – na qual o indivíduo é membro de um sistema comunitário "do qual ele mesmo, até certo ponto, é propriedade".[103]

Embora Marx não tenha sistematizado sua concepção de liberdade humana, é possível vislumbrá-la inserida em diversas partes de sua obra, como é o caso dos *Manuscritos econômico-filosóficos* e d'*A questão judaica*. Para ele, em uma sociedade capitalista – na qual, através da propriedade dos meios de produção, uma minoria da população se apropria do trabalho alheio da maioria – a liberdade somente existe em termos *abstratos*, restrita ao campo *jurídico*; a liberdade humana é tolhida pela

---

[102] Karl Marx, *Grundrisse* [1857-1858], p. 388-398 (grifos meus). Sobre a questão da autonomia aldeã, ver também: Jürgen Golte, "*Modo de producción asiático y el Estado inca*" (1976), p. 76.

[103] Karl Marx, *Grundrisse* (1857-1858), p. 406-407.

separação entre o Estado político e a sociedade civil, reduzindo-se a um *direito individual* etéreo, que coexiste com a *concreta* exploração do trabalhador, em níveis absurdos, no âmbito social. Este direito *liberal-individual* pode assim ser resumido como o direito do indivíduo a buscar apenas *seu próprio interesse* – à revelia de sua comunidade e mesmo, muitas vezes, contra ela. Nesse tipo de sociedade, prossegue Marx, o Homem irá encontrar em outros Homens não a *realização* de sua liberdade, mas a *limitação* dela: "A aplicação prática do direito humano da liberdade é o direito humano à propriedade privada".[104] E portanto, ao Estado burguês cumpre legitimar e estabelecer, por meio do exercício da violência, a desigualdade entre cidadãos que são *diferentemente* "iguais" – ainda que tal farsa seja adornada (sempre que possível) com o fetiche verbal da *liberdade, igualdade* e *democracia*.

É nesta mesma linha que segue a argumentação de Mariátegui, ao recusar tal noção *liberal* de *escravidão*, a partir da verificação da disciplina *solidária* e da grande *autonomia* em que se desenvolveram as comunidades incas. "A liberdade individual é um aspecto do complexo fenômeno liberal" – pondera, à semelhança de Marx; isto, para uma "crítica realista" seria a "base jurídica da civilização capitalista", e para uma "crítica idealista", uma "aquisição do espírito humano moderno". Entretanto, nenhuma destas definições teria sentido para um inca. Ao contrário, argumenta, um inca não sentia "absolutamente nenhuma necessidade de liberdade individual" – assim como não sentia necessidade de "liberdade de imprensa". Não cabia tal conceito à época, e portanto, diz ele, os índios podiam "ser felizes sem conhecê-la e ainda sem concebê-la".[105] Desta maneira, como analisa Robert Paris, esse modo de organização social,

---

104 *A questão judaica*, p. 11. Caio Prado tratará da mesma questão em *O mundo do socialismo* (1962), em capítulo reeditado como *Que é liberdade*.
105 *Sete ensaios*, p. 92n.

ao não promover angústias ou ansiedades, permitiu ao índio viver "mais livre do que jamais voltou a ser" – embora isto possa parecer paradoxal a um espírito moderno limitado pelo individualismo.[106]

Neste ponto, faz-se um parêntesis, para ressaltar que dada a hierarquia estatal existente entre os incas, pareceria ser mais preciso nomear seu modo de produção de *socialismo agrário estatal* (em vez de "comunismo agrário") – e de fato em algumas passagens Mariátegui usa o termo "socialismo indígena". Cabe ainda deixar claro que esse modo de produção (*oriental* ou *comunista agrário*) difere do *comunismo primitivo* no qual inexiste o Estado centralizador e sua consequente hierarquia – sendo esta *forma* portanto, mais próxima a um efetivo *comunismo* no sentido marxista estrito do termo –, modo-de-produção que se observa por entre os povos indígenas da selva e em outras comunidades cuja produção era organizada pela cooperação horizontal.[107]

Vale também observar que a expressão "comunismo", dirigida aos incas, a qual geraria controvérsias e acusações de populismo contra o pensador peruano, foi usada por uma marxista como Rosa Luxemburgo – em nada "suspeita" de ser *populista*.[108] Segundo ela – que se baseia nas análises do sociólogo russo Maxim Kovalevski sobre os informes de Alonso Zurita (auditor da monarquia espanhola no Novo Mundo) –, o regime socioeconômico inca era uma "estrutura comunista agrária antiga" que além de se caracterizar pela já citada *propriedade coletiva* da terra e da apropriação de seu cultivo, tinha como aspecto notável de sua sociedade "marcas vivas de um comunismo tão amplo que na Europa pareceria algo totalmente

---

106 R. Paris, *José Carlos Mariátegui et le modèle du 'communisme' inca*, em *Annales* (1966), p. 1068.
107 Conforme Pierre Clastres, *La sociedad contra el Estado* (1978) [1974], p. 164 e seguintes.
108 Michael Löwy, "*El marxismo romántico de Mariátegui*", p. 7.

ignoto": o modo de *conviver*, pois que viviam em "habitações massivas" nas quais chegavam a se alojar alguns milhares de pessoas.[109]

Assim, despojado de "preconceitos liberais modernos", Mariátegui, ao analisar o problema da liberdade inca, ponderará que na ausência de outras instituições, este tipo de *escravidão* foi para o índio talvez a *única* forma de liberdade. Embora este aspecto "despótico" possa passar a impressão de uma sociedade menos "livre" do que pretenderia a *moderna liberdade* – chocando "escrúpulos liberais" de alguns espíritos ocidentais –, o despotismo encontra contudo sua justificativa no fato de que, ao se pôr como obstáculo ao *individualismo*, permitiu um "estado de equilíbrio" que assegurou a subsistência e o crescimento de uma grande população, que chegava a vários milhões de pessoas antes da invasão e genocídio promovido pelos europeus. E como se sabe, a questão do crescimento demográfico para um povo antigo era signo crucial de desenvolvimento.[110]

Além disso, dirá Mariátegui, o *ayllu* era a célula do povo andino, de modo que, mesmo que os aristocratas tenham realizado a união do Império Inca (centralizando o governo), no plano concreto o *regionalismo* continuou a ser predominante no sistema agrário – a *autossuficiência* de que fala Marx. Em outras palavras – nos termos de Hegel –, entre os incas havia grande autonomia entre a "sociedade civil" e a "sociedade política". E ainda, como lembra o peruano, se esse regime era "despótico e teocrático" – na visão europeia –, tal traço era "comum" a diversos regimes da antiguidade, em que o *despotismo* teve uma função civilizatória e mesmo libertadora.[111]

---

109 Rosa Luxemburgo, *Introducción a la economía política* [1925], p. 51.
110 *Sete ensaios*, p. 91n-92n. Sobre a questão da demografia, ver dentre outros: Denis Diderot, *Supplément au voyage de Bougainville* [1771].
111 *Sete ensaios*, p. 93n.

Finalmente, Mariátegui reitera a aversão da cultura indígena pelo *individualismo* – na qual longe de significar uma conquista, é signo de *decadência*. Para o índio, nenhum mal era tão grave quanto o de sentir-se só, e *liberdade* era antes o sentimento de pertencimento, de poder participar integralmente de sua própria coletividade:

> O índio, apesar das leis e de cem anos de regime republicano, não se tornou individualista. E isso não se origina por ser ele refratário ao progresso, como pretende o simplismo de seus detratores interessados. (...)O comunismo, ao contrário, continuou sendo a única defesa para o índio. O individualismo não pode prosperar, e nem mesmo existe efetivamente, senão dentro de um regime de livre concorrência. E o índio nunca se sentiu menos livre do que quando se sentiu só.[112]

Ao contrastar as populações antes e depois da invasão europeia, reduzida em três séculos de mais de dez milhões, para apenas um milhão, o autor afirma: "Contra todas as reprovações que – em nome de conceitos liberais, ou seja, modernos, de liberdade e justiça – se possam fazer ao regime incaico, está o fato histórico". Fato este que "condena" o regime colonial, não a partir de pontos de vista "abstratos", "teórico" ou "morais", mas sobretudo através de análises "práticas, concretas e materiais de funcionalidade" – como é o caso do advento da injustiça social e da precarização da produtividade agrícola limitada pela má distribuição fundiária.[113] Em contraponto a isto, a economia inca estava baseada no princípio fundamental da necessidade humana.

---

112 *Idem*, p.95-96.
113 *Idem*, p. 72.

Mas se não cabe contestar a "evidência histórica", Mariátegui ressalta porém que: "o comunismo moderno" é algo distinto do "comunismo incaico" – e pretender-se um retorno ao passado seria *ingenuidade*. Ambos são produtos de "diferentes experiências humanas", de "diferentes épocas históricas". Enquanto a civilização dos incas era agrária, a "de Marx" é uma civilização industrial: naquela, "o homem se submetia à natureza", porém nesta, "às vezes, a natureza se submete ao homem". Se de início o Homem vivia em harmonia com a natureza, nos tempos modernos seu maior propósito passou a ser subjugá-la. Por outro lado, o "espírito inca" não estava atormentado por necessidades de "criação intelectual" ou de "comerciar, contratar, traficar"; e portanto, para que serviria ao índio esse modelo de liberdade – "filha do protestantismo" – "inventado pela nossa civilização"? A noção de liberdade, como a da "revelação de Deus", difere de acordo com "eras, povos e climas". A *autocracia despótica* e o *comunismo* são incompatíveis em nosso tempo; mas não o foram outrora. Épocas primitivas tiveram "outros tipos de socialismo", diferentes do socialismo contemporâneo – que se constitui na "antítese do liberalismo". Contudo, não se pode deixar de compreender que este socialismo de nossa época nasce da vivência capitalista e "se nutre de sua experiência" – recusando tão somente suas limitações e aspectos negativos.[114]

Vale aqui agregar, como bem frisa Florestan, que a *democracia* não é um "valor universal", um "valor em si e por si": "Na mais precisa tradição clássica do marxismo, ela não era uma instituição a ser herdada, mas construída coletivamente pelos seres humanos, ao

---

114 *Idem*, p. 91n-92n. Esta longa "nota de rodapé" digressiva (cerca de 3 páginas) é um pequeno artigo filosófico a discutir noções de "liberdade", que Mariátegui insere no texto historiográfico principal.

longo de um movimento interrompido exatamente pela dominação de classe da burguesia".[115]

Por outro lado, é fundamental atentar-se a que, na sociedade agrária inca o único *instrumento de produção* era o próprio *Homem*. Portanto, é na "relação" do *Homem* com a *natureza* que se encontra, em última instância, a explicação do "despotismo oriental" – ou da "escravidão generalizada".[116] Na ausência de ferramental – e mesmo da exploração de animais domésticos, que não era significativa – foi o próprio *Estado inca* quem se constituiu como *empresa geral*, encarregando-se de coordenar os grandes trabalhos de seu vasto território, o que somente um *corpo coletivo* poderia realizar, tais como a construção de estradas e canais, e a redistribuição e armazenamento da produção de alimentos. O aparelho de Estado inca surgiu, diz Mariátegui, como uma "formidável máquina de produção" – que os "conquistadores espanhóis destruíram, naturalmente, sem poder substituir". Daí que a sociedade inca se descompôs, tendo "rompidos os vínculos de sua unidade", o que levaria a "nação" a se dissolver em "comunidades dispersas"; o trabalho indígena deixou de funcionar de "forma solidária e orgânica", e os invasores se preocuparam apenas com o "botim de guerra", sem pensar no futuro, nas "forças e meios de produção" que compunham tal "formidável" aparelho produtivo.[117]

Com esta boa definição, Mariátegui recoloca a *autocracia* do sistema em seu momento histórico, introduzindo um novo elemento ideológico: o da *eficácia*, ou mesmo se poderia dizer, o do *desenvolvimento*. Em oposição à organização feudal europeia que o destruiu, o modelo estatal inca teve em seu tempo eficácia – e é isso que importa a Mariátegui

---

115 Florestan Fernandes, obra cit., p. 4.
116 Robert Paris, *José Carlos Mariátegui et le modèle du 'communisme' inca*, p. 1069.
117 *Sete ensaios*, p. 34.

quando se propõe a retomar a discussão sobre essa antiga organização agrícola. Sua defesa da comunidade indígena não repousa em "princípios abstratos de justiça", e nem em "considerações sentimentais e tradicionalistas", mas em razões "concretas" e "práticas" de ordem econômica e social. A propriedade comunal no Peru não representa uma "economia primitiva" que foi substituída por outra "progressista", baseada na propriedade individual: "Não; as 'comunidades' foram despojadas de suas terras em proveito do latifúndio feudal ou semifeudal, constitucionalmente incapaz de progresso técnico".[118]

Segundo estudo estatístico apresentado por Castro Pozo sobre a produção de trigo de 1919 – com levantamento feito em 53 localidades –, um dado econômico impressionante é que, em comparação ao "moderno" latifúndio, instrumentalizado com *técnicas avançadas*, a comunidade quéchua da mesma época tinha uma produtividade quase semelhante: 450 kg/ha de trigo na propriedade comunal, contra 580 kg/ha na individual.[119] Porém – sublinha Mariátegui –, o sociólogo indigenista observa que esta diferença produtiva é praticamente "inexistente", pois os cálculos fogem da realidade se se leva em conta que: I) para obter esta mais alta produção, o latifundiário tinha tomado para si as melhores terras; II) o índio dentro de sua comunidade logicamente escondia uma boa parte da sua colheita para ser menos extorquido (impostos, taxações, pilhagens); III) tais comunidades praticavam uma agricultura rudimentar (sem uso de fertilizantes nem técnicas de plantio ou de seleção de sementes).

Castro Pozo frisa também que a agricultura comunal (batata, milho, quínua, cevada, etc) chegava a abastecer não só as necessidades da

---

118 *Idem*, p. 96.
119 Castro Pozo, em *Nuestra comunidad indígena*, p. 10. Mariátegui usa estes dados em *Sete ensaios*, p. 98.

própria população indígena, como também a da indústria estabelecida nos Andes (como mineradoras), havendo ainda uma sobreprodução "exportada" aos centros industriais costeiros – ao que conclui que o índio portanto é o "melhor elemento produtor" do país, e que as comunas incas, pelas diversas "funções sociais" que desempenham, são um exemplo que tende a se consolidar e a prosperar.[120]

Em realidade, constatará Mariátegui, comparativamente, o latifúndio das "serras" (altas regiões andinas) mostrou-se impotente para gerir a criação de riquezas – e ainda mais "incapaz" de progresso técnico e "refratário" ao desenvolvimento da economia capitalista, do que a comunidade indígena.[121] É portanto o *próprio latifúndio* que é marcado pelo "signo da imobilidade histórica" – como se costuma afirmar das *sociedades orientais* –, e não o Estado inca. Na comunidade indígena, ocorre o contrário: ela consegue manter sua sobrevivência e se mostra capaz de avançar, de progredir tecnicamente, de se transformar.

Ao identificar a comunidade camponesa contemporânea com o antigo *ayllu*,[122] Mariátegui quer demonstrar que estas comunidades percorreram uma vitoriosa *travessia histórica*, desde o tempo da nação inca até o século XX, justamente graças a sua faculdade de adaptação, ou antes, à tendência natural da cultura indígena – *coletivista, solidária* – ao comunismo[123]. E aqui se pode também incluir – em oposição ao tecnicismo europeu que visa o domínio do ser humano e da natureza –

---

120 C. Pozo, *idem*, p. 433-435, p. 443-448 e p. 18.
121 *Sete ensaios*, p. 112.
122 As "comunidades" a que Mariátegui aqui se refere já não são mais as originais pré-colombianas (ayllus), mas aquelas atualmente chamadas de "pueblos" (povoados) – sendo formadas pela redução e concentração de diversos ayllus, os quais já não têm como antes, um sistema parental endogâmico.
123 *Sete ensaios*, p. 35.

a *qualidade* desse particular *desenvolvimento*, que prioriza o bem-estar cotidiano do Homem, integrado simbioticamente ao meio-ambiente, o que lhe permite produzir com menor desgaste físico e emocional.[124] Quanto a isto, diz Castro Pozo:

> A comunidade indígena conserva os grandes princípios econômico-sociais que até o presente nem o empirismo dos grandes industriais puderam resolver satisfatoriamente: o contrato múltiplo de trabalho e a realização deste com menor desgaste fisiológico e em um ambiente agradável, de emulação e companheirismo.[125]

É portanto nas comunidades indígenas, que Mariátegui enxerga a solução do *problema* peruano: comunidades que sob as mais duras condições, demonstraram *resistência* e *persistência* (virtudes que também Marx destaca nos *Grundrisse*). A vitalidade do comunismo indígena, com sua prática de socialização das terras – estes "elementos de socialismo prático na agricultura e vida indígenas" – fornece um caráter "peculiar" ao problema agrário andino, impulsionando os índios a realizar diferentes formas de cooperação e associação. Pode-se mesmo afirmar que o conceito de "propriedade individual" teve uma "função antissocial" na república, "devido a seu conflito com a subsistência da comunidade".[126]

O pensador cita o exemplo oferecido por Castro Pozo, referente à comunidade andina Muquiyauyo – no intuito de evidenciar a capacidade das comunas indígenas em se transformar em cooperativas de produção e consumo. Proprietária de uma instalação hidroelétrica,

---

124 Sobre o tema dos "desenvolvimentos divergentes", ou em "sentidos diversos", vale remeter-se às considerações de Claude Lévi-Strauss em *Race et histoire*.
125 Nuestra comunidad indígena (1924), citado por Mariátegui, *Sete ensaios*, p. 99.
126 *Sete ensaios*, p. 91.

Muquiyauyo se tornou um organismo autônomo – um regime cooperativo de produção, consumo e crédito capaz de se autogerir, de investir e etc.; como escreve Pozo, símbolo de uma "instituição comunal por excelência". Nesse sentido, Mariátegui – em defesa de um movimento cooperativista indígena diverso daquele cooperativismo *populista* russo – constata que quando a comunidade se articula com o sistema comercial e as vias de transportes centrais, ela "espontaneamente se transforma em uma cooperativa".[127] O *ayllu*, na visão de Castro Pozo, seria uma "correlação perfeita" entre os Homens e a natureza.

Finalmente, sendo a "esperança indígena" um fator "absolutamente revolucionário", Mariátegui afirma a afinidade entre o movimento indígena e as correntes revolucionárias mundiais. Em polêmica o com o historiador Luis Alberto Sánchez – crítico do indigenismo, que defendia uma idealista harmonia interétnica, negando o protagonismo indígena no socialismo peruano –, ele pondera que no Peru quatro quintos das massas trabalhadoras são índios, e que portanto a construção de uma sociedade socialista no país não pode ocorrer sem se solidarizar com as "reivindicações indígenas" – com os camponeses pobres. Mariátegui, mesmo concordando com a tese de que o socialismo é um fenômeno fundamentalmente urbano, não concebe a realização da Revolução Peruana sem a participação das populações indígenas, em um país essencialmente agrícola, no qual, dentre 5 milhões de habitantes, há apenas 100 mil operários (incluindo-se aí os assalariados rurais), frente a 1,5 milhão de *comuneiros*. Nesse processo, ele declara que ainda que tarde a formação de uma "consciência revolu-

---

127 *Sete ensaios*, p. 97.

cionária" no índio, sua "disciplina" e "tenacidade" são tão marcantes que "poucos proletários" poderão então superá-la.[128]

Polêmicas póstumas – por um bolchevismo romântico

Após falecer, Mariátegui continuou no centro dos debates socialistas. Apesar de ele ter exposto em várias oportunidades sua posição político-filosófica, precisando-a *marxista-leninista*, certos comentadores, ignorando ou desqualificando alguns de seus principais escritos ideológicos, chegariam a classificá-lo dentro de um reformismo "aprista de esquerda", ou mesmo como *soreliano* com "vacilações" leninistas, em uma tentativa de obscurecer com ares *asséptico-democráticos* ou *anti-soviéticos* seu consistente legado comunista.[129] De outro lado, também alguns comunistas opositores, menos propensos a novos temas, o tratariam como "populista" ou ainda, pejorativamente, como "romântico".[130]

Segundo o autor expressara pouco antes de morrer, uma desorientada crítica lhe dirigiu a acusação de não ter exposto seu legado "doutrinal e político" nos *Sete ensaios*, pretendendo buscar nesta obra de *interpretação da história e realidade nacional* algo que não tinha por que ter sido formulado "em nenhum de seus capítulos", ou seja: "uma teoria ou sistema políticos". Os textos cruciais para o conhecimento de seu pensamento filosófico, conforme sua própria indicação, embora não constem dos *Sete ensaios*, pois não era esse o escopo da obra, estavam em "desenvolvimento".

---

128 *Ideología y política*, p. 22 e 28.
129 Bellotto e Corrêa, obra cit., p. 28.
130 A discussão sobre o tema do "romantismo" será desenvolvida adiante, ao se tratar mais especificamente de aspectos filosóficos do marxismo antipositivista de Mariátegui e Caio Prado.

Porém, com sua morte, somente viriam à luz em publicações póstumas, especialmente *Defensa del marxismo* e *Ideología y política*.[131]

Certamente, o declarado *marxismo-leninismo* de Mariátegui não era aquele *nominal* – que se enrijeceria paulatinamente, até se tornar para alguns um dogma –, mas um pensamento *de fato* dialético, e portanto *criação em processo*, fundado na *filosofia da práxis* de Marx e na *práxis revolucionária* de Lenin. O autor parte de Marx e transita por Lenin – interagindo no caminho com aportes pontuais de variados pensadores –, sem entretanto almejar uma vulgar reprodução das ideias ou ações de seus mestres, num transplante ingênuo da Europa à América. Pelo contrário, ele vislumbra em Marx e Lenin um rico ferramental filosófico, científico e político a se apropriar.

Dentre as prolíficas polêmicas mariateguianas póstumas, vale mencionar alguns debates. No mesmo ano de sua morte, a ala esquerda da APRA dedica-lhe um número da revista *Claridad*, publicada na Argentina. Ensaiando um balanço crítico de sua obra, o periódico sugere uma suposta contradição entre sua formação *romântica* – que o tinha sempre pronto para lutar por uma revolução que seria "irrealizável" – e sua tendência à ação política concreta. A curiosa conclusão dos apristas é a de que embora ele *pretendesse* escrever para o povo, fizera-o antes para as elites, ao contrário de Haya de la Torre, um homem de *atitude*

---

131 Mariátegui, "Carta a Moisés Arroyo Posadas – Lima, 30 de julio de 1929", em Correspondência (1918-1930) – selección (1984). Mariátegui, no "Prólogo" aos Sete ensaios, declara "expressamente" (como reitera nesta carta) que estava em preparação um livro "autônomo" no qual ele desenvolveria suas "conclusões ideológicas e políticas" – e que ele pensara incluir o texto na própria obra, como um ensaio a mais, mas depois desistira, de modo a ampliá-lo. Contudo a estrutura dos textos que ele organizou para tal edição, não veio a ser encontrada – ficando a cargo dos seus editores (estudiosos e filhos), remontar *Ideología y política*, com base em indicações que o autor deixara sugeridas.

que teria passado do "verbo" à "ação" ao propor, supostamente em prol do povo, sua *pragmática* aliança de classes com a burguesia.

A estratégia de união interclassista do aprismo rapidamente se mostraria falida. Seus céticos *anti-românticos* não alcançaram compreender que a utopia revolucionária de Mariátegui – ainda que com resultados de visibilidade mais lenta se comparados ao atalho *aliancista* – trazia em si um *realismo* mais sólido do que aquele *reformismo* crente nos esporádicos gestos patrióticos de uma elite medíocre, incapaz de completar sua própria revolução democrático-nacional. Nesta falta de *esperança*, talvez já estivesse em germinação a decadência da APRA – que de expressão anti-imperialista das classes médias peruanas, viria no novo século a flertar com o neoliberalismo, promovendo até mesmo um tratado de livre-comércio com os Estados Unidos.[132]

Já em meados da década de 1930, surgiria nova polêmica, desta vez envolvendo o aprista Carlos Manoel Cox e o comunista Juan Vargas. Cox, em artigos, tenta vincular Mariátegui à APRA, afirmando ser contraditória a ideologia marxista explícita (embora não desenvolvida) nos *Sete ensaios*, e sua proposta de ter denominado seu partido como "Socialista", em vez de "Comunista". Em sua opinião, as declarações "comunistas" do autor em meio ao seu clássico historiográfico, seriam apenas *vacilações*, e seu rompimento com Haya e a orientação *interclassista* não teria tido caráter ideológico, mas apenas *circunstancial*. Juan Vargas contestará tais declarações, demonstrando que Mariátegui tinha uma trajetória bastante definida, exposta em diversos escritos, nos quais se nota o desenvolvimento de sua concepção intelectual e política – tendo claramente se desvencilhado, em seu rumo ao marxismo, do "erro apris-

---

[132] Tratado aprovado pelo presidente aprista Alan García, em 2009.

ta". Isto é nítido em suas críticas *radicais* às políticas apristas paternalista e de alianças, como já apresentado.[133]

No mesmo caminho de Cox, o argentino José Aricó décadas mais tarde, já então próximo à social-democracia, no intuito pouco velado de atacar a Internacional Comunista, sugere que o pensador peruano não teria sido realmente marxista-leninista, defendendo que Mariátegui não teria tido proximidade nem dado seu aval àquela organização.[134] Luna Vega, quem dedicará ao tema um ensaio resposta, mostra que para tal conclusão, Aricó insiste em argumentar – ilógica ou sofisticamente –, não sobre os escritos e conduta política de Mariátegui, mas em sentido contrário, sobre as críticas que membros da III Internacional farão ao autor após seu desaparecimento. Além disso, observa Luna Vega, Aricó atém-se apenas aos *Sete ensaios*, mostrando um estranho desconhecimento dos citados escritos político-filosóficos que o próprio Mariátegui fez questão de reiterar serem aqueles onde consta com mais *precisão* sua posição ideológica e estratégica.

Cabe ainda citar a ponderação de Antonio Melis, estudioso da obra mariateguiana, segundo o qual o pensador tentou de forma original estabelecer uma *relação aberta* com a Internacional, tendo valorizado o significado *propulsor* de uma organização mundial de trabalhadores "fundada no prestígio do leninismo" – embora *sempre* tenha defendido firmemente o respeito à peculiaridade das "situações nacionais".[135]

---

133 Bellotto e Corrêa, *ibidem*.
134 J. Aricó, *"Introducción"*, em *Mariátegui y los orígenes del marxismo latino-americano*, p. XIII.
135 A. Melis, "Medio siglo de vida de J. C. M.", em *Mariátegui y la literatura* (1980), p. 131-132 – citado por Luna Vega, em *Sobre las ideas políticas de Mariátegui* (1984), p. 33.

De outro flanco, alguns comunistas peruanos (o Partido Socialista ganha a designação de "Comunista" um mês após sua morte) impregnados de cultura eurocêntrica, acusam certas propostas políticas do *fundador do comunismo peruano* de serem prejudiciais à organização do Partido, fruto do que teria sido um "desvio pequeno-burguês". Apesar disto, reconhecem-no como *precursor intelectual* do Partido Comunista – cuja mudança de nome Mariátegui deixara encaminhada antes de falecer.[136]

Nesta mesma linha de um *marxismo* reduzido a manuais, à época também certas publicações soviéticas lançaram críticas a Mariátegui, ecos da *I Conferência Comunista Latino-Americana* de Buenos Aires, dizendo serem "populistas" suas posições *divergentes* acerca do problema dos índios. Em um conhecido artigo de 1941, Vladimir Miroshevski, conselheiro do *Secretariado Latino-Americano* da *Comintern*, censura o "populismo" do socialismo "pequeno-burguês" do autor, o que teria sido motivado por seu "romantismo nacionalista". O russo reprova também a importância que o peruano dá em suas "Teses", ao *coletivismo agrário* na luta socialista andina contemporânea, quando o concebe como "ponto de partida" para a *reorganização socialista* da estrutura rural. Preso ao *dogma* de que tão somente o proletariado é a classe revolucionária, o conselheiro tenta desconstruir a teoria do *protagonismo indígena*; contudo, seus argumentos, um tanto confusos, acabam por apresentar dados que vêm a contribuir com as ideias mariateguianas. Por exemplo, apesar do russo afirmar que havia "classes na sociedade incaica", e que em seu território houve "insurreições indígenas", ele no entanto coloca que "muitas tribos do país eram administradas por seus chefes", os quais gozavam de "autonomia" em relação ao soberano inca nos "assuntos internos" tribais. Ele assim acaba por corroborar a *relativização* do despotismo inca, afirmada por Mariátegui,

---

136 Luna Vega, *Sobre las ideas políticas de Mariátegui* (1984), p. 33.

constatando que o *regionalismo autônomo* continuou a predominar no sistema agrário. Além disto, Miroshevski concorda que entre os incas "a terra era considerada propriedade estatal", sendo uma parte dela destinada ao usufruto das comunidades camponesas – ainda que a outra parte fosse do Estado. Pondera também que se "dois terços da colheita" das terras comunais eram entregues ao Estado, era porém bastante crível a hipótese de Mariátegui de que este *excesso* de produção agrícola recolhida, não poderia ser destinada só para os "funcionários e sacerdotes do império", mas antes serviriam para "constituir os depósitos do Estado". Mais adiante porém, acusa a "aristocracia" inca de haver acumulado riquezas, um argumento que todavia não confere com a realidade da cultura inca, visto que o ouro não tinha valor de moeda, mas uma função religiosa – a qual justamente era o papel do grande-inca e demais sacerdotes. Noutro momento – simpático a Mariátegui –, ele ressalta que o peruano, ao contrário de um "nacionalista" como Valcárcel, não pregava o retorno ao Império Inca em suas "formas primitivas", nem a "destruição do novo trazido da Europa", mas um socialismo construído sobre "nova base", no qual estaria incluída a moderna "técnica europeia".[137]

O crítico denunciará também o que considera a "deterioração" das comunidades indígenas, o que em nada desqualifica a tese de Mariátegui de que os agora camponeses, descendentes dos incas, são *imensa maioria* no Peru e portanto protagonistas do destino nacional; ou ainda que eles, isolados nas montanhas, mantiveram *tradições comunitárias solidárias* – mesmo que um tanto degeneradas pela contaminação do regime colonial – e que assim, esse campesinato era peça chave para a revolução do país. Finalmente, Miroshevski admite que os "resquícios do regime

---

137 V. M. Miroshevski, "El Populismo en el Perú – papel de Mariátegui en la historia del pensamiento social latinoamericano", em Mariátegui y los orígenes del marxismo latino-americano, p. 62-65.

comunal" poderiam em certo sentido facilitar a política de coletivização agrária, após a revolução, mas afirma contudo que Mariátegui não considerava a hegemonia do proletariado como necessária para a reestruturação socialista. Neste tocante, o russo parece desconhecer posições-chave do marxista peruano, como é o caso do próprio "Programa do Partido", no qual se lê: "O Partido Socialista do Peru é a *vanguarda do proletariado*, a *força política* que assume a tarefa de sua *orientação* e *direção* na luta pela realização de seus ideais de classe".[138]

Em defesa de Mariátegui sairá Arroyo Posadas, comunista peruano, seu camarada e correspondente – militante responsável por intensa atividade propagandística junto a comunidades indígenas. No artigo "*A propósito de 'El Populismo en el Perú'*", responde ao conselheiro, demonstrando que ao contrário dos populistas russos, a quem Miroshevski queria vincular as ideias mariateguianas, este *jamais* vira o capitalismo no Peru como "um fenômeno casual", nem pensara que o proletariado do país, por este motivo, estaria impedido de se desenvolver. Os populistas na Rússia idealizavam uma revolução *sem o proletariado*, onde a força principal seriam camponeses dirigidos por "heroicos" intelectuais. Mas Mariátegui, conforme Posadas, em "todos seus escritos, absolutamente todos", expressou-se claramente "em nome e representação do proletariado peruano, de sua ideologia de vanguarda, do marxismo".[139]

Por fim, embora não caiba aqui detalhar tal polêmica, vale mencionar que devido ao valor que Mariátegui dava a certas ideias de

---

138 "Programa do Partido Socialista Peruano", em Defesa do marxismo, p. 207 (grifos meus). Apesar de suas críticas iniciais, ao fim de seu artigo Miroshevski absolve Mariátegui, quem segundo ele, "ao final de sua vida", teria vencido "sua ideologia 'populista'", enveredando "pelo caminho da luta pela hegemonia do proletariado": obra cit., p. 70.

139 Arroyo Posadas, "A propósito de 'El Populismo en el Perú'", em *Mariátegui y los orígenes del marxismo latino-americano*, p. 94-95.

Sorel, alguns críticos tentaram dar a esse apreço uma exagerada feição político-ideológica – debate este que seria depois ultrapassado à luz da publicação de suas *Obras completas*, nas quais constam os textos em que o autor deixa clara sua filiação *central* ao leninismo.[140] Segundo a avaliação de Arroyo Posadas, Mariátegui teve realmente admiração pela obra do sindicalista-revolucionário francês, mas isto deve ser relativizado e contextualizado, por exemplo pela afirmação do pensador peruano de que a "nova situação" do pós-Guerra trouxera uma "nova ruptura" – e portanto "os termos do debate mudaram totalmente".[141]

De fato, em sua *"Mesage al Congreso Obrero"* (1917), Mariátegui afirma que o "espírito revolucionário não está agora representado por quem o representava antes da guerra". "Georges Sorel, antes de morrer, teve tempo de saudar a Revolução Russa, como a aurora de uma idade nova" – afirma o autor, destacando que "um de seus últimos escritos" foi sua *Defesa de Lenin*.[142] Como se pode notar nesse excerto, o peruano critica, mas também *absolve* Sorel, ao sugerir que, embora sua *representatividade revolucionária* estivesse como que *datada*, no entanto o francês – em tempo – aproximara-se do leninismo no pós-Guerra.

Sobre este debate, Robert Paris defende que não cabe tampouco tentar-se restituir as influências sofridas por um autor como Mariátegui segundo "filiações lineares"; e se há algo de Sorel nos escritos do peruano, não se trata de um *sorelismo* "elementar" ou "transparente", mas

---

140 Ver sobre o assunto, o debate entre César Levano ("Prólogo" a *Figuras y aspectos de la vida mundial*, de Mariátegui), Robert Paris (*"El marxismo de Mariátegui"*) e Alcalá-Galiano (*"El sorelismo de Mariátegui"*) – estes dois últimos, incluídos na seleção de artigos de Aricó, *Mariátegui y los orígenes del marxismo latinoamericano*.

141 Arroyo Posadas, obr. cit., p. 115.

142 *"Mesage al Congreso Obrero"*, em *Ideología y política*, p. 66.

sim de certos conceitos que com "astúcia", no contexto mariateguiano adquiriram "realidade própria".[143]

Este é também o viés da argumentação de Michael Löwy, quem observa que Mariátegui "inventou" o *Sorel* de que precisava, com o intuito especialmente de enfrentar a "mesquinhez positivista" que afetava o marxismo, apropriando-se de suas críticas implacáveis das "ilusões" do *progresso*, assim como de sua interpretação "heroica" do *mito revolucionário* – ideias coincidentes com a visão mariateguiana romântico-revolucionária.[144]

Vê-se isso nas palavras do próprio Mariátegui:

> Superando as bases racionalistas e positivistas do socialismo de sua época, Sorel encontra em Bergson e nos pragmatistas ideias que revigoram o pensamento socialista, restituindo-o à missão revolucionária da qual o aburguesamento intelectual e espiritual dos partidos e de seus parlamentares, que se satisfaziam no campo filosófico com o historicismo mais raso e o evolucionismo mais assustado, o havia gradualmente afastado.[145]

Assim, apesar de seu apreço por Sorel, percebe-se que o sindicalista foi-lhe apenas uma "referência teórica", pois *sorelismo* e *bolchevismo* lhe pareciam próximos no que toca ao *espírito revolucionário* e ao rechaço do reformismo parlamentar. No campo da *prática política*, porém,

---

143 R. Paris, "Un 'sorelismo' ambiguo", em *Mariátegui y los orígenes del marxismo latinoamericano*, p. 156-157.
144 M. Löwy, *El marxismo romántico de Mariátegui*, p. 5.
145 *Defesa do marxismo* [1928-1929], p. 30.

o Amauta viu o bolchevismo como *modelo* – aquele que aportava uma vital "energia romântica" à luta dos trabalhadores.[146]

---

146 M. Löwy, *idem*, p. 6.

Capítulo 3

O marxismo autêntico de Caio Prado e Mariátegui método dialético e práxis revolucionária

As concepções marxistas de Caio Prado e Mariátegui convergem em diversos aspectos, tanto nos campos da historiografia e práxis política, como na teorização filosófica dialético-totalizante que daí derivaria.

Seu marxismo desponta em meados da primeira metade do século XX, em um contexto no qual o desenvolvimento do pensamento de Marx e Engels sofre abalo resultante de movimentos antidialéticos. É o caso do *reformismo* social-democrata de base positivista, predominante na II Internacional (fundada em 1889 e com significativa influência até a I Guerra), com seu viés parlamentar pacifista; e do *mecanicismo* da III Internacional (que existiu de 1919 a 1943), organização que após a morte de Lenin paulatinamente se enrijeceria, passando a defender supostos padrões fixos presentes em toda evolução histórica.[1]

Ambas as correntes, como apresentado, foram marcadas pela compreensão simplista do marxismo enquanto teoria *social-evolucionista*, tendo na Europa o epicentro irradiador de seu modelo dogmático e a-histórico. Além do evolucionismo, dentre as doutrinas que se desviaram do marxismo, merece destaque por sua difusão o *economicismo* – dominante por entre social-democratas, mas que afetou também outras

---

1 José Paulo Netto, "Introdução ao método da teoria social", p. 2-3.

correntes –, ideia que exaltava a economia como único *fator* que sempre predomina e determina os demais fatores sociopolíticos e culturais.[2]

Diante de tais equívocos, é interessante observar as advertências que em 1890 já havia feito o próprio Engels, ao recusar qualquer reducionismo ou dogma, afirmando que a "concepção materialista da história" é antes de tudo um "guia para o estudo"; ou nas palavras de Lenin, mais tarde: o marxismo não é um "dogma morto", mas um "guia vivo para a ação". Por outro lado, diz Engels, se em "última instância" o "fato econômico" determina a história, ele não é o "único fato determinante" – a "situação econômica é a base", mas os "diferentes fatores da superestrutura" que se ergue sobre ela (como as formas política, jurídica, religiosa), exercem sua influência e em muitos dos casos são o "fator predominante".[3] Daí a importância de que um marxista se situe (como percebeu Rosa Luxemburgo e depois Lukács) do "ponto de vista da totalidade", concebendo na *dominação* do todo sobre as partes, a "essência" do método de Marx; *totalidade,* que mais além de sua perspectiva metodológica, antes de tudo implica na reivindicação do *princípio revolucionário* do marxismo – em seu caráter de *filosofia da práxis*.[4]

Mariátegui e Caio Prado, compreendendo o marxismo como teoria que tenciona apreender o movimento da realidade em sua totalidade concreta segundo um processo engendrado por contradições *objetivas,* mas também pela ação humana *subjetiva,* recusarão quaisquer

---

2   Daniel Campione, "Antonio *Gramsci: orientaciones* introductorias para su estudio", p. 11.
3   F. Engels, "Carta a Schmidt" (5 ago. 1890), e "Carta a Bloch" (21-22 set. 1980), em Marx e Engels, *Obras escolhidas*, vol.III, p283-284. Lenin, *Marxisme,* excerto selecionado por Werneck Sodré, em sua antologia *Fundamentos do materialismo dialético*, p. 72.
4   M. Löwy, *Método dialético e teoria política*, p. 99 (mencionando análise de Lukács sobre ideia de Rosa).

simplismos, travando polêmicas com mecanicistas e buscando ampliar, cada qual a seu modo, o alcance da metodologia dialética, em suas interpretações autênticas da sociedade – abrindo assim o pensamento marxista às contribuições de variados campos do conhecimento.

De seu posto periférico, ambos desde cedo se desprendem de estruturas analíticas rígidas, refutando *regras* e *manuais*, e se utilizando do método materialista-histórico para elaborar leituras próprias de suas nações excêntricas – sem deixarem de percebê-las inseridas em um contexto mundial. O resultado seriam inovadoras análises não-clássicas sobre a *questão nacional*, com a elaboração de conceitos universais que enriqueceriam a filosofia marxista – à maneira do que fizeram Lenin para a Rússia, Gramsci para a Itália, Mao Tsé-Tung para a China ou Ho Chi Minh para o Vietnã.

Sob o ângulo da práxis política, vale notar que eles não se refugiaram em debates teóricos, tal qual a tradição do chamado *marxismo ocidental*. Sua empenhada e ética militância foram naturalmente alvos de perseguição, censura, difamação; mas isto não esmoreceu sua atuação veemente por uma nova sociedade, um novo Homem – o que acreditavam necessário e possível. Tal engajamento os acompanharia durante todas suas vidas, em que desempenharam tarefas intelectuais, políticas, educativas, jornalísticas, editoriais – subversivas.

No intuito de contrastar de modo amplo o pensamento dos autores, além de se expor as proximidades de suas perspectivas historiográficas e políticas (contextualizando suas dissonâncias), investiga-se também as principais *implicações* teórico-metodológicas de suas interpretações *nacionais* – iniciativas que rompem com o eurocentrismo vigente. De fato, conforme sugere Leandro Konder, uma cuidadosa análise materialista da história traz à tona *implicações teóricas* ao método marxista, capazes de suscitar estudos metodológicos "surpreendentemente enriquecedores".[5]

Abre-se assim caminho para, ao final deste trabalho, apresentar-se traços das argumentações dos dois pensadores latino-americanos acerca da *dialética* e *práxis* – presentes em sua crítica teórica ao dogmatismo e revisionismo marxistas –, bem como para se verificar certos *limites* de seu rompimento com o pensamento eurocêntrico.

Dialética versus dogmatismo – uma investida antieurocêntrica

Autores de destacada importância para a interpretação de suas realidades nacionais, Mariátegui e Caio Prado aportaram também conceitos originais para o marxismo de um modo *universal* – em um período que o *pensamento contemporâneo* apenas despontava na América. Apesar da atualidade e afinidade de visão de mundo de ambos, não há ainda suficientes trabalhos que cotejem sua obra como seria merecido.[6]

---

5   Em "A façanha de uma estreia", obra cit., p. 139. Konder sugere tais *implicações* em relação à interpretação historiográfica de Caio Prado; aqui se abrange esta investigação também às análises não menos depuradas de Mariátegui.

6   Dentre os trabalhos que cotejaram a obra de Caio Prado e Mariátegui segundo um viés político-historiográfico, o mais completo é a abordagem da dissertação de André Kaysel Velasco e Cruz (FFLCH-USP/ 2010), Dois encontros entre o marxismo e a América Latina (quem elaborou ainda artigos sobre o assunto). Também Mariela Natalia Becher dedicou ao mesmo tema significativa parte de sua tese (ESS-UFRJ/ 2011) Sueños (des)comunales en tiempos de descomposición social – Mariátegui y Caio Prado Jr., fuente del marxismo latino-americano (além de artigos). Bernardo Ricúpero, realizou uma aproximação entre ambos em um dos capítulos do livro Caio Prado Jr. e a nacionalização do marxismo no Brasil (2000), intitulado "Existe um pensamento marxista latino-americano?". Vale ainda mencionar o esforço nesse sentido do artigo de Diogo Costa, e Márcia Clemente, "Mariátegui e o Brasil: o socialismo indo--americano e os dilemas do marxismo na periferia" (em ANPOCS, 2012). Além desses escritos, análises comparativas entre o marxismo dos autores se

Ainda que já começada uma análise comparativa de cunho historiográfico e político, persiste uma lacuna no que tange ao âmbito filosófico de suas teorizações – tanto *metodológico*, como *ontológico*. E contudo, é característica central da obra caiopradiana e mariateguiana não só o uso profícuo da dialética, como a valorização da *práxis* – que os levaria a unir sua interpretação da realidade latino-americana, a debates na seara filosófica com fins revolucionários.

Transparece na obra dos pensadores a compreensão de que tanto o *método dialético* como a *práxis* são *princípios normativos gerais* da filosofia marxista, a partir dos quais se deve buscar em cada realidade as *especificidades* do conhecimento e da ação. O conhecimento, embora não tenha conceitos fixos nem definitivos, refina-se dialeticamente no decorrer da história, amparando o método de modo *universal* ao fornecer elementos que sirvam para orientar a construção de novos conceitos – cujos fins são a transformação social, e portanto dos próprios saberes.

Florestan Fernandes foi um dos primeiros a ressaltar proximidades na compreensão do pensamento de ambos – ao lado de quem ele situa o argentino Sérgio Bagú, com seus estudos sobre a sociedade colonial. Segundo ele, a *investigação científica* "engajada" que eles inauguram na América daria origem a conceitos fundamentais acerca de nossos países, nações que carregam em comum o opróbrio de não terem rompido "por completo" com as "formas coloniais de exploração" – ten-

---

fizeram presentes em eventos como: V Congresso de História Econômica da USP (2012) – "Formação do pensamento latino-americano – Caio Prado e Mariátegui", Yuri Martins Fontes (comunicação); Seminario Caio Prado Júnior y José Carlos Mariátegui: dos visiones del socialismo latinoamericano, da Universidad Nacional Mayor de San Marcos (Lima, 2010), organizado pelos professores e militantes Milton Pinheiro e Sofia Manzano; e Colóquio internacional Marx e o marxismo (UFF-RJ/ 2013) – "Marxismo e revolução na América Latina" (mesa coordenada por Bernardo Soares).

do na "interrupção" de suas revoluções, que se restringem a um caráter "meramente político", um "fenômeno repetitivo". Ele vê assim os autores latino-americanos como "grandes pioneiros" dos importantes "descobrimentos" que despontariam em meados do século no continente – cujos resultados "francamente convergentes" com suas ideias originais, viriam a reforçar a justeza de sua "linha de trabalho intelectual".[7]

Mais recentemente, outro notável marxista, Carlos Nelson Coutinho ampliaria a importância dessa tangência entre os pensadores, percebendo que os dois, ao constatarem na *prática* as revoluções de seus países como *tolhidas* – e portanto suas nações como *incompletas* –, desenvolvem inovadores e similares conceitos *teóricos* para explicar a evolução periférica capitalista, o que ratificaria a correção de outras concepções próximas.[8] Ambos, com efeito, ao analisar sua *questão nacional*, percebem processos peculiares cujas características se assemelham a abordagens não-clássicas, como as de Lenin e Gramsci – tema que será aqui desenvolvido.

Tais interpretações concorrem portanto ao desenvolvimento teórico do método marxista em um aspecto chave: a melhor compreensão de processos revolucionários que destoam do modelo *clássico* – mas que se mostraram bastante presentes na periferia do capitalismo. São contribuições que servem pois, não só à interpretação de sociedades americanas em si, como à metodologia dialética de modo universal.

---

7   Florestan Fernandes, *Poder e contrapoder na América Latina* (1981), p. 72-76.
8   Carlos N. Coutinho: "Uma via 'não-clássica' para o capitalismo", em *História e ideal* (1989); e *"La filosofía de la praxis en Brasil"*, em *La Haine* (2012).

Método dialético marxista: a busca da totalidade

Focalizando as respectivas evoluções históricas de suas nações, Caio Prado e Mariátegui percorrem uma *longa duração*, promovendo vasta investigação da história desde os primórdios da colonização, até atingir a perspectiva contemporânea, em um esforço que distingue e contextualiza a sociedade brasileira e peruana no plano internacional em que estão inseridas. Sua busca por um conhecimento *totalizante* da realidade efetiva-se na *composição*, mediante variados prismas científico-interpretativos, da *totalidade* da vida humana. Postam-se assim em oposição à tendência positivista que se acorrenta aos antros de suas especializações, fragmentando a ciência, desumanizando-a em nome de uma suposta *precisão* analítica que a afasta de sua própria razão de ser: o Homem. Ao unirem e relacionarem a compreensão econômica de suas sociedades a aspectos políticos, sociais, culturais e mesmo psicológicos, ambos almejam perfazer o que Florestan chamaria de "totalidade vista dialeticamente" – descartando assim o *economicismo*, cuja tendência *idealista* e *passiva* ignora a complexidade humana e seu potencial transformador.[9]

A tendência do marxismo em analisar horizontes panorâmicos, segundo uma perspectiva *interdisciplinar* no tratamento da complexa realidade humana, mais tarde seria também defendida pela ciência historiográfica braudeliana – que enxerga a história como "dialética da duração", como "explicação do social" em "toda a sua realidade" e portanto também do que é "atual". Conforme o próprio Braudel, a "genialidade de Marx" – o "segredo de seu prolongado poder" – provem de ter sido ele o "primeiro" em construir "modelos sociais" a partir da "longa duração histórica".[10]

---

9   Florestan Fernandes, *Poder e contrapoder na América Latina* [1981], p. 117.
10 Fernand Braudel, *La historia y las ciencias sociales* [1968], p. 82 e 103. Segundo Ciro Flamarion, o grupo dos *Annales*, embora refratário em grande medida a

No entanto, antes desse debate ganhar proeminência na historiografia, os pensadores latino-americanos já haviam trazido à luz ricos trabalhos que ultrapassavam a simplificada compreensão de *fatos* e *conjunturas*, alcançando conceituar *estruturas* – segundo as quais suas nações durante *longo período* se consolidaram e adquiriram suas principais feições.

Conforme a *orientação* acerca do método, exposta por Marx em sua "Introdução à *Crítica da economia política*", deve-se investigar inicialmente as abstrações mais simples, para daí se alçar às mais complexas determinações – ou *traços* dos elementos constitutivos da realidade. Por meio do pensamento, pode-se reproduzir o concreto – atingindo-se a compreensão da sociedade enquanto "rica totalidade de determinações". É na "unidade do diverso" que se *reencontra* o *concreto* – donde *efetivamente* parte qualquer entendimento, e que é a síntese das muitas determinações. Sendo a realidade objetiva *complexa* e *caótica*, através do processo de *análise*, há que se decompô-la em relações as mais simples, buscando o elemento mais básico que compõe o *todo social concreto*; é o que Marx faria n'*O Capital*, dentre outros textos, ao esmiuçar as relações de produção. As condições de *vida material* são a estrutura na qual a consciência habita e pela qual está condicionada – é pois a *abstração* mais básica. Ao se compreender a *infraestrutura*, pode-se dirigir então às categorias mais complexas (classes sociais, população), até se encontrar a requerida *totalização*. Este *todo*, porém, já não é mais caótico, mas agora cuidadosamente detalhado segundo o máximo de ângulos possíveis

---

discussões político-filosóficas e não dispondo de uma "teoria da mudança social", alinhou-se paradigmaticamente com a concepção histórica do marxismo – em especial aqueles que consideraram o fator econômico como determinante em *última instância* –, ainda que esse alinhamento tivesse certa discrição ("História e paradigmas rivais", em *Domínios da história*, p. 9-10).

– em um amplo conhecimento que capta diversas de suas determinações e inter-relações conflitantes.[11]

Note-se que as abstrações simples, quando isoladas do *todo real* que as inter-relaciona, perdem sua significação concreta. Daí a necessidade de se efetuar em seguida esse percurso inverso, a *síntese*, movimento segundo o qual *ordenadamente* se recompõe, em uma totalidade de *relações* permeadas de *contradições*, as diversas conexões entre aqueles elementos fragmentados – vários deles a se negarem mutuamente. Pode-se portanto *confrontar* a teoria com a realidade. Em seu retorno ao concreto, as abstrações mais simples vão sendo complementadas com "relações" (que realmente possuem) – de modo a reproduzirem a *multiplicidade social*. Assim, no processo de síntese, mediante a oposição de polos que se negam entre si, evidenciam-se as contradições do real – *relações dialéticas* que por sua vez indicam os *sentidos* de sua potencial *transformação*. É certo porém, que no processo investigativo e na ação do Homem, a própria sociedade se modifica, de modo que não é possível um conhecimento realmente *objetivo* – mas apenas um processo de apreensão que se vá aproximando da realidade objetiva. A totalidade que busca o marxista não é portanto algo definitivo, mas *processual*: conhecimento em movimento.[12]

Seguindo pois esta metodologia materialista e dialética, Mariátegui e Caio Prado interpretarão suas estruturas econômicas – fator determinante em *última instância* –, antes de passarem a análises

---

11 Karl Marx, "Introdução à Crítica da economia política" [1857-1858], em Manuscritos econômico-filosóficos e outros escritos (1974), p. 122-123.
12 Conforme José Paulo Netto, "Introdução ao método da teoria social", p. 16; e Caio Prado, *Dialética do conhecimento*, p. 693 e seguintes. Já Mariátegui afirma que ao lado do movimento da *história*, há aquela da *teoria* – e que portanto o *método* deve ter algo de "cinematográfico": em seu "Prefácio" a La escena contemporánea, p. 10.

de instituições sociopolíticas e cultura. Como marxistas, recusam *monocausalidades* – como a crença no predomínio *absoluto* da economia; sua perspectiva é abranger teoricamente o *todo social*, para agir sobre ele na prática.[13] Iniciam por recortar o objeto a ser analisado, buscando em um primeiro *movimento* passar da *aparência* para a *essência*, para depois, da essência mirarem o concreto. *Discretizam* a realidade para melhor compreendê-la, mas sem perder a conexão entre as *frações* e o *conjunto*. Em sua obra, estes dois *movimentos* – análise e síntese – podem ser claramente notados. Se a fragmentação de sua *análise* serve para simplificar o entendimento, de outro lado vê-se *interpenetrarem-se* os diversos segmentos de estudo – economia (voltada ao exterior), constituição das classes sociais (ausência de *burguesia nacional*), cultura (colonizada, submissa), revolução (interrompida). Deste modo, eles mantêm sempre a conexão entre as *partes* e a *unidade*. A *unidade* é o *movimento conjunto* mediante o qual se quer explicar o real conflitivo, o que para os autores *sintetiza-se* em uma ideia convergente: a obstruída emancipação de suas nações, a necessidade premente de se completar as revoluções nacionais – de se *realizar a nação*.[14]

---

13 Weber faz essa acusação de "monocausalista" à "concepção materialista da história", crítica equivocada se dirigida ao marxismo, pois Marx jamais recorreu a *monocausalidades* – o que um de seus melhores estudiosos, Lukács reforça, afirmando que o marxismo é o "ponto de vista da totalidade", e não a predominância das causas econômicas, e é justamente isto que distingue de "forma decisiva" o pensamento marxista do burguês. Ver José Paulo Netto, "Introdução ao método da teoria social", p. 3.

14 Estende-se aqui a Mariátegui a noção de Fernando Novais – em "Caio Prado Jr. historiador", *Novos Estudos* (1983), p. 68-69 – em que afirma que a "segmentação" do real em Caio Prado visa apenas "facilitar" sua exposição, recusando qualquer *economicismo* ao guardar sempre "relação" com o "movimento conjunto"; o tema será detalhado adiante.

E será através da dinâmica viva dos ensaios que ambos elaborarão a síntese da longa evolução histórica de suas nações. Grande parte de sua atenção, após a análise da evolução econômica, será dedicada a compreender as superestruturas atrasadas – produto daquela infraestrutura voltada ao exterior e internamente incipiente. Diante disto colocarão a resolução da *questão agrária* como base para a elevação cultural e política nacional – compreensão que lhes serviria, enquanto pensadores da práxis, para orientar e alicerçar suas propostas políticas.

No refinamento de sua análise historiográfica, contribuem à metodologia, orientando com suas perspectivas – hoje reconhecidamente bem-sucedidas – as novas interpretações sociais que se fazem necessárias na contemporaneidade.

De fato, o *método* de Marx é inseparável de sua aplicação.[15] Não se trata de um conjunto de regras, mas de uma *sugestão* de perspectiva científica, de *percurso*. Na dinâmica da sociedade do capital, como de qualquer sociedade, emergem sempre novos fenômenos, apontando a novas *relações* que antes de serem históricas, não poderiam ser problematizadas. E a cada correta interpretação materialista dialética, o *método* se faz mais robusto como *caminho* – a revelar a *forma* que emerge de cada *conteúdo* específico –, o que possibilita os novos tratamentos necessários.[16]

Sentidos evolutivos de Brasil e Peru

Em *Evolução Política do Brasil* e *Formação do Brasil Contemporâneo*, Caio Prado concebe o modo-de-produção do Brasil colônia como um tipo de *escravismo*, ressaltando contudo que a realidade nacional, subsumi-

---

15 José Paulo Netto, "Introdução ao método da teoria social", p. 16.
16 A palavra "método" tem sua origem no grego: *"meta-odon"* – "caminho para algo".

da e subjugada pela economia mercantil internacional, já estava no começo do século plenamente inserida no sistema global capitalista. Já Mariátegui, em *Sete ensaios de interpretação da realidade peruana*, entende que em seu país coexistiram nos Andes – e ainda coexistem em seu tempo – o socialismo agrário de remanescentes comunidades incas e o feudalismo dos latifúndios; e que somente na costa da *fraturada* nação peruana, o capitalismo havia podido se firmar, sempre *voltado* ao oceano e exportações.

Apesar dessas diferenças nas relações produtivas pré-capitalistas, observe-se que o pensador peruano, como o brasileiro, ressalta o fato de que a economia de seu país também foi e é submetida ao interesse estrangeiro. Ao analisar a agricultura de exportação nas fazendas costeiras do Peru, por exemplo, dirá que tal desenvolvimento aparece "subordinado de forma integral" à "colonização econômica" dos países da América Latina pelo "capitalismo ocidental". Caio Prado, por sua vez, afirma que o que se convencionou chamar "descobrimentos" foi um "capítulo da história do comércio europeu"; que a economia colonial foi organizada em torno da "produção de gêneros" que interessassem ao comércio da metrópole. Mariátegui, de modo similar observa que a base histórica da economia peruana foi a intenção dos colonizadores na "exploração do ouro e da prata"; e se a "Espanha nos queria e guardava como país produtor de metais preciosos", mais tarde a "Inglaterra nos preferiu como país produtor do guano e do salitre". Para os dois marxistas, a evolução de nossa economia se deu como parte da expansão capitalista europeia, sendo parte integrada e dependente do capitalismo imperialista. No Peru, como no Brasil, é a necessidade mercantil dos centros industriais capitalistas o que definiu – e *ainda define* – a estrutura de nossa produção econômica em geral, determinando tanto seus rumos, como ritmos e crises. "Foram estas as bases históricas da nossa economia peruana" – diz Mariátegui – da "economia colonial" cujo "*pro-*

cesso ainda não terminou": "nos vales da costa(...) *produz-se para o mercado mundial*, sem um controle que preveja o interesse dessa economia". Já Caio afirma que no seu "conjunto" – note-se que aqui ele expande sua ideia de *sentido histórico* do Brasil a grande parte da América – "a colonização dos trópicos toma o aspecto de uma vasta empresa comercial": e este é o "verdadeiro *sentido da colonização tropical*", que explica a "evolução histórica dos trópicos americanos"; um "início, cujo caráter se manterá dominante através dos três séculos que *vão até o momento*" e que se "gravará" profundamente nas "feições" e na "vida" de seus povos – colônias que não foram constituídas para "formar nacionalidades, *para viver para si*, mas sim para os outros".[17]

Ambos tentam em suma compreender a nação a partir de uma ampla análise de seu *passado colonial* e das remanescências que se fazem ainda presentes – perscrutando nas contradições entre o arcaico e o moderno, as possibilidades de enfim *realizar* suas nações por inteiro. Como se vê, suas conclusões interpretativas em linhas gerais são idênticas: nossos povos *ainda* são dependentes e limitados por uma estrutura atrasada – atrelada e dominada pelo interesse econômico estrangeiro. Portanto, pode-se perceber que a formulação do que Caio Prado examina e nomeia "sentido da colonização", em essência é similar à que Mariátegui chamará de "caráter de economia colonial" – embora o pensador peruano não se expanda tanto nesta ideia, como o brasileiro.

Como visto, a ideia de "sentido" é uma chave interpretativa do marxismo de Caio Prado, a qual ele retorna constantemente – chegando mesmo mais tarde a estendê-la da historiografia a suas reflexões filosóficas. Conforme Fernando Novais, o *sentido* histórico caiopradiano é *ca-*

---

17 C. Prado: *Formação*, p. 11-13 e 19-20; e "Zonas tropicais da América", obra cit., p. 109. Mariátegui ("O problema da terra" e "Esquema da evolução econômica"), em *Sete ensaios*, p. 90, 35-36, 39 e 106-107. Grifos meus.

tegoria central utilizada para efetuar um "travejamento dialético", ou seja, uma ideia que explica cada segmento de sua análise, e que por sua vez é ratificada por cada recorte desta realidade que explica, de modo que o *sentido*, ou "essência do fenômeno", explica as suas manifestações e é por elas explicado, "enriquecendo" e "comprovando" a categoria fundamental. Isto pode ser notado quando os diversos segmentos de análise compõem-se segundo uma *unidade de entendimento total* – desde o povoamento e a estruturação de uma economia dirigida ao estrangeiro, à formação de uma classe dominante *submissa* que promove uma revolução sem protagonismo popular –, um *sentido* que se amarra à ainda presente incompletude da nação, à persistência de um movimento cuja orientação não corresponde aos anseios emancipatórios nacionais e urge ser corrigido.[18]

Também em Mariátegui o *sentido* ou *caráter colonial* segundo o qual o Peru se forma é uma conclusão lógica que conforma uma *unidade explicativa total* – constituindo característica ainda *atual* e *predominante* na sociedade peruana. Este conceito, embora não tão aprofundado pelo autor, permeia suas análises tanto econômicas, como dos diversos segmentos por ele estudados, fazendo-se pois presente em suas propostas de práxis revolucionária – à semelhança do que ocorre em Caio Prado. Tal *caráter* percorre sua obra, desde seu "esquema da evolução econômica", até o persistente "problema da terra", alcançando suas explicações psicoculturais, como ao notar o *espírito colonizado* ou "abastardado" da burguesia de seu país, que não realizou sua "afirmação da autonomia" – similar a Caio Prado quando este declara a miséria *político-cultural* e *psicológica* das elites brasileiras. Porém, talvez esse tema seja daqueles que sua curta vida tenha interrompido o desenvolvimento – como tan-

---

18 F. Novais, "Caio Prado Jr. historiador", obra cit., p. 68. A questão da burguesia submissa será tratada a seguir.

tos ensaios que o autor afirma que são *esquemas* que quisera transformar em *livros autônomos*.[19]

Por outro lado, também uma diferença de *realidade social* explica o fato deste conceito de *caráter colonial* – evolução nacional voltada para fora – não ter em Mariátegui a mesma centralidade que tem o *sentido da colonização* na obra caiopradiana: a economia peruana, que (como sua elite) está voltada ao exterior, é aquela da *costa*, próxima ao centralismo de Lima e ao Pacífico. No entanto, uma grande e significativa parcela da população do país são indígenas que vivem no *isolamento* interior dos Andes, tendo como visto, mantido certas tradições vitais, *apesar* do invasor europeu. Assim, pode-se dizer que Mariátegui vê no caso peruano dois *sentidos*, dois *traços gerais* que explicam e propõem soluções ao problema de um Peru nitidamente *fragmentado* – país que deve ser unificado e ter sua evolução reorientada segundo um único *sentido emancipatório*.

O primeiro *traço geral* é aquele predominante, o qual como mostrado denota o sentido externo da evolução da nação peruana como um todo: é o *caráter colonial*, gerido pela costa, região mais desenvolvida tecnologicamente, cuja situação da produção *colonizada* voltada ao mercado exterior é semelhante ao caso brasileiro. Contudo, no caso do Peru, há um segundo *sentido* que explica sua formação nacional, um *sentido* menos ativo do que latente, um *traço* de menor peso político ou macroeconômico, mas com grande importância cultural e socioeconômica regional na composição da sociedade camponesa. Refere-se aqui à questão indígena dos Andes, à sociedade composta por descendentes dos incas

---

19 Mariátegui trata do tema, por exemplo, nos ensaios "Esquema da evolução econômica", "O problema da terra", e "O processo da literatura" (citações à p. 314), todos textos dos *Sete ensaios*. Sobre seu desejo de desenvolver cada qual de seus ensaios, ver "Advertência", *Sete ensaios*, p. 32.

que subsiste nesta região *isolada* na qual o colonizador e o mercantilismo europeu não conseguiram fincar *firmemente* suas raízes *individualistas* – de forma que os camponeses originários lograram manter grande parte de suas tradições. Dessa maneira, a realidade andina não é apenas (parafraseando-se Caio) um *incidente secundário* a ser *desbastado*, mas uma real segunda "linha mestra" que explica boa parcela da realidade do país; trata-se de uma região que não se integrou senão parcialmente naquele *sentido* primeiro litorâneo.

Eis aí o *outro traço essencial* que explica esta fraturada nação: a permanência de relações pré-capitalistas nas terras dos Andes, à revelia do capitalismo costeiro. Essa questão andina inclui tanto as comunidades quéchuas autônomas, que resistem com sua produção coletiva comunitária (remanescência do *socialismo agrário* inca), como os latifúndios de *características feudais* – cuja baixa produtividade e estagnação social não permitiram sua plena integração à economia da costa, hegemonicamente capitalista (ainda que tenham por objetivo fornecer insumos ao comércio nacional e internacional). Embora o território cultivado indígena seja significativamente menor que aquele dominado pelos latifundiários, é justamente na organização tradicional destas comunidades (que se mantiveram autônomas) que Mariátegui vislumbra a forma de superar este *sentido andino* marcado pela estagnação – ou a *falta de sentido* que a invasão europeia legou à sociedade da região.[20] Tais comunidades resistiram em grande medida às tentativas de imposição de valores da civilização ocidental; embora desgastadas, subjugadas e alijadas de suas terras mais férteis, elas persistem em suas tradições –

---

20 Conforme os estudos sociológicos do indigenista Castro Pozo (em que Mariátegui se apoia), tomando por base a produção de trigo, o território cultivado indígena é da ordem de um quinto daquele dominado pelos latifundiários (Castro Pozo, *Nuestra comunidad indígena*, p. 10).

lenta e difusamente voltadas a si mesmas, segundo a esperança de seu ressurgimento e emancipação. A solução portanto é impulsioná-las para que se reergam, enfrentando-se os latifúndios – redistribuindo terras às comunas camponesas. Mariátegui nota que mesmo com o uso de insumos modernos, os *invasores* dos Andes não conseguiram superar sequer em produtividade tais comunidades; além disso, ainda degeneraram sua organização, quitando o gosto do índio pelo trabalho – pois na tradição do cooperativismo inca, com a *ausência de propriedade privada*, desempenhava-se "amorosamente" ofícios e deveres. Outro ponto *cientificamente* significativo para Mariátegui é que sob o regime colonial se desfez o "estado de equilíbrio" incaico, sendo a população reduzida a cerca de um quinto do que era quando da chegada dos europeus – o que para o autor denota a falência da tentativa de implantação do modelo *individualista ocidental* por entre este povo de cultura solidária.[21]

Nos Andes portanto, o problema fundamental não é a orientação *externa* de sua produção (em grande parcela apenas de subsistência) e seu comércio (de pequena escala), mas antes um problema social ligado à posse da terra e à desagregação das comunidades indígenas. Para Mariátegui, a solução está pois em unir ambos os *sentidos* da evolução peruana, segundo uma única orientação revolucionária – o que passa agora pela incorporação da massa indígena em um projeto de realização nacional, mediante a politização do índio e a eliminação dos latifúndios,

---

21 *Sete ensaios*, p. 155-156, 91-99. Estes assuntos já foram tratados, valendo apenas recordar-se que: embora alguns críticos argumentem que havia nos Andes uma escravidão generalizada, esta visão – diz Mariátegui – é anacrônica, tendo sentido apenas sob uma perspectiva eurocêntrica que entende a liberdade de modo individualista; entre os incas, tudo pertencia a todos, de modo que se tal modelo foi despótico, tal hierarquia teve em seu tempo uma função "libertadora"; e que entre povos antigos o desenvolvimento demográfico era sinal de vitalidade.

de modo a promover o reerguimento destas comunidades, com suas práticas produtivas de feições *naturalmente* socialistas.

Em síntese, no caso brasileiro, o "sentido da colonização" é destacadamente o *traço principal* evolutivo, ideia cuja centralidade levaria Caio Prado mais tarde a expandi-la, ao desenvolver e generalizar a categoria de "sentido" – de modo que para além da historiografia, será também concebida como categoria ontológica em seus estudos mais estritos de filosofia, quando falará do *sentido* ou *papel orientador* do conhecimento na *ação* e *existência humana*.[22] Essa será então uma de suas principais e mais originais contribuições ao marxismo – científica e filosoficamente.

Já em Mariátegui, o *caráter colonial*, embora seja *traço principal*, não explica a totalidade da realidade de um Peru fragmentado – ainda que se coloque como uma das principais ferramentas de interpretação. Assim, a partir dessa constatação, ao lançar-se à reflexão sobre o comunismo agrário inca – o *outro sentido* determinante do *outro Peru* –, o pensador peruano desenvolverá uma também original ideia que despontaria como um de seus maiores aportes teóricos ao marxismo: o de "romantismo socialista", concepção dialética que confronta os aspectos *românticos* e *realistas* do socialismo, caminho pelo qual enveredará na investigação de motivações instintivas e psicológicas presentes no processo revolucionário.[23]

Entende-se aqui que essas categorias – *sentido* e *romantismo socialista* – revelam-se como fundamentais para se pensar o marxismo, sendo válidas portanto não apenas para as realidades da América, mas para a sociedade contemporânea como um todo. Ambas têm caráter *universal*, o que dentre outros aportes situa os dois historiadores e revolucionários também no panteão filosófico contemporâneo.

---

22 Conforme ideia central de *O que é filosofia* (tema que será desenvolvido adiante).
23 Ver por exemplo *Sete ensaios*, p. 296-298, dentre outros textos (assunto também tratado mais a frente).

Finalmente, não obstante as apresentadas diferenças no tocante ao *sentido evolutivo nacional* na obra dos dois autores, vale lembrar que na essência, o diagnóstico a que ambos chegaram é o mesmo: a formação de suas nações não se completou. Cabe portanto *fazer-se* o Brasil e o Peru.

Amplitude de aportes científicos: novos prismas

No âmbito da questão metodológica, é interessante notar também o esforço dos pensadores na ampliação da interpretação dialética, ao terem não apenas analisado suas realidades nacionais segundo um expandido *período*, como também enriquecido esta investigação através de variadas *perspectivas* do conhecimento, de maneira a vislumbrar com mais nitidez sua totalidade social concreta – em contraposição à fragmentação científica, que ao discretizar a sociedade em *campos*, perde a noção do *todo* e consequentemente do próprio significado propriamente humano do saber.

Ambos se encontram entre os primeiros marxistas a se aprofundarem em uma análise de teor geográfico (população, agricultura, morfologia, clima, etc), considerando a perspectiva da geografia como elemento prioritário para a compreensão histórico-econômica – algo que Marx já sugerira, embora sem se expandir sobre o tema.[24] Caio Prado estuda atividades como a agricultura de subsistência, grande lavoura, extrativismo, povoamento, morfologia urbana, vias de comunicação – atento às diferenças geográficas na evolução das diversas regiões brasileiras.[25] Já Mariátegui, por exemplo, explica parcialmente através da

---

24 Conforme as ponderações de Marx, em *O Capital* (livro I, cap. V e XIII): vol.I, p. 142 e seguintes, e vol.II, p. 99.

25 Além de vários capítulos de *Formação*, ver também: "O fator geográfico na formação e desenvolvimento da Cidade de São Paulo", em *Evolução Política do Brasil* – dentre outros escritos.

morfologia andina o isolamento indígena que favoreceu a permanência de relações servis; ou ainda, mostra que o atraso peruano em comparação a outros povos americanos se dá pela "distância da Europa", visto que seus portos demandavam viagens imensas. Escreve também sobre as diferenças regionais da economia agrária peruana, o centralismo da capital, o despovoamento provocado pelo regime colonial, além de em diversos artigos ter examinado questões geopolíticas, em especial relativas ao imperialismo.[26]

Os dois pensadores ademais, ao se alçarem à investigação das determinações superestruturais e suas questões mais complexas, voltam-se a temas sociológicos até então pouco presentes na crítica marxista, como o problema educacional, étnico, de gênero, e mesmo nuances psicológicas: apoiando-se nas contribuições de novas ciências para entender a construção de *longa duração* das mentalidades conservadoras de seus países – ou o xucro meio político e cultural em que se conformaram suas elites *apátridas* – e o reflexo disso na miséria geral da população.

Caio Prado, por sua vez, declara em variados momentos a mediocridade das elites brasileiras (que ele bem pôde conhecer). Em *A Revolução Brasileira* falará de uma burguesia que "na maior parte dos casos" se caracteriza por ser "atrasada", "ineficiente": "amoldada e condicionada, inclusive *psicologicamente*, pelas circunstâncias peculiares em que exerce suas atividades" – fruto de um "meio e ambiente medíocres", "colônia tropical" até há pouco tempo "*isolada* dos centros propulsores da *moderna civilização e cultura*", burguesia "sem passado nem tradição". Referindo-se ao meio rural, ele frisa que esses "baixos padrões culturais" ainda são a norma por entre a "generalidade dos empresários", o que ao lado das "reduzidas aspirações", e do "baixo nível ideológico" e de "consciência de

---

26 Em seus *Sete ensaios*, (citação da p. 39); além de vários artigos.

classe" dos trabalhadores rurais, reflete-se na "insuficiência" da agropecuária. Interessa-se também pela questão étnica, dedicando ao tema das três *não-homogêneas etnias* conformadoras do povo brasileiro um capítulo de *Formação* (embora sem se aprofundar neste campo como o faz Mariátegui); afirma que nossos "problemas étnicos" são "muito complexos", analisando o caso da "insubmissão" dos "escravos baianos", não apenas como decorrente de sua objetiva condição "servil", mas também como derivada de "caracteres próprios" da cultura daquele específico povo africano. Quanto à sociedade colonial, no mesmo livro, percebe a função do "escravo" – "ou antes" (e ressalta o *gênero*) da "mulher escrava" muitas vezes reduzida a "instrumento de satisfação das necessidades sexuais de seus senhores", segundo um ato que se afasta da amplitude de "sentimentos" que compõem o "amor" em sua dimensão realmente "humana" (note-se aqui a problematização psicológica). Ou doutro ponto de vista, apoiado em Gilberto Freyre, diz que em certos "setores" da escravidão, como no caso da "ama negra", o "sentimentalismo" – "tão característico da índole brasileira" – é fator que "amolece o indivíduo" e que o "desampara" diante dos "embates da vida"; conclui que este é um dos motivos de "boa parte" da "deficiente educação brasileira".[27]

Para Mariátegui, como visto, a questão psicológica e étnica permeia seu marxismo, sendo central no tocante à ideia da esperança mítica transformadora – a fé na revolução enquanto novo *mito* que ergue um povo –, característica esta *intrinsecamente* revolucionária, que ele vê bastante presente na cultura indígena. Neste sentido, avalia o "problema do índio" (em *Sete ensaios*), suas práticas comunais solidárias, suas crenças e mesmo a tenacidade de suas comunidades, que resistiram ao extermí-

---

27   *A Revolução Brasileira*, p. 165-167 (grifos meus); *Formação do Brasil contemporâneo*, p. 81-82, p. 354-355.

nio provocado pelos europeus; notadamente se refere ao povo espanhol, cuja *economia* e *espírito* já em declínio, revelam-se na incapacidade desses *conquistadores*, ineptos para organizar a economia colonial. Mariátegui é também um precursor da reflexão sobre um projeto político marxista relativo à *questão de gênero*; no artigo "As reivindicações feministas", coloca o *feminismo* como ideia humana universal, "característica de uma civilização", "peculiar a uma época" na qual o "trabalho" modifica "radicalmente" a "mentalidade e o espírito femininos" – e a mulher se liberta das "funções de fêmea e mãe".[28] Quanto a aspectos socioculturais, ele observa, como Caio Prado, que no meio rural a elite peruana *também* se caracteriza pela *ignorância*, a ponto de mesmo com o uso de uma "técnica avançada de cultivo", seu instrumentalizado latifúndio estabelecido nas terras mais férteis, não superar a produtividade das comunidades indígenas. Nessa mesma linha, desde o âmbito *educacional* dirá que a burguesia peruana *lê pouco*, preferindo "medir seu progresso" futilmente por meio de "compras anuais de cimento, automóveis, sedas, etc", espelhada no colonizador; ou ainda que a "educação nacional" do Peru não tem um "espírito nacional" – mas se mantém na superficialidade do "espírito colonial e colonizador". À semelhança de Caio Prado, ele vê a oligarquia de seu país como *colonizada*: o "mestiço" hispano-peruano (*"criollo"*) é ainda um "espanhol abastardado", que não conseguiu se "emancipar espiritualmente" da metrópole, conservando sua "limitação e seu arcaísmo". Em relação ao ensino superior na América Latina, afirma que dado o mísero alcance da educação pública, as universidades foram "açambarcadas intelectual e materialmente" por uma "casta" dominante conservadora – "desprovida do impulso criador" –, que se assenta na burocracia, sem *aspirar*

---

28 "O problema do índio" e "O problema da terra", ambos em *Sete ensaios* (citação da p. 75); "As reivindicações feministas", em *Defesa do marxismo*, p. 201-203.

a qualquer "função mais alta de formação". Essa burocratização conduz de "modo fatal" ao "empobrecimento espiritual e científico" – consumando assim o "divórcio entre a obra universitária e a realidade nacional".[29] Nota-se aqui a proximidade do pensador peruano a certos aspectos do que ele chama "rico pensamento de Nietzsche", caso da importância dedicada ao "livre impulso interior", ou "empurrão triunfal" transformador – o que ele oporá a um "conceito determinista da realidade". Estas ideias relativas à *vontade*, característica subjetiva bastante valorizada em filosofias do Oriente, por sua vez têm proximidade com o saber indígena, inserindo-se portanto no projeto mariateguiano de introduzir dialeticamente os saberes "orientais" no âmbito do pensamento "ocidental" (cujo marxismo ele vê como o ápice).[30]

Vale ainda destacar – no sentido de suscitar reflexões sobre a presença de aspectos psíquico-culturais no marxismo de ambos – a proximidade entre *essa* citada avaliação de Caio Prado (quanto à falta de aspirações e sentimentalismo que acomoda e fragiliza o indivíduo a enfrentar a vida), com *esta* de Mariátegui (sobre um acomodado impulso criador que nada almeja e se assenta na burocracia, empobrecendo o espírito). Em essência, os autores novamente convergem, ao entenderem que uma condição cultural *empobrecida* promove de modo geral um *estado psíquico* de *impotência*, o qual carecendo de poder de compreensão de sua realidade, carece de confiança e energia para a

---

29 "El índice libro", em *Temas de educación*, p. 60 (sobre a escassa leitura); e demais citações de "O problema da terra", "O processo da literatura" e "O progresso da educação pública", todos contidos em *Sete ensaios*: p. 97-98; p. 314; p. 116, 136 e 139 (na respectiva ordem).

30 Ver "Advertência" e "O Processo da literatura", em *Sete ensaios*, p. 32 e 250; ver também *"Occidente y Oriente"* (obra cit.), em que ele confronta certas posturas "orientalistas" com o pensamento ocidental marxista. Mais adiante, se tratará do apreço de Mariátegui por algumas ideias de Nietzsche.

ação de se superar, e daí contribuir com a superação da situação presente – o que em suma, se relaciona com a mencionada construção subjetiva da *vontade*. Note-se ainda que tais interpretações, em *última instância*, derivam de suas análises socioeconômicas, e a elas suas argumentações são constantemente referidas.

Por fim, quanto a esse tema não se pode deixar de verificar que tal *mediocridade* cultural e educacional (a começar pelas *elites*) reflete-se na *vida política* – caso das revoluções emancipatórias inconclusas, o que será tratado a seguir. Era esta a norma geral nas sociedades latino-americanas, característica que se manteve de certo modo como *padrão* até a atualidade, o que é evidente na extrema despolitização, tanto por entre as massas excluídas, como dentre a *camada dominante*. Isto pode ser inferido do baixo nível da imprensa porta-voz desta *classe*, que em defesa das mais míseras vantagens de curto prazo, promove sistemático esvaziamento do debate sobre questões fundamentais ao país, afetando o desenvolvimento da nação em sua totalidade, e portanto seu próprio futuro. Se isso, por um lado, é fruto de seu antigo isolamento dos centros então mais desenvolvidos tecnologicamente, por outro – como se depreende das referidas reflexões de Caio Prado e Mariátegui –, deriva de uma extrema desigualdade de forças, que na luta interna contra as classes baixas (ou mesmo "castas" subalternas, como dirá Florestan e Ianni), não exigiu maior *esforço* dessas elites em seu processo opressor, de modo que se *acomodaram* em berços culturais simplórios, que o tempo viria a estreitar e expor.[31]

A investigação da superestrutura cultural de suas nações – atrelada sempre aos fatores econômicos –, bem como suas consequên-

---

31 Florestan se debruça nesta questão no ensaio "Brasil: passado e presente", em *Circuito fechado – quatro ensaios sobre o poder institucional* (1976) – discutindo "casta" à página 33.

cias na dinâmica política, é importante passo que levará os dois pensadores a se contraporem aos modelos revolucionários "clássicos", de viés *eurocêntrico*, que eram então *hegemônicos* na interpretação comunista. Frente à dimensão da incapacidade de sua atrasada burguesia de mentalidade colonizada, inculta, associada e subserviente a interesses externos – ineficiente, sem autonomia nem tradição que a identificasse com um projeto de nação –, não se poderia querer confiar a semelhante classe a *direção* da revolução necessária para a consolidação nacional. Sua conclusão portanto, como já discutido, será a falta de qualquer perspectiva progressista ou nacionalista por parte das elites latino-americanas de maneira geral (ou seja, entendidas em seu conjunto). Assim, em não existindo uma *burguesia nacional*, ambos se postarão contra o *etapismo* – propondo que as tarefas democrático-burguesas que por ventura ainda faltassem ser realizadas, o seriam pelo proletariado, sob seu próprio comando, mediante seu partido de vanguarda.

A Revolução Latino-Americana

Se em sua análise *infraestrutural*, Mariátegui e Caio Prado constatam suas economias ainda voltadas ao exterior, desenvolvendo categorias analíticas semelhantes e originais (*sentido da colonização* e *caráter colonial*), também na investigação das *superestruturas* políticas chegarão a novos conceitos explicativos de sólida importância para o marxismo e seu método – em especial quando se trata de conceber a dinâmica de sociedades capitalistas periféricas.

Revolução interrompida e as lições do 18 Brumário

Merece destaque, de início, que a metodologia usada pelos autores nos estudos da evolução política de suas nações – em especial nas obras *Evolução política do Brasil* e *Sete ensaios de interpretação da realidade peruana* – assemelha-se muito à forma analítica com que Marx estuda a França do século XIX, em seu elucidador *O 18 Brumário de Luís Bonaparte*, denotando a influência deste clássico no pensamento dos dois latino-americanos.[32] Tal sintonia quanto ao modo de aplicação metódica vem reforçar a justeza dos trâmites analíticos iniciados por Marx e Engels, além de detalhar e aprofundar os critérios gerais do método marxista – esse *guia de estudos* (no dizer engelsiano), que tem por função *orientar* os desenvolvimentos posteriores da interpretação materialista da história.

Seguindo a lição essencial de *O 18 Brumário*, as atenções de Caio Prado e Mariátegui se voltam às *contradições sociais*. Munidos de farta documentação e conhecimento erudito (como se pode observar no conjunto de sua obra), eles recusam a vulgar história positivista – que se centrava em glorificar pseudo-heróis das classes dirigentes com seus feitos pontuais esvaziados de *historicidade*. Em vez disso, examinam as *lutas de classes* – explícitas em fatos sociais como revoltas populares e conluios políticos conjunturais – e a consequência destas lutas que desembocam em peculiares revoluções.[33] Tratarão assim das disputas e movimentações entre as forças

---

32 Paulo Henrique Martinez, em *A dinâmica de um pensamento crítico – Caio Prado Júnior (1928-1935)* [1998], discute a semelhança entre a forma analítica de *O 18 Brumário* e *Evolução política do Brasil*. Esta mesma similaridade é alvo do estudo de André Kaysel Velasco e Cruz, em Dois encontros entre o marxismo e a América Latina [2010], quem estende a análise também a Mariátegui. Vale notar que tal convergência metódica com Marx, além das obras citadas, mostra-se presente também em outros escritos dos pensadores latino-americanos.

33 No caso de Caio Prado, a similaridade com O 18 Brumário se encontra especialmente em Evolução Política do Brasil, embora também em Formação do Brasil contemporâneo (aspectos político-culturais da sociedade), e em A Revolução Brasileira (em que esmiúça os interesses de classes no Brasil do século XX). Em Mariátegui, tal influência, além dos Sete ensaios transparece em diversos escritos, vindos a público em periódicos no calor dos acontecimentos,

em cena, dos conchavos entre as facções burguesas, da submissão e traição que sofrem as massas ainda *desorientadas*, dos interesses das classes em conflito a partir de seu posicionamento no espectro político – em busca de melhor explicar seus respectivos processos emancipatórios nacionais. Querem assim compreender os meandros do poder, de modo a converter a *teoria* em *força prática* – pois construirão sua práxis revolucionária alicerçada em minuciosa interpretação teórica.[34]

Um aspecto importante de suas análises das *contradições sociais* está na evidência com que situam as revoltas das massas – a *crítica das armas* dos personagens comuns – em um movimento contrário à prática sensacionalista da história factual dita *tradicional*, que não atentava senão à superfície dos acontecimentos. Segundo Caio Prado, as "revoluções espontâneas" do período regencial – antes menosprezadas pela historiografia oficial, como a *Cabanada*, a *Balaiada*, a *Revolta Praieira* – salientam a "ineficiência política", bem como a traição sofrida pelas classes populares durante o processo emancipatório brasileiro (que inclui a revolução da independência e a evolução democrático-liberal que se seguiria até o estabelecimento da República – sem se concluir).[35] Mariátegui por sua vez, dá atenção a revoltas coloniais protagonizadas por indígenas, citando as rebeliões de *Atusparia*, *Ushcu Pedro* e *Tupac Amaru* – esta última, precursora da revolução de independência. Ressalta como *falsa* a impressão de certos pesquisadores que ao falarem da atitude do índio ante seus exploradores, minimizam-na, colocando-o como

---

e depois editados em publicações como Ideología y política, Peruanicemos al Perú, Temas de Nuestra América, La escena contemporánea, e Historia de la crisis mundial.

34 P. H. Martinez pondera em sua tese que a teorização do "caminho do poder", como ocorre em *Evolução* e em *O 18 Brumário*, é uma prática política que visa a força material – em *A dinâmica de um pensamento crítico*, p. 141-142.

35 Caio Prado: "Carta a Lívio Xavier" (obra cit.), p. 4; e *Evolução*, p. 58-61.

"deprimido", "incapaz" de qualquer luta; pelo contrário, diz ele, a "longa história" de "insurreições" indígenas e seus consequentes "massacres" desmentem essa impressão.[36]

O ponto crucial dessas investigações será a *incompletude* das revoluções emancipatórias de suas nações – conclusão a que eles chegarão mediante a investigação das disputas pelo poder, com detalhada caracterização não só econômica, mas sociopolítica das classes sociais.

Caio Prado, no tocante ao Brasil, vê a independência como decorrente do agitado momento político europeu desencadeado pela Revolução Francesa, o que motivou a vinda da corte lusitana à colônia: transferência esta, que "constituiu praticamente a realização da nossa independência". Contudo, esta jogada política da monarquia portuguesa, ao se tornar um *instrumento inconsciente* de nossa autonomia nacional, cria uma nova situação que agrava as contradições sociais, pois que favorece aos grandes proprietários rurais beneficiados com o franqueamento dos portos, em prejuízo dos interesses dos comerciantes portugueses. Tal conflito potencializaria também a insatisfação das massas excluídas, composta de Homens livres e escravos, desejosos de pôr fim àquela ordem social; seu aparente conformismo, nota o autor, não passava de expressão da força da ordem estabelecida. Todos esses problemas explodem e se alastram pelo país. Diante da ameaça das agitações populares,

---

36 *"Prefacio a El Amauta Atusparia"*, e *"El problema de las razas en América Latina"*, ambos os ensaios em *Ideología y política*, respectivamente: p. 108-109, e p. 24-25. Vale ainda notar que, quanto ao que Marx chama de crítica das armas, Mariátegui, bastante atento à geopolítica internacional, se interessará também pelas disputas políticas e revoluções de diversas nações do mundo, da América à Europa e Ásia; em *Temas de Nuestra América*, trata dos casos venezuelano, mexicano, colombiano, dentre outros; em *La escena contemporánea*, das disputas políticas na Índia, Rússia, Turquia, mundo árabe; em *Historia de la crisis mundial*, das agitações proletárias na Europa em 1919-1920, das Revoluções Soviética, Alemã, Húngara e Mexicana.

o que se veria então seria a união de forças heterogêneas, encabeçadas por senhores de escravos, mas reunindo diversas facções das *classes superiores* da colônia – que logram ainda arrastar neste movimento as desorganizadas e portanto frágeis forças populares, esperançosas de que a emancipação política lhes trouxesse algum benefício econômico e social. Estas camadas populares eram "politicamente imaturas" para fazerem prevalecer suas reivindicações, de modo que a agitação popular será dominada e irá "serenando" aos poucos. Assim, permanece quase "intacta" a organização social vigente – ficando as transformações limitadas à liberdade comercial e à independência política. Faz-se portanto uma revolução "à revelia do povo" – o que se por um lado lhes "poupou sacrifícios", por outro "afastou por completo" sua participação na "nova ordem política".[37] Depois, no período regencial, diversas revoltas seriam promovidas pela população (juridicamente) livre, pobre e ainda mais pauperizada pelo avanço da produção escravista – o que lhes negava quaisquer meios de subsistência. A posição das classes subalternas chegaria a ser *radical*: "não faltaram mesmo projetos de divisão igualitária de toda a riqueza social". Entretanto, tais intentos não obteriam sucesso dada sua desarticulação e "falta de compreensão nítida do processo social" – acabando por serem seus participantes deportados em massa ou *exterminados* fisicamente no mais típico estilo antidemocrático. O projeto "vago", "abstrato" e sem apoio popular sólido destas correntes extremistas acaba por ser manipulado pelas classes abastadas, em sua luta contra a reação colonizadora. Assim, tal qual no trágico epílogo de *O 18 Brumário*, após a abdicação de Pedro I, estas correntes seriam abandonadas e logo sufocadas por aqueles antigos aliados, agora adversários, em uma "reação conservadora": as classes "iniciadoras do movimento",

---

37 *Evolução*, p. 43-48.

camadas "logo abaixo da classe dominante", em "contramarcha", passarão de "revolucionárias" a "reacionárias". É a fase em que a revolução adquire um caráter (no termo de Marx) "descendente".[38]

Quanto ao caso peruano, à semelhança do ocorrido no brasileiro, Mariátegui afirma que as massas não foram protagonistas da revolução de independência – que em verdade foi (também) consequência das revoluções burguesas. Em se observando o plano da história mundial, diz o autor, não só a independência de seu país, mas a "sul-americana" como um todo, foi "decidida pelas necessidades de desenvolvimento da civilização ocidental" – "ou melhor dito, capitalista".[39] A "revolução democrático-liberal" encontrou um Peru "atrasado", com uma burguesia "fraca para governar" – ainda "incipiente" e sem "harmonia" – e cuja população camponesa, que era a massa indígena, "não teve presença direta" ou "ativa". Não havia um "estado de ânimo" revolucionário na classe camponesa. As insurreições anteriores, encabeçadas pelos derrotados descendentes da antiga aristocracia indígena, que buscavam uma "impossível restauração", não poderiam ter êxito. E assim, o programa revolucionário não representou as reivindicações camponesas – especialmente em relação ao direito à terra, o que era incompatível com o "poder" da "aristocracia fundiária". A iniciativa política e direção revolucionária caberia portanto a esta classe dominante latifundiária, sendo as massas relegadas a um papel secundário. O resultado prático desse processo limitado, como também se deu no Brasil, foi o aprofundamento das desigualdades, pois ainda que novas leis burguesas ordenassem a "repartição" das terras aos índios, o que ocorreu foi, pelo contrário, uma *regressão*: a política agrária "não atacou o latifúndio", mas sim a "comuni-

---

38 Caio Prado, *Evolução*, p. 52-54, 60 e 66; Marx, "18 Brumário de Luís Bonaparte", em *Obras escolhidas* (vol.I), p. 221.

39 *Sete ensaios*, p. 83 e 37.

dade" (indígena) – sempre em nome de seus "postulados liberais". Diante da fragilidade da burguesia e das massas, a aristocracia perdia seus privilégios "de princípio", mas conservava-os "de fato". Nessa disputa pelo poder, quem se sobressai são os caudilhos militares, mediadores que se apoiam ora no "liberalismo inconsistente e retórico" do centro urbano de poder, ora no conservadorismo colonialista da "casta latifundiária".[40]

Em síntese, o pensamento dos dois autores sobre a evolução política nacional se baseia e converge com o Marx d'*O 18 Brumário*, pois ambos compreendem que os processos de independência e constituição do regime republicano foram oportunidades perdidas, devido a arranjos entre as classes dirigentes, submissas econômica e culturalmente ao exterior, que frente à ausência de organização das massas, excluem o protagonismo popular – sendo o poder usurpado por representantes personalistas. O povo não participa de *modo ativo* da revolução, tendo apenas papel subordinado, para por fim ser traído por seus aliados da véspera – burgueses aparentemente *progressistas*, os quais somente haviam cedido, para dirimir os conflitos de classes, diminuindo a tensão entre os extremos. Deste modo a revolução é apaziguada, sabotada – e regride.

Vale ainda recordar, que conforme Marx, os social-democratas europeus tinham conduzido uma espécie de *sabotagem* do transcurso revolucionário, por meio de transformações limitadas que não rompiam com as estruturas. É a fase regressiva da revolução que ele chamará de "linha descendente". Para ele – referindo-se à *Revolução de 1848* –, o "caráter peculiar da social-democracia" resume-se no fato de "exigir instituições democrático-republicanas" como um meio, "não de acabar com dois

---

40   *Sete ensaios*, p. 81-84; e *"Prefacio a 'El Amauta Atusparia'"*, em *Ideología y política*, p. 109.

extremos", "capital e trabalho assalariado", mas de *"enfraquecer seu antagonismo e transformá-lo em harmonia"*. Em seguida, observa Marx, quando o partido proletário se coloca como "apêndice" do partido "pequeno-burguês democrático", é "traído e abandonado" por este, o qual assim que considera "firmada" sua posição, desvencilha-se do "companheiro inoportuno", apoiando-se nos "ombros do partido da ordem". Nesta exposição – que Engels elogia como uma "concisa" e "lúcida" demonstração do *método* –, Marx antecipava a mesma desconfiança de Mariátegui e Caio Prado quanto às *alianças políticas interclassistas*. Para o pensador alemão, não existe entre as facções burguesas um real conflito de classes quando se as "examina mais de perto" – apenas "aparência superficial que *dissimula* a luta de classes"; assim, a "revolução move-se em *linha descendente*".[41]

A conclusão geral a que chegam os dois pensadores latino-americanos é a de que, para a necessária emancipação nacional, é preciso centrar-se forças na eliminação dos elementos arcaicos do passado colonial que atravancam o desenvolvimento – problema que não é apenas econômico, mas político e cultural.

Via não-clássica: a Revolução na periferia

Se Florestan Fernandes aproxima o marxismo de Caio Prado e Mariátegui por meio da ideia de "revolução incompleta", Carlos Nelson Coutinho expandirá esta convergência, observando em seu pensamento similaridades com outros desbravadores da *questão nacional*: Lenin e Gramsci. Para ele, Mariátegui e Caio Prado apreenderam os "traços principais" da evolução política de nossos países – rumo ao *capitalismo tardio* latino-americano –, percebendo que este caminho se dera segun-

---

41 Marx, "18 Brumário de Luís Bonaparte", *obra cit.*, na ordem: p. 226, 201 e 221-224 (grifo meu).

do uma via "não-clássica", caracterizada pela permanência de resquícios "pré-capitalistas", fortemente "autoritários" e "excludentes", fundados em formas de coerção "extraeconômica" sobre os produtores diretos. Tais características, embora fujam do formato *clássico* que se verificara nas revoluções da França e Estados Unidos, ocorreram também em outros países de capitalismo tardio – como Alemanha e Itália. Para se compreender essas *revoluções atípicas*, há no marxismo dois fecundos conceitos: a "via prussiana", cujo objetivo principal é caracterizar a "modernização agrária"; e a "revolução passiva", que explica os processos sociopolíticos de transformação "pelo alto". Conforme afirma Coutinho: Mariátegui, assim como Caio Prado, "inventou" conceitos "muito semelhantes" aos de "via prussiana" (de Lenin) e de "revolução passiva" (de Gramsci).[42]

No processo de independência de Brasil e Peru, como visto, os dois autores percebem uma transformação social e política realizada mediante *arranjos* entre frações das camadas dominantes – conciliações entre as elites de que se excluiu o protagonismo das classes populares. Neste tipo de revolução, as massas também se manifestam – à semelhança do caso italiano –, mas mediante um "subversivismo esporádico e elementar" (na expressão gramsciana). Diante disso, as elites reagem com "manobras", no intuito de *conciliar, amenizar* as disputas de classes – introduzindo para tanto elementos "modernos", a fim de conservar os "arcaicos", o que enfraquece as forças opositoras mais radicais. Essa "revolução passiva", também concebida segundo o sugestivo termo dialético

---

42 Coutinho, em "Uma via 'não-clássica' para o capitalismo" (1989), e depois em "O desafio dos que pensaram bem o Brasil" (2001), apresenta a ideia de que Caio Prado, de modo semelhante a Lenin e Gramsci, concebeu uma via evolutiva *não-clássica* para o caso brasileiro; mais tarde, em "*La filosofía de la praxis en Brasil*" (2012), ele amplia esta conexão de pensamentos, afirmando que Mariátegui fez o mesmo em relação ao Peru. Citações de: "Uma via 'não-clássica' para o capitalismo", p. 116; e "*La filosofía de la praxis en Brasil*", p. 76.

"revolução-restauração", é um modo de reação política (ante a crise orgânica do sistema), segundo o qual a classe dirigente é quem se reorganiza e produz as reformas mínimas, reacomodando sua "visão de mundo"; reduz-se assim a iniciativa das massas. A inexistência de uma "iniciativa popular unitária" causa o esvaziamento das forças radicais opositoras, que tem alguns de seus membros cooptados no processo. Ademais, esse esquema cria – segundo Gramsci – um período de "espera" e de "esperanças" que serve a manter o *sistema hegemônico* sob o jugo das classes dirigentes. Surge pois algo de *novo* na história, mas mantém-se a *velha ordem* – em um processo que assim se diferencia das meras "contra-revoluções". No entanto, para o pensador italiano, como destaca Coutinho, o estabelecimento de uma "revolução passiva" não é uma plena *derrota* (no sentido de ser um movimento contra-revolucionário), mas é a especificidade de uma marcha revolucionária, cuja evolução é em parte "exitosa" – pois gera "transformações" político-sociais "efetivas", diante da falta de um projeto hegemônico alternativo.[43]

Já segundo Lenin, o ponto decisivo para que se desenrole um processo "não-clássico" rumo ao capitalismo – como ocorre no caso *prussiano* – é um fator interno, ligado sobretudo à maneira como o capitalismo resolveu (ou *não resolveu*) sua questão nacional agrária. Se a *via clássica* passa pela ofensiva esmagadora contra a grande propriedade pré-capitalista, substituindo-a por um "campesinato livre", a *via não-clássica* se impõe quando os latifúndios são conservados em mãos das classes dominantes, introduzindo – sempre "pelo alto" – as novas relações de produção. Na Prússia, a exploração feudal foi se transformando gra-

---

[43] C. N. Coutinho: "O desafio dos que pensaram bem o Brasil", p. 104-105; e "Marxismo e 'imagem do Brasil' em Florestan Fernandes", p. 3. Daniel Campione, "Antonio *Gramsci: orientaciones* introductorias para su estudio", p. 37-39. As referidas citações de ideias e termos de Gramsci são de *Cadernos do cárcere*.

dativamente em exploração burguesa, não tendo existido uma reforma agrária – como nas revoluções burguesas clássicas inglesa ou francesa. Mas se a grande propriedade rural torna-se progressivamente uma "empresa agrária capitalista", mantém-se contudo o quadro de coerção "extraeconômica", cujos vínculos de dependência e subordinação – desde a intromissão na vida privada, à violência física – destoam das relações "impessoais" mercadológicas do capitalismo.[44]

E assim se deu na América Latina, cujo caminho evolutivo "pelo alto" também foi pautado pela conciliação e pela ausência de solução à questão agrária – processo cuja incompletude se concretizaria em uma exclusão social crônica. Se no Peru independente e republicano ainda persistem relações servis na região andina, no caso brasileiro, o processo emancipatório que tem na *Abolição* momento chave, fez com que uma enorme massa de ex-escravos tenha sido lançada à miséria, sem nenhuma oportunidade de trabalho. Inclusive, a análise de nossos dois autores quanto à abolição da escravatura é a mesma: foi um movimento voltado aos interesses externos, como nossa evolução política em geral – foi uma consequência das necessidades do capitalismo mundial. Segundo Mariátegui, a alforria no Peru é fruto da transformação da economia – de feudal a "mais ou menos burguesa". Para Caio Prado, a *Abolição* é justamente o ato de consolidação no Brasil de um capitalismo que se gestava há séculos.[45] Quanto à questão agrária, Caio Prado mostra que o latifundiário brasileiro se transformou de *escravista* em *capitalista* sem abdicar das características produtivas anacrônicas, sem "superar inteiramente esse passado"; a nova estrutura social, apesar de tão mais *complexa*, continua a se assentar "em última instância" nos antigos "qua-

---

44 Carlos Nelson Coutinho, "Uma via 'não-clássica' para o capitalismo", p. 118.
45 Conforme *Sete ensaios* ("Esquema da evolução econômica"), p. 39; e *Evolução política do Brasil*, p. 83 (além de *A Revolução Brasileira*).

dros econômicos da colônia": as elites, senhoras dos meios de produção, "inclusive e sobretudo a terra", aproveitam-se da "tradição escravista", ainda tão *viva*, para "intensificarem a exploração do trabalhador". Já Mariátegui, no mesmo sentido, fala em "resíduos" pré-capitalistas – no caso peruano, *feudais* – remanescentes de uma "metamorfose ridícula" operada pela classe dominante, em que o "ambiente de fazenda" se mantém "totalmente senhorial", tendo por autoridade um fazendeiro de poder "quase incontrolável" que considera seu latifúndio como *isento* do poder do Estado, "sem a menor preocupação com os direitos civis da população que vive dentro dos confins de sua propriedade".[46]

Com efeito, vê-se que as permanências coloniais perduram até hoje em nossas nações, estampadas tanto na imensa desigualdade social, como na própria dificuldade de enfrentamento das estruturas arcaicas que a fundamentam – obstruindo mesmo o julgamento de crimes contra a humanidade perpetrados por governos sanguinários (como as ditaduras latino-americanas de modo geral, ou o fujimorismo peruano). Contudo, em paralelo ao que observa Gramsci, nossas *revoluções interrompidas* trouxeram também algumas transformações *efetivas*, conquistas que modificaram gradualmente a *correlação de forças sociais*, ao melhorar ainda que minimamente as condições de vida da população.

A analogia entre a conceitualização dos pensadores latino-americanos e também dos europeus vem a reforçar a importância da análise das *vias não-clássicas*, em especial no que tange à periferia do capitalismo, onde tais processos se mostram proeminentes. Nosso trâmite de consolidação enquanto nação está poluído por estruturas não superadas do passado colonial, caso da grande propriedade rural intocada. Somos nações inconclusas cuja produção ainda é voltada para a

---

46 Caio Prado, *A questão agrária*. p. 49 e 68; Mariátegui, *Sete ensaios*, p. 42 e 101.

exportação, excluindo de cidadania a maior parte do povo. E neste ponto, é importante ressaltar – como destaca Coutinho – que as *vias* descobertas por Caio Prado e Mariátegui são *específicas* para suas realidades, com nuances próprias, e portanto *não idênticas* às de Lenin e Gramsci. Em nossos países, a adaptação *conservadora* ao capitalismo – diferentemente das nações europeias – se dá a partir da exploração rural de "tipo colonial", ou seja, sempre voltada ao mercado externo. Esta é pois uma característica peculiar latino-americana.[47]

Entende-se por fim, que se Caio Prado e Mariátegui rompem com certas particularidades da análise que Marx fez para seu tempo e espaço, mantêm-se fiéis ao seu *núcleo racional* – como Lenin e Gramsci se mantiveram –, abarcando novas situações e elaborando conceitos que se adéquem à compreensão da multifacetada realidade, cujo comportamento é irredutível à simples objetividade da estrutura econômica. Isto não constitui falta de rigor, mas ao contrário, é atitude rigorosa que apreende o cerne metodológico do marxismo. Ambos contribuem assim para mostrar que o modelo de processo evolutivo *europeu clássico* não é o único – e nem o principal, em se tratando da imensa periferia pouco industrializada –, além de enriquecerem o conceito marxista de *vias não-clássicas* para o capitalismo.

Partido de vanguarda: contra o etapismo

Como já colocado, é aspecto significativo da obra de Mariátegui e de Caio Prado a compreensão do marxismo enquanto *filosofia da práxis* – como um pensamento que, conforme a famosa "Tese" de Marx sobre Feuerbach, *transforme* efetivamente a *realidade*. Nessa luta a que se

---

[47] Coutinho, "Uma via 'não-clássica' para o capitalismo", p. 119; e "O desafio dos que pensaram bem o Brasil", p. 105.

dedicariam toda a vida, desde seus primeiros escritos os pensadores se mostram contra a estratégia parlamentar dos pacifistas da social-democracia, defendendo a organização marxista-leninista como o caminho à revolução socialista.[48] Apesar disto, proporão planos de ação específicos para sua realidade nacional – diferentes do plano russo; tais diferenças decorrem da constatação que em seus países a burguesia nunca se identificou com o povo. Postam-se assim contra a leitura eurocêntrica do etapismo e sua política aliancista; recusam a tese de que fosse interessante aos trabalhadores dedicarem-se a apoiar uma parcela mais "nacionalista" da burguesia em sua "revolução democrática", pois não concebem tal burguesia progressista na América Latina – o que se esforçariam por demonstrar, antes que a própria história o fizesse.

Chegarão a tal posição por meio similar, ao compreenderem que as burguesias de seus países, como exposto, além de nada terem de *nacionalistas* em seus interesses econômicos, sequer se sentiam parte da nação – sendo culturalmente europeizadas e politicamente voltadas ao colonizador, tal qual sua economia. A partir daí, reforçando sua posição polêmica, os dois afirmarão que tampouco nossas elites seriam *anti-imperialistas* – conforme queria a formulação predominante na Internacional Comunista; pelo contrário, as veem como *subalternas associadas* e devotas ao poder exterior.

Para Caio Prado, a burguesia brasileira só em aparência é *heterogênea* – em seu seio não há um contraste que pudesse constituir real *oposição* entre uma ala "nacionalista" e outra "associada ao estrangeiro". Ao contrário, diz Caio, a burguesia é "perfeitamente homogênea no que se refere à natureza de seus negócios e interesses". A "ideia" de uma "bur-

---

48   Tema já apresentado nos capítulos anteriores; ver: Mariátegui, "*Principios programáticos del Partido...*"; e Caio Prado, *URSS: um novo mundo*.

guesia nacional" que fosse "progressista" e "contrária ao imperialismo" causou às esquerdas "graves danos" – e foi "certamente" um dos fatores que contribuíram ao "desastre de abril de 1964".[49] Mariátegui, de modo análogo, diz que pretender-se vislumbrar na camada social que comporta a "burguesia" e a "pequeno-burguesia" um "sentimento de nacionalismo revolucionário", parecido com o que ocorre na Ásia, seria "um grave erro"; no Peru, o "aristocrata e o burguês brancos desprezam o popular"; a "moça de classe média" não tem "escrúpulo" de "nacionalidade" ou "cultura" em preferir casar-se com um indivíduo da "raça invasora"; a burguesia limenha se "confraterniza" com os "capitalistas ianques". Para ele, o "anti-imperialismo" por si só, não pode ser visto como um programa político consistente, que possa mobilizar as massas operárias e camponesas ao lado da pretensa *fração burguesa progressista* – pois "não anula o antagonismo entre as classes". Toma como exemplo a *Revolução Mexicana*, em que a "pequeno-burguesia" pactuou com o "imperialismo ianque", ao que conclui que se fosse possível no Peru um "assalto ao poder" pelo movimento "demagógico populista" que se diz *anti-imperialista* – referência à APRA –, isto jamais representaria a "conquista do poder" pelas massas proletárias, ou pelo *socialismo*.[50]

Constatando a ideia de *burguesia nacional* como falsa, senão demagógica, ambos sustentarão a tese de que é o *partido proletário* quem deve assumir a ofensiva política, opondo-se aos adeptos de uma aliança com frações das classes dominantes que pudesse implicar perda de autonomia; viam no reformismo brando de parte das elites apenas um intento de cooptar a insatisfação popular com gestos pseudoprogressistas. Isso não significa que Caio Prado e Mariátegui – contrários ao

---

49 *A Revolução Brasileira*, p. 176-179, e p. 112.
50 "Punto de vista antiimperialista" [1929], em *El marxismo en América Latina*, p. 107-109.

sectarismo como eram – neguem, como princípio, um eventual apoio de alguma parcela burguesa à causa socialista, mas sim que eles recusam a crença de que qualquer progresso revolucionário pudesse se dar sob a *condução* da classe burguesa, a qual, em suas realidades americanas, era antes vista como um obstáculo.[51]

Ante tais elites broncas, política e culturalmente *medíocres*, que se colocaram historicamente como *contraponto* à realização nacional e a emancipação popular (sequer completando sua *revolução democrático--burguesa*), os pensadores defendem que a batalha socialista deve ser dirigida a partir da aliança fundamental entre o camponês e o operário, sob a liderança do partido de vanguarda – preservando a autonomia e identidade comunistas, o que aliás foi também defendido por Lenin na Revolução Russa. Para se dar prosseguimento ao processo revolucionário, segundo ambos, são os próprios trabalhadores que têm de conquistar o *protagonismo* da revolução, liderando-a conforme a práxis política leninista rumo à conquista do poder – o que deve ser mediado pela obtenção de amplo apoio popular.

Além disso, eles recusam quaisquer mecanicismos ou fatalismos que, na imposição de regras sectárias, obstruam o processo revolucionário. Mariátegui, quem escreve sua obra basicamente no calor da luta de logo após a Revolução Russa, primeiramente declara, nos "Princípios" de seu Partido (1928), que a etapa da revolução peruana é "democrático--burguesa" – mas que é o proletariado quem deve conduzir este pro-

---

51 Sobre o antissectarismo de ambos, ver por exemplo: Caio Prado, *A Revolução Brasileira*, p. 2-12 (em que diz que o sectarismo é "antimarxista" pois leva ao isolamento), e "Anotação em diário" (10 jan. 1946), em *Diários políticos* (em que sugere ser interessante que os comunistas aceitem o apoio dos "sindicatos oficiais"); e Mariátegui, "*Principios programáticos del Partido…*" (no qual cita que o Partido está aberto ao possível apoio de "elementos conscientes de classe média" – no sentido de *desertores de classe, revolucionários*).

jeto (outrora frustrado), segundo o "método revolucionário" marxista-leninista, complementando assim a tarefa não realizada pela burguesia. No entanto, pouco mais tarde, em *La revolución socialista latinoamericana* (1929), refina essa ideia, afirmando a revolução na América Latina como "socialista" em seu "sentido estrito", pois que é uma fase da "revolução mundial", prescindindo portanto de quaisquer outros *adjetivos* – como "nacionalista" ou "anti-imperialista" – já que o socialismo "abarca a todos".[52] Já em Caio Prado, cujas conclusões gerais são próximas a Mariátegui, a questão tem *dois momentos*. Nos anos 1930, em *URSS: um novo mundo*, ele defende o uso da violência e a "insurreição armada", ao modo revolucionário russo, como *passo* ao "socialismo": "o socialismo só será realizado pelo partido que seguir as pegadas dos bolcheviques" – pois nos países "altamente desenvolvidos" e "mais preparados economicamente para o socialismo", a revolução foi adiada pelos "partidos no poder que se diziam socialistas". Após os anos 1930, porém, sua ideia em certa medida se modificaria. N'*A Revolução Brasileira* – ou seja, após a II Guerra, em meio à ditadura militar –, quando ele se aprofundaria na discussão, já não estará otimista com as condições revolucionárias, como o fora anteriormente, *evitando* defender abertamente o caminho insurrecional e em especial, negando categoricamente a validade de qualquer *adjetivo* com que se queira designar de antemão a forma ou etapa da revolução (se *democrática* ou *socialista*). Defende sim o *exemplo* de Fidel Castro e seu "punhado de companheiros da *Sierra Maestra*", que sem a pretensão de predeterminar os rumos insurrecionais, levaram a cabo uma "revolução agrária" e em seguida "anti-imperialista" que foi "desembocar afinal na revolução socialista". Afirma que, conforme o ensinamento dos cuba-

---

52 Mariátegui: "*Princípios programáticos del Partido...*" [1928], em *Ideología y política*, p. 93-95; "*La revolución socialista latinoamericana*" [1929], em *El marxismo en América Latina*, p. 106.

nos, não cabe determinar a *priori* qual a *etapa* a ser alcançada pela revolução, mas sim há de se centrar forças na tarefa de armar as condições para que ela se desenvolva. Portanto, apesar de pequenas dissonâncias entre sua ideia e a mariateguiana, o substancial é que ele também vê no *partido proletário* de organização leninista o condutor *revolucionário*, em um processo que – também de acordo com o que expressa o peruano – não carece de *adjetivações*, incluindo a *Revolução Brasileira* no mesmo contexto que o Amauta denomina *Revolução Mundial*; nossa Revolução é "parcela da história contemporânea", dirá Caio.[53]

Entende-se pois, que são amplas as concordâncias entre os autores no que toca ao antidogmatismo, e que o que distingue suas formulações quanto à práxis revolucionária deriva-se especialmente da diferença de momentos e realidades históricas que viveram – distinção essa que inclui a mudança da própria perspectiva de Caio Prado no decorrer de sua vida, que foi mais longa, pois presenciará em meados do século, um contexto cuja ênfase do debate é distinta daquela do pós-I Guerra (em que vivera junto a Mariátegui).

Historicismo e processo revolucionário

A recusa de modelos mecanicistas, em favor da aplicação caso a caso do método dialético, enquanto cerne da *teoria aberta marxista*, é um fator que distingue tanto a concepção mariateguiana, como a caiopradiana. Participando de polêmicas que o autor peruano não veria se acirrar, o brasileiro se tornaria um opositor severo da política de alianças de seu Partido, o que o levaria a dar notório relevo à recusa do *fatalismo etapista* (conjectura que pretendia proclamar modos *exatos* de se operar

---

53 Caio Prado: *URSS: um novo mundo*, p. 229-230; *A Revolução Brasileira*, p. 17-19 e p. 301.

os *fins* socialistas). Note-se entretanto, que Mariátegui, já em seu tempo, também se ergue contra o "corpo de princípios" do qual se derivam "consequências rígidas" – o que "alguns erroneamente supõem" ser o marxismo; e ressalta que o método de Marx é "fundamentalmente dialético", e portanto livre de "dogmatismos".[54]

Esse viés antipositivista da obra de ambos é coerente com a postura dialética e logo *historicista* de seu marxismo – no sentido de que veem o conhecimento como derivado da relação entre os *processos* históricos objetivos em que se está inserido, e a *ação* subjetiva sobre a história. No entanto, é importante ter-se claro que tal *historicismo dialético* distingue-se do *relativista* – pois que este último recusa a possibilidade de que um conceito possa ser generalizado, limitando pois quaisquer saberes unicamente a seu determinado e empírico âmbito histórico.[55] O historicismo marxista se situa no modo como se dá a conceitualização de cada categoria; ele apreende o caráter *específico* e *perecível* das formas e relações de produção.

O próprio autor d'*O Capital* já condenava o materialismo enquanto "ciência-naturalista", abstração que "exclui" o processo histórico e por conseguinte falha em perceber que são os Homens – sujeitos da história – quem a realiza, ainda que isso se dê segundo condições prévias que não foram por eles escolhidas.[56]

O marxismo determina com a maior amplitude possível de caracterizações aquilo que aconteceu no passado e o que acontece no presente – acenando a soluções cabíveis dentro de dadas circunstâncias.

---

54 A polêmica de Caio Prado contra o *etapismo* tem seu ápice em *A Revolução Brasileira*. Ver Mariátegui em "*Mensaje al Congreso Obrero*", em *Ideología y política*, p. 65.
55 Nicola Abbagnano, *Dicionário de filosofia*, p. 508.
56 Michael Löwy, *Método dialético e teoria política*, p. 76-78.

Entretanto, estando a história sempre em movimento e sujeita à ação do protagonismo humano, não se pode determinar o vir-a-ser – apesar de que um amplo conhecimento (totalizante) da história permita apontar com menor *probabilidade* de erro, a partir de conceitos anteriores já bem determinados em seu tempo histórico, o que deve advir da atual situação analisada, permitindo portanto uma melhor elaboração de novos conceitos para a perene correção da práxis.

Isto posto, Caio Prado e Mariátegui são *historicistas-dialéticos* ao compreenderem a realidade em *movimento processual* impulsionado por contradições objetivas e pela intervenção do sujeito humano, mas não recusam a universalidade teórica do método, ainda que seus *conceitos* sejam temporais – ou *históricos*.

Desse modo, ao se oporem como visto, à leitura de que nas nações latino-americanas as burguesias tivessem caráter anti-imperialista – tal qual em outros países *semicoloniais* –, os dois pensadores concluirão que, em havendo *circunstâncias históricas* diversas, a solução aqui não tinha de ser a mesma de alhures: em nossa América, as *revoluções interrompidas* deveriam ser completadas pelos próprios trabalhadores, independentemente organizados em seu Partido, segundo um *processo* de conscientização das massas.

Observe-se que com tal *historicismo dialético* – que valoriza a investigação genética do concreto –, ambos também aqui se aproximam de Gramsci, ao fazerem a leitura de que a revolução é um *processo*. Converge no pensamento dos *três* marxistas a ideia de que há que se engajar no trabalho de base, na defesa das condições fundamentais para a existência humana, pois que é a partir do enfrentamento da miséria econômica e cultural que se pode incitar a edificação das condições subjetivas – requisito para a realização do socialismo.[57]

Marx, nas *Teses sobre Feuerbach*, pondera que: a questão da busca do *pensamento* pela "verdade objetiva", não é "problema da teoria", mas "problema prático"; que a teoria de que os Homens são "produtos" das "circunstâncias e da educação" esquece-se contudo que são eles mesmos que modificam essa situação e que o "próprio educador precisa ser educado".

Gramsci, quem se aprofundaria nessa discussão, insiste na "natureza processual da revolução" e na "historicidade do marxismo" – bem como Caio Prado e Mariátegui –, dispensando portanto *pré-classificações teóricas* e exaltando o papel *subjetivo* na construção do socialismo.[58] Trata-se da ideia de que antes de se pretender verbalizar *fins revolucionários*, cabe transformar-se a objetividade em um "universal subjetivo" que seja *reconhecido* pela mais ampla parcela da população; somente uma vontade coletiva – uma consciência política e cultural – realiza a *necessidade histórica*. Não há uma objetividade "extra-histórica" ou "extra-humana", diz o italiano em seus *Cadernos*, mas é preciso que se *lute* por essa objetividade, *luta* essa que é do gênero humano, "historicamente unificado em um sistema cultural unitário"; a "hegemonia" pressupõe esta "unidade intelectual" e "ética". São os Homens que constroem as *circunstâncias diferentes* que fazem da *necessidade objetiva* uma *necessidade subjetiva*.[59] Pondo peso na análise concreta dos diversos momentos das "relações de forças" na sociedade, Gramsci frisa que o "mais importante" é que tais

---

57 Ver por exemplo *A Revolução Brasileira* e os *"Principios programáticos del Partido..."*.
58 L. Secco – em *Caio Prado Jr. – o sentido da revolução*, p. 115 – afirma a proximidade entre o *historicismo* de Gramsci e o de Caio Prado – o que aqui se mostra também em relação a Mariátegui.
59 Gramsci, "*Cuaderno 11*", em *Cuadernos de la cárcel*, tomo IV, p. 253 e 276. Marx, "Teses sobre Feuerbach", *Obras escolhidas* (obra cit.), vol.3, p. 208. Lincoln Secco: *Gramsci e a Revolução* (2006), p. 65 e p. 30.

análises não tenham um "fim em si mesmas". A não ser que se esteja a averiguar o passado, a *análise* somente adquire significação quando serve a uma "atividade prática", a uma "iniciativa da vontade" – quando expõe os "pontos de menor resistência" onde a "força da vontade" pode ser aplicada mais "proveitosamente" em prol da requerida *hegemonia*. A hegemonia é o caminho para a revolução bem-sucedida. Se Lenin falava da hegemonia em um sentido político, Gramsci estenderá o conceito aos campos da cultura – e como visto, a conscientização ideológico-cultural das massas também é preocupação central na obra de Caio e Mariátegui. Se se promove a educação e a cidadania, por conseguinte eleva-se a crítica, o que é uma conquista no processo revolucionário. Cabe ao pensamento de práxis a avaliação panorâmica de quais são, a cada momento histórico, as forças em combate e as disputas possíveis – sob pena de se perder em um vazio *sectário* que acabe por auxiliar a conservação do sistema; neste percurso ainda tão frágil, não há lugar a posturas isolacionistas; todo intento de resistência é válido. O "elemento decisivo" em cada situação, como afirma o italiano, é a "força permanentemente organizada" e "predisposta de longa data" – e o momento só é favorável quando existe essa força "plena de ardor combativo".[60]

Embora não tenham se dedicado à conceituação da *hegemonia*, como o fez Gramsci, Mariátegui e Caio Prado têm claro que o início do *processo revolucionário* em seus países constitui-se de *reformas* pela conscientização das massas – *processo* que súbito pode-se acelerar em períodos de crise, proporcionando brechas para a ação revolucionária decisiva. Quanto a esse tema, Caio Prado expõe uma expressiva *particularidade* da *realidade americana*: enquanto na Europa a "proletarização" foi amplamente uma "desclassificação" e "decadência" social, na América – "pelo contrá-

---

60 Antonio Gramsci, em *Gramsci – poder, política e partido*, p. 44 e p. 50-51.

rio" – deu-se "em regra", "na escala da sociedade", uma "ascensão" (apesar de exceções pontuais, como visto). Por aqui, tornar-se trabalhador livre, após ter-se sido escravo ou servo, ou mesmo na situação de imigrante que foge da miséria natal, representa em geral uma "nítida ascensão social". Pode-se daí intuir, como ressalta Lincoln Secco, que tal característica tenha como consequência política um proletariado mais *propenso* a apoiar *reformas sociais* como parte de um programa revolucionário.[61]

Das visões *processuais* e *historicistas* de Mariátegui e Caio Prado, advém sua proximidade no equacionamento revolucionário – o que em ambos é pautado pela questão agrária e fundamentado em uma noção dialética de *ritmos históricos*. Distinguem dois momentos revolucionários: o da *reivindicação imediata*, e o do *momento pleno*. Um é o da luta "parcial", da reforma urgente; o outro é o da luta completa, da efetiva emancipação nacional.

Quanto às lutas de curto prazo, nota-se que suas propostas se assemelham bastante. O peruano, nos "Princípios" do Partido, após nove itens "programáticos", inclui uma listagem que chama de "reivindicações imediatas", dentre as quais vale citar, pela proximidade com as *tarefas urgentes* que Caio Prado defende n'*A Revolução Brasileira*, as seguintes: "reconhecimento amplo de liberdade de associação"; "reconhecimento do direito de greve para todos os trabalhadores"; "estabelecimento dos Seguros Sociais e da Assistência Social do Estado"; "jornadas de oito horas para os trabalhos na agricultura"; "obrigação das empresas mineiras e petroleiras de reconhecer a seus trabalhadores, de modo permanente e efetivo, todos os direitos garantidos pelas leis do país"; "aumento dos salários na indústria, na agricultura, nas minas"; "direito à aposentado-

---

61 C. Prado, *Dialética do conhecimento*, p504n. L. Secco, *Caio Prado Júnior – o sentido da revolução*, p. 116.

ria"; "gratuidade do ensino". Por sua vez, como mostrado, as *reivindicações imediatas* de Caio Prado buscam essencialmente: extensão das leis trabalhistas ao campo; organização sindical dos camponeses; taxação dos latifúndios (onerando-os de modo a promover seu *fracionamento*); quando deputado comunista pelo PCB, defendeu ainda aumento salarial geral, reforma do sistema tributário e ensino gratuito.[62]

É certo porém, que dada a distinção entre a questão peruana e a brasileira, a análise dos autores, similar em vários aspectos generalistas, divergirá em certos pontos. É o caso do *formato* da reforma agrária – o que ambos veem como ponto central e urgente da práxis revolucionária. Como apresentado, a questão camponesa dos dois países tem diferenças fundamentais: o camponês no Peru está em grande medida isolado nos Andes e em situação ainda servil; já no Brasil a maioria dos trabalhadores rurais é composta pelas massas de ex-escravos não-integrados ao mercado de trabalho. São portanto situações diferentes, exigindo propostas políticas próprias. Vale contudo notar que ambos coincidem em destacar tais *diferenças*, concordando que o caso do indígena *andino* se distingue daquele do índio da *selva*.

Caio Prado comenta que nas civilizações dos Andes havia maior densidade demográfica e capacidade produtiva, motivo pelo qual foi possível consolidar-se por lá um regime de característica *feudal*; e que a numerosa população indígena ainda constitui em regra a "grande maioria da população rural", povo nativo que logrou conservar sua "tradição". Entretanto, no caso brasileiro, firmou-se a produção "escravista", pois o território era "ralamente" povoado, não oferecendo condições para o que se entende como *produção feudal*. Diferentemente do "agrarismo feudal" do Peru, nos

---

62 *"Principios programáticos del Partido Socialista"* (listagem de "reivindicações imediatas"). *A Revolução Brasileira*, p. 288-289. Ver também Lincoln Secco, *idem* (sobre sua atuação parlamentar).

campos brasileiros não se constituiu uma economia campesina de "pequenos produtores"; não houve uma exploração "parcelária" da terra, que fosse trabalhada "tradicionalmente" por camponeses; os latifúndios por aqui não foram superpostos a uma "economia camponesa preexistente" a ser explorada. Assim, no Brasil se estabeleceu uma "exploração comercial em larga escala", realizada com braço escravo – de modo que nossa população rural era em geral forânea (não-autóctone), de ascendência africana ou mestiça, tendo sido pois absorvida com mais facilidade pela "nova ordem" social e econômica a que se lhes condicionou.[63]

Cabe aqui um aparte para mencionar que Werneck Sodré, mais tarde, conjuga a concepção de *comunidade indígena* de Mariátegui, com a de *escravismo* de Caio Prado, propondo interessante *detalhamento interpretativo* da realidade brasileira, ao afirmar que ao lado do latifúndio *escravista* – de que fala Caio – há certas áreas em que a "cultura indígena sobrevive", de modo que tais latifúndios, ainda que em menor número, desenvolveram, como no Peru, *formas feudais* de exploração do trabalho.[64]

Mariátegui, por sua vez, também distingue a sociedade andina, da florestal. Observa que o nomadismo dos índios das regiões das selvas – cita o "guarani", presente no Brasil e Paraguai, dentre outros –, esses povos que normalmente viviam em *pequenos grupos*, é bem diferente do caso inca; nos Andes, o desenvolvimento sociopolítico incaico consolidou um *complexo Estado*, o que permitiu evitar o genocídio e extermínio de grande parte de sua cultura, como o ocorrido nas sociedades das florestas. Em consequência, a questão agrária peruana é inerente à questão indígena – ao contrário do caso brasileiro. "No Brasil", diz o peruano, os "poucos milhares" de índios que conservam seus "costumes" e "tradições" estão ago-

---

63 *A Revolução Brasileira*, p. 221-222 e p. 61; "Carta a Lívio Xavier" (*obra cit.*).
64 Werneck Sodré, *Síntese de história da cultura brasileira*, p. 24.

ra "isolados", sem nenhum contato com a "vanguarda proletária", de modo que não é viável pensar-se em incorporá-los ao movimento revolucionário – em contraste com o Peru, onde os índios camponeses têm contato com os índios da urbe, que por sua vez estão inseridos no operariado.[65]

Dada esta peculiaridade da questão peruana, Mariátegui defende que o problema indígena em seu país se identifica com o *problema da terra*; que as comunidades indígenas, apesar da opressão do colonizador, resistiram, mantiveram sua tradição solidária, de modo que a "comunidade" pode se transformar em "cooperativa", com um "mínimo esforço". Mas nesse *processo* é preciso se trabalhar por certas "reivindicações", como liberdade de organização e melhores condições de trabalho: "só quando o peão da fazenda tiver conquistado estas coisas, estará na via de sua emancipação definitiva". É preciso se *formar* uma "consciência revolucionária indígena" – diz ele; e para fomentar esta "*progressiva* educação ideológica" das massas indígenas, a vanguarda operária deve travar contato com indígenas de minas ou centros urbanos que se aproximem do movimento sindical ou político – efetivando a inclusão de *direitos* dos "indígenas cooperados" nas reivindicações "imediatas" partidárias. Observe-se aqui que embora nos "Princípios" de seu Partido conste a afirmação da revolução enquanto "socialista", por entre as propostas "imediatas" de Mariátegui não se menciona em um primeiro momento (como tampouco n'*A Revolução Brasileira*), nenhuma chamada ou sugestão *imediatamente* insurrecional. O pensador peruano entende a revolução (à semelhança do brasileiro) como um *processo* a ser *desencadeado* pela conquista de direitos básicos dos trabalhadores e conscientização das massas, cujas tarefas, afirma ele: "somente a ação proletária pode *primeiro estimular* e *depois realizar*". E neste *movimento*, é mister

---

65 "*El problema de las razas en la América Latina*", em *Ideología y política*, p. 30-31.

formar-se uma "frente única" que agrupe variadas tendências da "imensa legião humana" que é o *proletariado*, em prol de solucionar um mesmo problema concreto. Esta união de tendências é, para Mariátegui, o "sinal de um período avançado" do *"processo revolucionário"*.[66]

Já em relação à realidade brasileira, Caio Prado verifica que em meados do século, aquilo que constitui *propriamente* uma "economia camponesa" – ou seja, a exploração "parcelária e individual" do pequeno produtor trabalhando "por conta própria" em terras suas ou arrendadas – não passa de um "setor residual" em nossa economia agrária. No caso geral, o *trabalhador livre* que sucederia ao *escravo*, encontra-se inteiramente submetido ao "empresário da produção" – que é o *latifundiário*, "único ocupante" de fato da terra, à qual o trabalhador somente se liga através do "esforço" que cede ao seu patrão. Daí que para o autor – cuja defesa do aspecto *processual* tanto da *revolução* como do *conhecimento* perpassa toda sua obra –, a luta pela terra se situe inicialmente na luta por melhores condições laborais, vendo a imediata reivindicação por repartição de terras somente efetiva em casos pontuais.[67]

É pois das diferenças sociais de suas nações que advêm as diferenças táticas das reformas agrárias caiopradiana e mariateguiana – embora ambas sejam projetos *ampliados*, não reduzidos só ao parcelamento fundiário.

Mariátegui acredita na coletivização aos moldes do antigo *socialismo agrário* inca como eixo da solução para o campo, embora tal

---

66 Mariátegui, artigos reunidos em *Ideología y política*: "*El problema de las razas en la América Latina*" (1929), p. 26-28; "*Principios programáticos del Partido Socialista*" (1928), p. 94-96 (conforme a tradução da edição brasileira *Defesa do marxismo – polêmica revolucionária e outros escritos*); "*Escritos políticos y sindicales*" ("*El 1o de Mayo y el Frente Único*", 1924), p. 64. Observações: no original, "indígenas cooperados" são ditos "*yanaconas*"; grifos meus.

67 *A Revolução Brasileira*, p. 62-64.

reforma também esteja pautada pela defesa dos direitos trabalhistas e sindicalização; exige como ponto emergencial que as grandes fazendas sejam "expropriadas", de forma a serem ocupadas pelas comunidades indígenas que as cultivam, ou no caso dos latifúndios mais industrializados, por trabalhadores rurais organizados de forma coletiva[68]. Caio Prado defende que a ação política mais urgente no caso da superexploração do meio rural brasileiro é centrar esforços no *complemento* do *processo abolicionista*, lutando por melhores condições laborais, pois a *Abolição* não eliminou em algumas regiões do país "acentuados traços escravistas" que permaneceram "de fato" e "à margem" do regime legal de trabalho livre (situação que só lentamente começaria a ser superada a partir de 1943, no governo Vargas, com a *Consolidação das Leis do Trabalho*). Mas ao lado da defesa dos direitos e organização do trabalhador rural, ele argumenta que há de se promover o gradual enfraquecimento dos latifúndios por meio tributário, com vistas à divisão das terras.[69]

De todo modo, é importante reiterar que não obstante tal *divergência* de práxis política, não se constitui entre eles propriamente uma *discordância*, posto que ambos tratam de objetos diferentes.

Passar-se-ia muito tempo desde o início destes debates até que os mínimos direitos humanos deixassem de ser um privilégio para poucos em nossa América. Em meados do século, com a instauração do direito do trabalho no Brasil e o "novo sindicalismo agrário" no Peru que prenuncia a lei de "Reforma Agrária" (1969), as relações laborais do campo perderiam pouco a pouco seu caráter *pessoal*, passando os patrões rurais gradualmente a serem responsabilizados legalmente por seus empregados. Este processo de *despersonalização* da relação trabalhista – por que

---

68 *Sete ensaios* ("O problema da terra"); "*El problema de las razas en la América Latina*" (obra cit.), p. 47-51.
69 C. Prado, *A Revolução Brasileira*, p. 150; *A questão agrária*, p. 161-172.

militaram Caio Prado e Mariátegui – é lição histórica a ser observada com atenção, para que não sejam jamais recriadas hierarquias e poderes falsamente "cordiais" como os da época de "casas-grandes" e "senzalas".[70] Que o "homem cordial" possa dar lugar ao "homem solidário".

Entretanto, no âmbito internacional, após a consolidação dos Estados Unidos como grande potência imperial do pós-II Guerra, em condições de pressionar e desgastar a União Soviética – potência já fragilizada pelo conflito em seu território –, o movimento *democrático* (em especial o *comunista*) latino-americano sofreria forte repressão e paulatino refluxo, o que desembocaria na série de ditaduras militares conservadoras, em grande medida dirigidas e patrocinadas pelo poderio estadunidense. Contudo, no decorrer destes regimes autoritários, nos anos 1960 e 1970 se reiniciaria (dialeticamente) um processo político ascendente, com frentes de resistência que se organizariam em variadas esferas sociais. Este movimento seria o germe não só do enfraquecimento e consequente capitulação dos governos ditatoriais manipulados pelas elites, mas também das potentes mobilizações e vitórias que se seguiriam – em especial, a reorganização dos partidos políticos e do movimento sindical (o que no Brasil ficaria conhecido como *novo sindicalismo*)[71]. Já no novo século, teriam por fim espaço, em significativa parte do continente, algumas das mais interessantes experiências no campo social--progressista – embora ainda bastante moderadas –, com a ascensão de Hugo Chávez ao poder na Venezuela, Lula da Silva no Brasil, Evo

---

70 Alberto Flores Galindo. "*Movimientos campesinos en el Perú: balance y esquema*" (s/d); Afrânio Garcia e Moacir Palmeira, "Rastros de casas-grandes e de senzalas" (2001), p. 63-70.

71 Mariana Villaça, "A redemocratização na América Latina", em Associação Nacional de Pesquisadores e Professores de História das Américas.

Morales na Bolívia, Rafael Correa no Equador, Tabaré Vázquez e José Mujica no Uruguai, entre outros.

Ao compreenderem a luta pela conquista de certos direitos básicos – a *mínima humanização* das relações sociais, a começar por onde o problema da miséria é mais grave (no caso o campo) – como condição para a Revolução, Mariátegui e Caio Prado corroboram o pensamento do próprio Marx, quem afirma: "o primeiro pressuposto de toda a existência humana e, portanto, de toda a história, é que os homens devem estar em *condições de viver* para poder 'fazer a história'"; contudo, "para viver, é preciso antes de tudo comer, beber, ter habitação, vestir-se". Defender reformas imediatas que satisfaçam tais *necessidades vitais*, não significa portanto declinar do objetivo revolucionário, mas apenas descer do altar da teoria para o chão material urgente em que habita e se alimenta *diariamente* o ser humano: "este é um ato histórico, uma condição fundamental de toda a história que ainda hoje, como há milhares de anos, deve ser cumprido todos os dias e todas as horas".[72]

Finalmente cabe recordar que os próprios Engels e Marx valorizaram o aspecto *processual* da revolução, ao conceberem-na como um *movimento* – e não *somente* como um *ideal futuro* ou *estado final*. "O comunismo não é um *estado* que deve ser estabelecido, um *ideal* para o qual a realidade terá que se dirigir" – diz Marx n'*A ideologia alemã*: "Denominamos comunismo o movimento *real* que supera o estado de coisas atual". Enquanto Engels, recordando-se da "grande ideia fundamental" que ele e Marx apreenderam de Hegel (ideia aliás vinda de Heráclito), afirma que: "não se pode conceber o mundo como um conjunto de *coisas* acabadas, mas como um conjunto de *processos*" – em que as coisas que

---

72 Marx, A ideologia alemã [1845-1846] (1993), p. 39.

"parecem estáveis", bem como os "conceitos", sofrem uma "série ininterrupta de transformações".[73]

A luta *imediata* pelo *possível em curto prazo* não deve portanto ser rotulada de *mero reformismo*, como propagandeia certo discurso sectário. *Processos e fins* se inter-relacionam e orientam na não-breve jornada revolucionária. E neste *movimento*, engajaram-se até o fim Caio Prado Júnior e José Carlos Mariátegui.

Aspectos da Revolução Internacional

Para os dois pensadores latino-americanos, conforme mostrado, o modelo organizacional leninista é o método revolucionário considerado correto. Mesmo recusando a rigidez *etapista* da III Internacional, sua visão estratégica coincide com a deste grande *partido internacional* – do qual ambos foram membros: acreditam que o *partido de vanguarda* é a liderança revolucionária que deve *guiar* o povo; e têm na Revolução Soviética o principal exemplo em que se miram. Também aqui percebe-se semelhança com o que pensa Gramsci, quem defende que cabe ao *Partido* organizar a *justa mediação* entre vanguarda e massas – transformando a *revolução passiva* em *ativa*.[74]

A crise da II Internacional – que se torna evidente com sua incapacidade no cumprimento do programa antibelicista com que se comprometera em 1907 (*Congresso de Stuttgart*) – revela-se com mais força depois da I Guerra, mostrando a inadequação das estratégias, táticas e modelos organizacionais da social-democracia. Com as exigências do movimento operário, acirram-se as tensões insurrecionais nos países

---

73 Marx, *idem*, p. 52; Engels, "Ludwig Feuerbach e o fim da filosofia clássica alemã" [1888], em *Obras escolhidas*, vol.3, p. 195 (ambos os textos com grifos dos autores).
74 Alexandre Adler, *Gramsci: Lenin no ocidente* (1978), p. 99.

europeus ocidentais, conformando um ambiente que sugere a iminência da *revolução* – cujas "condições objetivas" já estariam dadas, faltando-se apenas "condições subjetivas". A vitória dos soviéticos eleva-se assim como o símbolo oposto da *passiva* inconsequência parlamentar europeia – oferecendo evidências históricas de que era possível vencer-se *ativamente* o enfrentamento contra os regimes capitalistas em crise. Segundo a citada concepção de Wilson Barbosa, esta nova interpretação marxista do mundo pode ser chamada "marxismo oriental", tendo como representantes, em seu início, Lenin, Stalin, Trotski e Lukács, dentre outros, em contraste com a linha pacifista-reformista de Plekhanov, Kautsky e Bernstein – precursores da tendência que mais tarde se denominaria (em traços amplos) como "marxismo ocidental". Conforme Wilson Barbosa, caracteriza essa linha *marxista oriental* a defesa do "caráter universal" da *Revolução de Outubro* – ou seja, aqueles que acreditavam ser o "leninismo", ou uma variante sua, a estratégia da revolução socialista na época do "imperialismo contemporâneo" (ou "capital financeiro").[75]

Assim se firmaria o bolchevismo como paradigma revolucionário dominante, fruto da vitória soviética e da derrota social-democrata (o que levaria mesmo à substituição da denominação partidária russa

---

75 Wilson Barbosa, "Nelson Werneck Sodré e o 'marxismo ocidental'", em *Revista de História* (1999), p. 171. Note-se que o sentido mais amplo de "marxismo ocidental" proposto por Wilson Barbosa converge com o de Perry Anderson, no tocante a esta linha ter como característica uma preocupação – ou atuação – mais teórico-reflexiva que prático-revolucionária. Contudo, ao contrário de Barbosa, Anderson inclui Lukács por entre os *marxistas ocidentais* – como o faz também Merleau-Ponty –, devido em especial a seu *História e consciência de classe* (1923). Embora tal livro de Lukács tenha sido assim considerado por muitos, entende-se aqui que sua obra como um todo o situa mais próximo da práxis revolucionária soviética. Sobre as acepções de "marxismo ocidental", ver nota 17 (da *Introdução*).

pela de "Comunista")[76]. Caio Prado e Mariátegui acompanham atentos o desenvolver desse reluzente *exemplo* da revolução mundial – e não se furtam a um posicionamento claro, ainda que novamente polêmico, quando do agravamento das divergências no comando soviético por volta dos anos 1930. Como sabido, após a morte de Lenin, o partido bolchevique seria palco de histórica disputa – a qual ainda neste século XXI se faz presente no movimento comunista –, entre a liderança centralizadora de Stalin e a *Oposição de Esquerda* capitaneada por Trotski.

Motivados pelas críticas trotskistas, ambos os latino-americanos demonstram preocupação para com o processo democrático interno de construção socialista (como já exposto) – elaborando reflexões bem parecidas. Mariátegui enxerga a possibilidade, apontada pelos trotskistas, do problema da "burocratização"; diz que não se poderia esperar a ausência de conflitos em uma empresa desta *complexidade*, e acha importante que haja tal debate. Contudo, apesar de elogiar a "brilhante personalidade" de Trotski, pondera que até o momento a *objetividade* de Stalin parece mais adequada à realização do programa revolucionário.[77] Caio Prado, por sua vez, também nota que existe risco na constituição de uma "oligarquia" bolchevique por parte de *burocratas*; afirma que embora improvável, há no governo soviético o perigo de uma nova "diferenciação social", o que poderia ser agravado por "agressão externa" (*agressão* que de fato viria a ocorrer pouco mais tarde). No entanto, vê o comunismo como construção por demais *complexa*, e portanto diz que cabe aos bolcheviques mobilizarem-se para evitar tal

---

76 Marco Aurélio Garcia, "Reforma e Revolução/ Reforma ou Revolução (discussão de um paradigma)", em *Reforma e Revolução* (1990), p. 12-13.
77 "*El exilio de Trotski*" (1929), em *Figuras y aspectos de la vida mundial*, p. 19.

desvio – frisando aí a necessidade de se reeducar a sociedade segundo valores de "solidariedade".[78]

Parece aqui bastante relevante se destacar – além da postura semelhante de ambos diante da questão soviética e de sua visão da *complexidade* dessa *construção* –, que o autor brasileiro concebe o princípio da *solidariedade* como um *valor primordial* da nova sociedade socialista, conceito este que é também central no marxismo de Mariátegui – quem vê na *solidariedade* indígena uma qualidade intrinsecamente revolucionária.

Como se pode perceber, naquele momento de ataque generalizado à Revolução Soviética, os dois marxistas – ao menos imediatamente – demonstram acreditar necessária a postura pragmática da facção stalinista, ponderando, cada qual a sua maneira, que a história não é feita por um único Homem, mas pela luta das massas oprimidas e sua organização partidária de vanguarda. Colocam-se pois em posição intermediária entre a valorização da democracia como ideal precípuo, e a defesa concreta daquela ríspida realidade que caracteriza um frágil início de revolução.[79]

Quanto à polêmica interna soviética, vale um aparte para se mencionar a perspectiva que Lukács expressaria décadas mais tarde (1963) – em contribuição ao debate sobre o "culto à personalidade", motivado pelas denúncias contra o stalinismo. No artigo, ele ressalta sua preocupação mais com a "organização" de que com a "pessoa" – pois sem o funcionamento regular deste "mecanismo", o "culto" a Stalin não teria passado de um "sonho subjetivo", jamais tendo perdurado tanto tem-

---

78　*URSS: um novo mundo* [1934], p. 235-238.
79　Note-se que Gramsci, quando se agravou a crise interna do PCUS, define-se em favor da política de Bukharin e Stalin, defendendo a *Nova Política Econômica*, pois que a entendia como uma necessária aliança em vista da *hegemonia* (ideia então embrionária) – conforme L. Secco, *Gramsci e a Revolução*, p. 40.

po. Observa enfaticamente que o ponto de partida do problema foi a "situação interna" e a "internacional" em que se processou a Revolução Bolchevique – em análise que se aproxima a de Caio e Mariátegui – citando as "devastações da guerra", o "atraso industrial" e o "analfabetismo" da Rússia, além das "intervenções estrangeiras"; recorda também as duras oposições internas que o próprio Lenin teve de enfrentar. Diante do difícil obstáculo de "atraso econômico e cultural", o pensador húngaro considera que *neste período* Stalin se revelou um "estadista notável", e que sua defesa do "socialismo em um só país" representou a "salvação" da Revolução – apesar daqueles que mais tarde seriam "injustamente perseguidos" e "assassinados" na União Soviética, sob seu comando cada vez mais autoritário. Por outro lado, Lukács acredita injustificada a "lenda defendida no Ocidente" de que Trotski no poder teria sido mais "democrático" que Stalin. Justifica sua posição a partir das discussões de 1921, sobre os sindicatos: na ocasião Trotski queria *submeter* os sindicatos ao Estado, ao contrário ao que desejava Lenin, que via nisso uma afronta à democracia proletária. Lukács chega então à interessante conclusão de que Stalin, passado algum tempo, viria a proceder na mesma "linha de Trotski" – opondo-se "de fato" a Lenin (embora não explicitasse isso em sua argumentação); e que aquilo que hoje se considera "despótico" e "antidemocrático" na época stalinista, tem estreitas ligações "estratégicas" com as ideias trotskistas.[80]

Das três análises apresentadas, pode-se depreender um traço comum, a saber: que *ao lado* da importância de se criticar os excessos, injustiças e equívocos do stalinismo, deve-se *pesar* a situação delicada da Revolução e suas poucas opções de sobrevivência. Tal ponderação é significativa para que se possa refutar as comparações de tom niilis-

---

80   Lukács, "Carta sobre o stalinismo" [1963], p. 1-4.

ta que, replicadas fortemente pela mídia conservadora, desconsideram quaisquer avanços soviéticos após a morte de Lenin – sofismas que em certos casos chegam mesmo a comparar o *período* com o capitalismo e sua versão extremada, o fascismo.

Mariátegui morreria antes do desenrolar do problema soviético. Caio Prado ainda censuraria os "graves erros" do governo stalinista, mas se manteria fiel ao *Partido internacionalista*. De todo modo, entre autonomia reflexiva e engajamento dedicado – parafraseando-se Togliatti sobre Gramsci –, Caio Prado e Mariátegui foram *Homens de partido*: não apenas *intelectuais* ou *escritores* de grande vulto, mas militantes que se empenharam e viveram pelo que acreditavam, segundo a estratégia que tinham por correta: o *leninismo*, com sua consequente organização partidária.[81]

---

[81] Palmiro Togliatti, "Antônio Gramsci, chefe da classe operária italiana", em Problemas (1950): "Temos, porém, o dever de dizer alto e forte que Gramsci não foi o 'intelectual', o 'estudioso', o 'escritor', no sentido que estes póstumos louvaminheiros gostariam de fazer crer. Antes do tudo, Gramsci foi e é homem de partido". Sobre as críticas ao stalinismo de Caio Prado, ver A Revolução Brasileira.

Capítulo 4

Defesa da filosofia marxista dialética e práxis contra o europositivismo

> *Minha atividade de escrita acompanha sempre minha atividade prática*
> *Meu pensamento e minha vida constituem uma única coisa, um único processo*
> *Os filósofos não fizeram mais que interpretar o mundo de forma diferente; trata-se porém de transformá-lo*
>
> (Caio Prado/ Mariátegui/ Marx)[1]

Os marxismos de Caio Prado e de Mariátegui concebem a filosofia revolucionária e a metodologia histórica legada por Marx em seu aspecto totalizante, indivisível, cujo âmago é a necessária intercorrespondência genética entre teoria e prática. Situam-se assim no marco de fundação do pensamento latino-americano contemporâneo – pois se entende com Marx, que a concepção dialética da história, com sua consequente reivindicação da práxis revolucionária, constitui o ponto de clivagem entre o saber moderno *idealista* (positivista, cético, passivo), e o contemporâneo (dialético, utópico, revolucionário). Almejando o ser humano em sua plenitude, o marxismo rompe com a filosofia especu-

---

[1] Respectivamente: Caio Prado, "Carta a Hermes Lima" (jun. 1977), Fundo C. Prado Jr./ Arq. IEB-USP: ref. CPJ-CA070; Mariátegui, *Sete ensaios de interpretação da realidade peruana*; Marx, "Teses sobre Feuerbach".

lativa moderna, modificando o conceito mesmo de *filosofia* – ideia que passa a designar reflexão e ato consciente que transformam o mundo.²

A filosofia da práxis de Mariátegui e Caio Prado

Apesar de que não se pode separar na obra dos pensadores – como marxistas que são – seus aspectos científicos e os filosóficos, sua incursão na seara mais estrita da filosofia ocorre de modo similar: como forma de enfrentar o positivismo de viés eurocêntrico (*europositivismo*) que afetava o marxismo, ratificando assim suas próprias interpretações dialéticas da história periférica de suas nações, bem como suas posições revolucionárias antidogmáticas que daí resultaram.³ Este movimento intelectual se dá para eles no calor do embate científico e político gerado quando seus pensamentos começam a ganhar força. No que toca a Mariátegui, a discussão se localiza em meados da década de 1920, caso do importante ensaio antipositivista "*El Hombre y el Mito*" (1925) – em que afirma que a "filosofia contemporânea varreu o medíocre edifício positivista" e "demarcou os modestos limites da razão" –, e em especial de sua *Defesa do marxismo – polêmica*

---

2   Em sua XI "tese" sobre Feuerbach, Marx já fala de se superar aquela filosofia que só busca "interpretar" o mundo. Além de Mariátegui e Caio Prado, outros tantos pensadores defenderam a ideia do marxismo enquanto o pensamento que inaugura a *filosofia contemporânea*. Sobre o tema da *plenitude humana*, vale remeter-se as considerações dos próprios Marx e Engels, em *A ideologia alemã* [1845-1846] (Boitempo), em especial p. 37-39. No ensaio "Mariátegui e a filosofia de nosso tempo", prefácio a minha tradução *Defesa do marxismo – polêmica revolucionária e outros escritos* (Boitempo, 2011), esse assunto é tratado.

3   É importante destacar que Mariátegui escreve o substancial de sua obra na década de 1920 (falece em 1930). Já Caio Prado inicia sua obra clássica historiográfica nos anos 1930, vindo a embrenhar-se no debate propriamente teórico-filosófico apenas nos anos 1950 (e seu último livro seria *O que é filosofia*, de 1977/1981).

revolucionária (1928-1929). Já Caio Prado entra no debate filosófico sistemático mais tarde, a partir dos anos 1950, com sua *Dialética do conhecimento* (1952) – embora desde o início dos anos 1930 já desse pistas de sua reflexão teórica sobre a práxis enquanto cerne do marxismo, como em polêmica com comitê regional do PCB, na qual critica a "absurda" noção *etapista*: "a obrigação de todo mundo é tentar, e não cruzar os braços e declarar de antemão que agir é inútil".[4]

O alvo de ambos é a ilusão do cientificismo asséptico positivista – que pretendia reduzir o conhecimento a supostas leis naturais. Em sua teorização filosófica, defendem o ponto de vista marxista totalizante, fundado em uma dialética que tem por implicação a atitude revolucionária – um pensamento que recusa puras abstrações e requer a *objetividade* intrinsecamente relacionada com a *subjetividade*. Enfrentarão assim as mencionadas correntes socialistas dogmáticas, que chegaram a obter hegemonia política – os reformistas da passiva II Internacional e o mecanicismo etapista da III Internacional –, colocando na ação consciente do Homem sobre a história, o núcleo do marxismo.

Perspectiva da totalidade: a práxis na América

O princípio dialético de Marx não é somente um método de obtenção de conhecimentos acerca da realidade como um todo, mas coloca como fundamental que a *totalidade social*, interconectada por relações dialéticas, somente se torna concreta pela ação humana. Como observa Karl Korsch, a teoria da "revolução social" marxista foi concebida por seus fundadores como uma "totalidade viva". Nessa "práxis revolucioná-

---

4 "El Hombre y el Mito" foi publicado em El alma matinal (tomo III das *Obras completas*). A carta de Caio foi dirigida ao "Comitê Regional de S. Paulo do Partido Comunista do Brasil" (30 de nov. 1932), obra cit. (Arq. IEB-USP).

ria" integram-se não só os diversos conhecimentos (economia, política, etc), como também a "atividade social consciente". Isto pode ser visto desde logo no *Manifesto do Partido Comunista*, mas também em outras obras como *Miséria da filosofia* e *O 18 Brumário*.[5] Contudo, algumas décadas depois de inaugurada, alguns autores pretenderam converter a filosofia de Marx em uma teoria "pura", sem qualquer "imperativo prático" (portanto apenas *formalmente* dialética), cujo propósito foi sustentar certas práticas reformistas que acreditavam ser o socialismo um devir inevitável, *natural* como a evolução das espécies. Este equívoco consiste em se negar o conteúdo *filosófico* do marxismo – rompendo seu indissolúvel nexo entre teoria e prática; foi cometido por intelectuais burgueses, mas particularmente por teóricos da Internacional Socialista. O marxismo, segundo essa linha capitaneada por Kautsky e predominante até a I Guerra, reduzia-se a uma "crítica científica" de diversos aspectos da sociedade moderna burguesa – perdendo seu aspecto pleno de *filosofia da práxis*. A Revolução Bolchevique e a conjuntura revolucionária europeia (Alemanha, Itália, Hungria) revelam claramente a inépcia da corrente kautskiana e a incapacidade da orientação social-democrata da II Internacional para dirigir o proletariado em sua necessária ação. O fluxo revolucionário crescente (que se interrompe com a derrota alemã em 1923) cria espaço para a crítica desse marxismo vulgar. Contrários a tal guinada conservadora, insurgem-se desde cedo, Lenin e Rosa Luxemburgo, dentre outros pensadores de então, como o próprio Korsch, Gramsci ou Lukács. Em meio a eles, situa-se o peruano Mariátegui, embora sua presença excêntrica (ou não-europeia) não tenha sido destacada por historiadores da filosofia, antes da segunda metade do século XX. Contudo, o lapso temporal favorável a esse resgate da dialética na tradição

---

5   Karl Korsch, em *Marxismo y filosofía* (1971) [1923], p. 29-30.

marxista, não dura muito; com a derrota da Revolução Alemã, a partir de 1923 as condições sociopolíticas são revertidas, e no fim da década, com o isolamento da União Soviética (submetida ao cerco imperialista), ocorreria a stalinização da Internacional Comunista. Foi então bem breve, a conjuntura adversa ao marxismo vulgar (da social-democracia), de modo que não ocorreria um completo rompimento com tal linha – e o stalinismo emergente acabaria adiando por décadas a crítica às contaminações positivistas no marxismo.[6]

É importante notar ainda, que nesse movimento dialético dos anos 1920, autores eruditos e não influenciados pelo ambiente da II Internacional, como Korsch, Lukács, Gramsci e Mariátegui, não se voltam apenas contra a passividade desta ainda influente organização, mas também já tecem críticas ao pensamento mecanicista que ganhava força na III Internacional – desde logo criticando as tentativas de se limitar o marxismo segundo modelos rígidos (caso das críticas que os três europeus fazem ao *Tratado de materialismo histórico* (1921) de Bukharin, e das polêmicas "Teses" apresentadas por Mariátegui na *Conferência Comunista de Buenos Aires*, em 1929).[7]

Após a II Guerra, em meados do século, dá-se a retomada dessa discussão sobre a dialética e a práxis no seio do pensamento marxista, e seria então a vez de Caio Prado se erguer, no âmbito da filosofia, em favor de uma leitura criativa do marxismo – valendo frisar que desde os anos 1930 ele já expusera implicitamente suas posições teóricas antievolucionistas em sua obra historiográfica. O autor traz assim esse debate, em

---

6   Sánchez Vázquez, "*El marxismo de Korsch*", idem (em Korsch, obra cit.), p. 9; José Paulo Netto, "Apresentação", em Korsch, *Marxismo e filosofia*, p. 10-12; Ricardo Musse, "Teoria e história", p. 18-19.

7   Conforme apresentado no segundo capítulo deste trabalho. No tocante aos europeus, ver José Paulo Netto, *obra cit*. p. 12 e 21.

geral ainda restrito ao meio europeu, novamente à América. Note-se que dentre os intelectuais brasileiros, anteriormente ao marxismo ganhar espaço nos debates acadêmicos, somente Caio Prado se lançou a investigar e escrever sobre a *lógica dialética*; este tema – como aliás a teorização mais abstrata de âmbito filosófico de modo geral – até então era tido como questão que os europeus já teriam resolvido, cabendo aos pensadores *periféricos* somente utilizarem tais ideias em sua prática científica.[8]

Havendo aplicado, nas décadas anteriores, a metodologia dialética em suas interpretações da história brasileira, Caio sofreu oposições por parte da orientação oficial do PCB, sentindo pois a necessidade de defender seus pontos de vista de maneira mais precisa – examinando a teoria dialética (ocidental) desde suas origens pré-socráticas, até o desenvolvimento hegeliano. Do mesmo modo, Mariátegui, contrariamente às noções que em geral eram aceitas por membros da III Internacional e por revisionistas indigenistas, defendeu em sua reflexão filosófica o conceito marxista ético-romântico do "mito revolucionário" – a fé que levantaria seu povo –, para justificar suas concepções de que o "socialismo agrário" inca seria a *base* sobre a qual se poderia erguer nos Andes uma sociedade evoluída.

Como pondera Konder, o marxismo em uma sociedade periférica como o Brasil – o que decerto vale para a América Latina como um todo – nasce enfrentando os amplos desafios do marxismo em geral, cabendo-lhe pois pensar sua própria realidade, mas também o mundo. Para tanto, tais filósofos *periféricos* devem se esforçar ao máximo para compreender criticamente o "universal" e as "particularidades" das sociedades humanas (trabalho que o europeu já executara ao pensar *univer-*

---

[8] Jorge Grespan, "A teoria da história em Caio Prado Jr.: dialética e sentido" (2008), p. 59.

salidades segundo suas próprias *particularidades*). O que confere sentido à expressão "marxismo brasileiro", diz Konder, é o fato de se tratar de um pensamento "aplicado" à nossa realidade, nascido dela; mas também, um pensamento que não abandona seu comprometimento com questões de cunho universal – ainda que em sua mirada (como em qualquer mirada) estejam sempre presentes as "entonações singulares" de seu discurso, a originalidade de suas nuances socioculturais, e portanto epistêmicas.[9]

Se o marxismo renuncia à universalidade, renuncia a ser marxismo. Mas a *tradução* do *pensamento contemporâneo* – a *filosofia marxista* – a qualquer realidade, não pode perder sua idiossincrasia, seu *sotaque*, sem o que deixaria de ser histórico-dialética.

Tanto Mariátegui, como Caio Prado executaram essa tarefa – traduziram o marxismo a suas realidades, não apenas desafiando o modelo eurocêntrico, que segundo o dogma vigente deveria ser aplicado em qualquer interpretação *regional*, como ainda ousando investigar os próprios alicerces filosóficos do marxismo, para criticar de modo *universal* o centralismo europeu.

O preço de tal audácia e excentricidade seria pago em vida: nem um, nem outro foram reconhecidos em seu tempo (nem mesmo logo após suas mortes) como grandes pensadores *universais* – ficando sua distinção limitada sobretudo a seu território, e restrita a suas análises *particulares* acerca da questão nacional. As proposições de Mariátegui, por um marxismo atento à relação entre ambas suas faces – *realista e romântica* –, seriam reconhecidas internacionalmente como conceitos essenciais somente na segunda metade do século XX. Já as contribuições à filosofia de Caio Prado – sua minuciosa história dialética do conhecimento, que ratifica a noção de um *sentido* a ser perscrutado na história,

---

9   L. Konder, *Em torno de Marx* (2010), p. 122

bem como a expansão desta ideia para a categoria mais ampla de um *sentido* da práxis –, somente nas últimas décadas do século, começariam a ser valorizadas.

Esse eurocentrismo, a que Caio Prado e Mariátegui se oporiam, foi bastante nítido nos meios, não só epistêmicos, como culturais, especialmente até o fim do século XX, antes das guinadas político-progressistas na América Latina – que freando (parcialmente) o neoliberalismo, voltam a pensar o projeto independentista ainda incompleto de nossas nações. Por esta época, sobre o vício *eurocêntrico*, um poeta escarneceria: "se você tem uma ideia incrível, é melhor fazer uma canção; está provado que só é possível filosofar em alemão".[10]

Realismo e romantismo: duas faces da transcendência do ser

Se no campo da historiografia, como visto, os marxismos caiopradiano e mariateguiano, pautados por suas críticas ao determinismo evolucionista, têm notável aproximação, entretanto, no âmbito de suas meditações filosóficas, seus focos e caminhos argumentativos divergem significativamente. Não obstante tal diferença, é nítido que ambos têm por intuito final a defesa de uma mesma tese acerca do pensamento marxista: uma expressão teórica da revolução social, cujo aspecto *objetivo* é a reivindicação do método dialético histórico como forma correta de análise da sociedade; e o *subjetivo*, a valorização da atitude consciente libertadora como essência totalizante da filosofia de Marx.

Mariátegui, desde um prisma que exalta a subjetividade, contrapondo-se ao ranço metafísico que via no marxismo, apoia sua argumentação na vitalidade da ética, na vontade de liberdade humana – pondo mais peso no aspecto *romântico* da teoria de Marx. Já Caio

---

10 Caetano Veloso, "Língua", faixa do disco "Velô" (1984).

Prado defenderá o marxismo desde um fronte *realista* – centrando seu discurso no fato de que a evolução dialética do conhecimento demonstra que tanto a objetividade quanto a subjetividade têm que ser levadas em consideração em um plano de ação sobre o mundo.

Analogamente ao modo como Leibniz e Newton chegaram por vias completamente distintas ao cálculo infinitesimal, Mariátegui e Caio Prado, por meios bem diferentes chegarão a uma mesma acepção do marxismo, enquanto filosofia não dogmática, *aberta* a novos temas, construída na história – e que somente na ação do Homem se realiza em sua *totalidade*: Caio Prado, segundo seu espírito mais científico, historiador com olhar rigoroso sobre o método do conhecimento; Mariátegui por seu viés utópico e ético, jornalista de olhar panorâmico sobre uma gama maior de temas, e inclusive bastante sensível às artes.

Entretanto, vale destacar que se o pensador brasileiro se mantém em uma via argumentativa mais objetiva ou realista, ele frisa em toda sua análise a característica revolucionária *subjetiva* do pensamento marxista – criticando em sua longa exposição da história do conhecimento, as posturas unilaterais objetivistas ou subjetivistas.[11] Já o peruano, pondo a força de sua argumentação na face ético-romântica do marxismo, não deixará de valorizar também a face realista desta filosofia: a objetividade da metodologia histórico-dialética; embora sem se aprofundar no debate, ele afirma esta posição em vários escritos teóricos, além de aplicar com refinamento o método em suas interpretações históricas.

Sendo a intenção da filosofia, *depois* de Marx, conhecer a totalidade social para transformá-la, pode-se inferir que essas duas potências humanas, *intelectual* e *sentimental*, são caras ao marxismo – estando

---

11   Também em sua vida intensamente militante se pode notar sua valorização da práxis subjetiva.

inter-relacionadas dialeticamente e tendo sua primazia despertada conforme a situação a ser enfrentada.[12]

Apesar de certas críticas *não-totalizantes* que suas filosofias sofreriam, nem Caio Prado se limitou a uma abstrata teoria epistemológica, nem Mariátegui a um metafísico romantismo, mas ambos, opondo-se a filosofias metafísicas ou meramente especulativas, enveredaram com distintas ênfases em uma convergente reflexão de teor *ontológico* – que transcende qualquer compartimentação com que se queira rotular suas filosofias: defendem o marxismo essencialmente como *filosofia da práxis*. Mediante um contemporâneo conceito de ontologia, visam abarcar a questão do *ser-social* em seu todo, ressaltando a indissociabilidade dos aspectos objetivos e subjetivos do marxismo, no caminho emancipatório que leva do "reino da necessidade" ao "reino da liberdade" de que nos fala Marx: pois é através da prática que se percebe imprecisões na teoria – teoria que corrigida, é base para a correção da prática.

Conforme observa Lukács, Marx inaugurou os fundamentos de uma ontologia de novo tipo, não mais de modo especulativo, mas agora sob a perspectiva do "ser-social" historicamente determinado – tornando assim possível uma *descrição ontológica* do *ser* sobre bases dialético-materialistas.[13] Com o marxismo, portanto, a questão do *ser* é deslocada, sendo trazida da etérea abstração idealista, para o terreno da realidade – concretude donde parte para aferir sua metodologia científica de compreensão da existência. Esta "nova ontologia", como a denomina Marilena Chauí, parte da afirmação de que cabe ao Homem – *ser*

---

12 Note-se que Carl G. Jung, em suas investigações psico-antropológicas, constata em variadas culturas a presença desta contraposição categorial (e por que não *dialética*) entre essas duas potências humanas: a sabedoria intelectual e a sabedoria sentimental. Ou como disse Lenin, é preciso sonhar, mas sempre observando com atenção a vida real.

13 Conforme expõe em *Ontologia do ser social* (1981).

inexplicavelmente lançado no mundo – dar um sentido a esse mundo: conhecendo sua realidade, torna-se capaz de transformá-la.[14] É neste mesmo sentido que Gramsci diz que a "natureza humana" consiste no conjunto das "relações sociais" – o que por conseguinte, sempre se transforma.[15] Já Sánchez Vázquez entende que a *essência* do ser humano é o "trabalho", a "práxis revolucionária" – a "atividade prática" mediante a qual o Homem não só produz aquilo que satisfaz sua *necessidade*, como também se produz a *si mesmo*.[16] Tal passagem entre o Homem atual e o futuro – entre o *ser* com liberdade restrita e em conflito social, e o *ser* apto a desenvolver e realizar suas potências –, é um passo que exige, diz Konder, a superação da dimensão de "continuidade" histórica; é preciso substituir esta tendência que induz ao reformismo, por uma noção que promova uma efetiva intervenção humana no processo "ontológico" da "transformação social".[17]

Somente através da *práxis*, o ser humano – em um processo que relaciona a crítica e a autocrítica – pode superar a repetição histórica da barbárie, alienação e escassez, superando o *eterno retorno* das injustiças que limitam sua liberdade; opera assim sua *transcendência ontológica*.[18] Neste debate, por fim, ainda no prisma da ontologia vale mencionar que o pensamento filosófico de ambos os autores também tem notável sintonia na avaliação e defesa do conceito de *liberdade coletiva* como premissa

---

14 *Convite à filosofia*, p. 206.
15 *Cuadernos de la cárcel*, p. 172-173.
16 *Filosofia da práxis*, p. 429.
17 *A derrota da dialética*, p. 56.
18 "Eterno retorno" que ao contrário do que afirma o pessimismo individualista do solitário Nietzsche, radica-se em causas sociais – na mesma cultura burguesa-cristã que o pensador alemão soube tão bem criticar em outros aspectos, que não os políticos.

à *liberdade individual* – que eles opõem à rasa noção liberal-burguesa da liberdade individualista jurídica.[19]

A filosofia da práxis de Caio Prado

Conforme Caio Prado, é a partir da correta interpretação do mundo se pode orientar o *sentido* da ação revolucionária – e para tanto é preciso desenvolver o *método dialético*. Ele, que já contribuíra com esta tarefa elaborando cuidadosa interpretação científica da questão nacional brasileira, ingressaria nos anos 1950 também na teorização direta da filosofia. Sua entrada – de modo sistemático – no debate filosófico se dá com *Dialética do conhecimento*, pormenorizado compêndio de *história da filosofia*, na qual apresenta a conflitiva evolução do conhecimento, desde a metafísica à dialética, como passo para demonstrar sua *teoria dialética do conhecimento*, o que por sua vez fundamenta sua defesa da *lógica dialética* como bússola orientadora dos *sentidos* cognitivos e sociais – princípio universal válido para a natureza, para o conhecimento, para a história e a práxis. Como reforço e detalhamento a suas teses lançadas com este livro, escreveria *Notas introdutórias à lógica dialética* (1959), e a síntese de seu pensamento teórico, *O que é filosofia* (1981, reedição do ensaio de 1977).[20] Em 1971, publica sua polêmica filosófica *O estruturalismo de Lévi-Strauss – o marxismo de Louis Althusser*, em que analisa as pretensões filosóficas estruturalistas, o que considera dar margem ao reacionarismo político. Afora estas obras, discute temas da filosofia em variados escritos, como: "Prefácio" à *História econômica do Brasil* (edição

---

19 Mariátegui trata do tema em *Sete ensaios* (no ensaio "O problema da terra"), e Caio Prado em *O mundo do socialismo* (no ensaio reeditado como *O que é liberdade*). O tema foi apresentado nos capítulos anteriores.

20 *O que é filosofia* foi originalmente publicado em *Almanaque*, n.4 (Edit. Brasiliense), 1977.

de 1945); *O mundo do socialismo* (1967) e sua parcial reedição *O que é liberdade* (1980); "Desenvolvimento da inteligência" (manuscrito dos anos 1950); além de variada correspondência.

Segundo Florestan Fernandes, Caio Prado tem um pensamento abrangente, *totalizante*, o que o coloca como um *filósofo* no sentido amplo do termo, tendo legado ao marxismo contemporâneo uma produção como "historiador, geógrafo, economista, cultor da lógica e da teoria da ciência, homem de ação e político representativo".[21] Sua atenção é especialmente realista, evitando temas relativos ao que chama "filosofia literária" – aspectos românticos ou emotivos, reflexões sobre estados de espírito, ou indagações existenciais individuais. Para ele – homem prático, no afã de resolver problemas imediatos extremos, relativos ao poder e à miséria –, *antes* de se pensar tal filosofia subjetiva, *especulativa*, cabe ao Homem de seu tempo desenvolver *outra filosofia* que dê respostas concretas às questões humanas coletivas, sociais: o problema do conhecimento, da política, dos rumos da história.[22]

Acredita no conhecimento como caminho da liberdade, o que se dá mediante a práxis; e será por isto muito rigoroso quanto ao método científico – inclusive por motivos de debate político –, mas sem deixar de ter como *sentido* de sua filosofia a relação entre a objetividade do conhecer teórico e a subjetividade da realização prática. Contudo, apesar de sua preferência pela temática cientificamente objetiva, em diversos momentos de sua obra, transparece sua sensibilidade a aspectos sentimentais ou subjetivos, como parte de sua concepção ampla da totalidade social almejada pelo marxismo, em seu anseio revolucionário. Conforme declara o autor, o "objetivo último da pesquisa e elaboração científica" é

---

21 Florestan, "Obra de Caio Prado nasce da rebeldia moral" (artigo do jornal F. S.P., 07/09/1991).
22 *O que é filosofia*, p. 6-8.

solucionar os "graves problemas" que se apresentam à "convivência humana em termos de uma vida mais harmônica e feliz".[23]

Se no fim do século XX, o pensamento de Caio Prado não havia galgado um maior reconhecimento em âmbito internacional, além do eurocentrismo hegemônico no meio acadêmico, isto se deve – como sugere Pedro Fonseca – em parte, a sua obra ter sido publicada basicamente na então bastante periférica língua portuguesa, pois que o autor enfrentou os dogmatismos (nas ciências humanas e na filosofia marxista), senão antes, ao menos simultaneamente a que isso ganhasse proeminência nos países europeus.[24] No que toca à parcela estritamente *filosófica* de sua produção intelectual, a situação merece mais atenção – tendo sido até agora pouco explorada, mesmo em se tratando do ambiente acadêmico brasileiro.[25] De fato, como mencionado, a esfera da

---

23 "Carta a Marisa Figueiredo" (05/05/1976), *Fundo Caio Prado/* Arquivo do IEB-USP: referência CPJ-CA174.

24 Pedro Fonseca, "Caio Prado Jr.", em *Revista de Economia Política*, vol.11, n.3, jul-set.1991, p. 140-141. Na década de 1950, quando Caio inicia suas investigações filosóficas acerca da lógica dialética, surgem em paralelo vários estudos europeus sobre o mesmo tema, com conclusões convergentes e logo reconhecidos; dentre estes, destacam-se os marxistas Henri Lefebvre (*Logique formelle, logique dialectique*, 1947), Lucien Goldmann (Recherches dialectiques, 1959), e Mark Rosental (*Método dialético marxista*, 1946); além de outros teóricos da ciência, fora do campo do marxismo, como Karl Popper ("O que é a dialética?", 1940).

25 Vale aqui citar como representantes das boas exceções, os estudos sobre a *filosofia* de Caio Prado desenvolvidos por: Sérgio Schaefer (*A lógica dialética: um estudo da obra filosófica de Caio Prado Júnior*, 1985); Paulo Iumatti ("Caio Prado Jr. e as ciências naturais: sua apreensão das transformações epistemológicas da virada do século XIX", em *Estudos Sociedade e Agricultura*, 2000); e Jorge Grespan ("A teoria da história em Caio Prado Jr.: dialética e sentido", em *Revista do IEB*, 2008). Sobre a difusão no âmbito internacional de sua filosofia da práxis, vale menção à iniciativa dos professores e militantes do PCB Milton Pinheiro e Sofia Manzano, que em 2010 organizaram em Lima o seminário "Caio Prado Júnior y José Carlos Mariátegui: dos visiones del socialismo latinoamericano".

filosofia – não propriamente sua discussão, mas sua visibilidade – ainda é extremamente restrita aos limites da Europa.

Caio Prado viveu com intensidade a história de seu tempo. Erudito e militante, adiantou-se por diversas vezes aos debates intelectuais que surgiram – tendo sido um pesquisador independente, ainda que sempre tomando partidos. Como observa Paulo Iumatti, o essencial de sua formação se dá livre da pressão exercida pelo meio acadêmico – ambiente que com sua crença modernista na perfeição científica, acaba por empurrar pensadores para a estreita (mas eficaz, em curto prazo) tendência da *especialização*. Seu marxismo encontraria assim espaço para vislumbrar o "sentido" dialético de desdobramentos em campos diversos, como os da antropologia, psicologia, física, biologia e mesmo matemática.[26] Neste processo de erudição, vale destacar seu interesse pela geografia humana. Desde cedo, Caio já desenvolvera apreço pelas viagens como modo de conhecimento concreto da realidade – da condição de vida humana. Esta *observação direta do mundo*, desapegada de cátedras, lisonjas ou conforto, foi um dos aspectos que mais impressionou o pensador em seus estudos de Marx e Engels. Coopera com este seu movimento por um conhecimento enciclopédico, o grande impacto que a geografia humana desempenha em sua formação, situando-lhe a importância do *espaço geográfico* na análise do *tempo histórico* – ciência que lhe abre perspectivas para uma interpretação dialética da mediação entre o ser humano e a natureza, de modo a abarcar sua concretude e sensualidade. Tal contato se dá em especial através do professor Pierre Deffontaines (na USP), de quem décadas mais tarde ele recordaria como um *não grande escritor*, mas que sabia empolgar seus alunos com

---

26   P. Iumatti, "Caio Prado Jr. e as ciências naturais", p. 5-7. Sobre a matemática, a que Caio se dedica já no fim da vida, ver seu ensaio: "Matemática, ciência empírica", em *Encontros com a Civilização Brasileira* (1979).

seu humilde "anti-intelectualismo", com sua dedicação ao *trabalho de campo*, ao conhecimento não somente *livresco*.

Daí também o interesse de Caio Prado pelas ciências naturais, instrumental que busca dominar para melhor compreender as interações entre natureza e ocupação humana. Tal gesto o levaria ao debate com diversos *especialistas* de seu tempo – época ainda tão influenciada pela herança iluminista-positivista –, cientistas apegados a detalhes singulares e sem apreciações gerais ou interpretações do *todo*, aos quais ele oporia uma reflexão filosófica panorâmica, em um esforço de síntese da dinâmica do pensamento, mediante a ideia de um *princípio dialético universal*.

Ao lado das ciências naturais, cabe incluir também o esforço caiopradiano no sentido de compreender psicologicamente o processo dialético de apreensão e desenvolvimento do conhecimento – gesto voltado à elaboração de uma teoria que pudesse superar o problema cognitivo (nítido em aspectos cruciais, como a má interpretação político-histórica e a alienação). Seu interesse pela análise psicológica se dá especialmente no terreno da *psicologia cognitiva* – embora nos anos 1930 tenha se interessado também pela psicologia coletiva, sobre o que escreve um estudo (ainda inédito).[27] O autor entende que é através do desenvolvimento do *conhecimento*, que as massas – *base fundamental* para qualquer revolução – obterão consciência política, sendo função do revolucionário (vanguarda do *processo*), impulsionar esta tomada de consciência popular, por meio de análises rigorosas e posicionamento político claro. Assim, sobre a questão do *processo cognitivo* dialoga com a "epistemologia genética" de Piaget, na qual vê a *comprovação psicológica* da lógica dialética.[28] Desde Hegel, diz ele,

---

27 "Psicologia coletiva" (Paris, 1937)]. Em Fundo Caio Prado Jr./ Arq. IEB-USP: ref. CPJ-CAD007.

28 Vale ressaltar que poucos anos depois, ao final da década de 1950, o marxista romeno Lucien Goldmann, também se debruçaria sobre este tema, chegando

tornou-se possível "marchar no sentido da interpretação e explicação do processo de elaboração do conhecimento" – conhecimento que a partir da "experiência sensível", mediante um processo dialético de "relacionamentos" sucessivos, promove cada vez mais "apuradas" abstrações; e Piaget, com sua descrição dialética da dinâmica cognitiva vem contribuindo "grandemente" para o conhecimento desse *problema epistemológico* "fundamental".[29] A "epistemologia genética" piagetiana enfatiza os mecanismos dialéticos da percepção, da inteligência – na construção do conhecimento, desde seus níveis mais elementares. Em contraposição tanto ao empirismo, como ao inatismo, afirma que o conhecimento não provém só dos objetos (apreensão dos sentidos), nem só do sujeito (ideia de categorias do saber pré-formadas segundo uma *estrutura* biológica), mas da relação entre ambos. Para o psicoepistemólogo, as estruturas do conhecimento não são prévias, mas advêm de um processo de desenvolvimento – e portanto o conhecimento tem um caráter eminentemente *criativo*: a ação é sua fonte propulsora. "Piaget é dos psicólogos modernos aquele que mais se aproxima da dialética" – diz Caio Prado; seu *Traité de logique* (1949), "para onde leva muitas de suas conclusões no terreno da psicologia genética, abre muitas vezes perspectivas do maior interesse para uma apreciação justa da lógica"; porém, "infelizmente", suas concepções "clássicas e metafísicas", assim como

---

a conclusões semelhantes às de Caio Prado. Ver L. Goldmann, "*La psychologie de Jean Piaget*", em *Recherches dialectiques* (1959); e "Jean Piaget e a filosofia" (ensaio de 1966), na coletânea *Epistemologia e filosofia política* (1978). Goldmann, que se aprofundou no estudo da relação entre a epistemologia genética de Piaget e a dialética marxista, chega a considerar o psicólogo suíço-genebrino como um *marxista de fato*, que no entanto se *ignorava* como tal.

29 "Carta a Cruz Costa" (prisão do Quartel do 16º BPM, 28/07/1970), *Fundo Caio Prado*/ Arq. IEB-USP: ref. CPJ-CA006.

um "ecletismo" de que ele não consegue se livrar, "embaraçam" o "progresso de seu pensamento".[30]

Nos campos da psicologia, Caio Prado defende portanto uma concepção dinâmica do conhecimento, segundo a qual o "pensamento" é estimulado pela "atividade humana", na mesma medida em que a dirige – um "ciclo do conhecimento" em que se interpenetram *objeto* e *sujeito*. Neste caminho, tecerá críticas a escolas que pendem unilateralmente para o subjetivismo ou objetivismo, caso do comportamentalismo (ou *behaviorismo*), com sua tendência empirista; e da psicologia da forma (ou *Gestalt*), com seu *estruturalismo* não-genético. Desta última corrente, entretanto, valoriza os aportes sobre a "totalidade", categoria que ele percebe como fundamental ao marxismo, tanto no âmbito epistêmico (perspectiva de saber interdisciplinar versus compartimentação metafísica especializante), como no ontológico (Homem enquanto ser sócio--histórico integral *determinado* e *determinante*). É preciso que o pensamento se ponha no *sentido* de uma apreensão "totalizante" do mundo, de forma que se possa dar conta, com a melhor precisão possível, da complexidade humana; por outro prisma, a partir da perspectiva do *todo* que nos oferece a análise da *totalidade*, o Homem dispõe de ferramental para exercer sua própria plenitude histórica – seu papel enquanto agente transformador da sociedade na qual está inserido (neste ponto, Caio se aproxima de Lukács, para quem é a categoria da totalidade que diferencia a filosofia contemporânea, da moderna – fundada no ponto de vista individual burguês).[31]

Daí, que atraem a atenção de Caio Prado as "rigorosas" observações experimentais da *Gestalt*, que confirmam a noção de que o "todo"

---

30 *Dialética do conhecimento*, p. 82n.
31 *O que é filosofia*, p. 100-101.

é mais que a "simples soma" das "partes" – ou que a "forma" é mais que o agrupamento de seus "elementos" individuais. No entanto, censura os gestaltistas por não perceberem o valor do *individual* na composição do todo – por recusarem a possibilidade de se explicar uma *forma* a partir de seus *elementos*, segundo a suposição de que a forma conteria alguma propriedade intrínseca, uma *estrutura preexistente*. Contra esta ideia, diz ele, é suficiente que se substitua a noção *estática* de "percepção puramente passiva", pela noção *dinâmica* de uma "atividade perceptiva" – isto é, de um *processo mental dialético* que relaciona e contrasta os dados elementares da sensibilidade, constituindo assim uma "totalidade unitária". "O conhecimento científico não se constitui de um aglomerado de conceitos individualizados e dispostos entre si em justaposição" – afirma – mas sim, "se compõe de um sistema de conjunto cujas partes, que seriam os conceitos particulares, reciprocamente se incluem umas nas outras".[32] Nesta dinâmica, as *estruturas* se renovam mediante cada *novo elemento* – e mediante cada *novo conflito* que este elemento traz. "Elementos" e "estrutura" se configuram "progressivamente" até se caracterizarem plenamente, e quando uma estrutura maior se caracteriza, teremos então um "novo elemento" utilizável em um "relacionamento maior" e "representado por novo conceito".[33] Cita Marx para ilustrar sua tese, afirmando que o pensador alemão desenvolveu o conceito de *mais-valia*, "relacionando entre si" os conceitos de *valor de troca* (medido pelo esforço produtivo despendido) e de *salário* (contrapartida da força de trabalho produtivo). Isto é, eliminando o "contraste e exclusão recíproca" que "separam" e "discriminam" entre si esses conceitos já "bem conhecidos" por economistas seus antecessores, Marx realizou a *síntese* deles, "num sistema de conjun-

---

32 *Notas introdutórias*, p. 51, 113n e 73 (respectivamente).
33 "Desenvolvimento da inteligência", *Fundo C. Prado* / Arq. IEB-USP: referência CPJ-CAD035, p. 85.

to mais amplo, geral e complexo, que os compreende numa unidade e totalidade integrada".[34]

O objetivo de Caio Prado em abarcar a dialética nas ciências naturais e na psicologia é compreender as *relações* no universo de modo geral; é mostrar as bases materialistas da "lógica dialética" – e como ela superou a "lógica formal" na evolução do conhecimento. Em correspondência com o colega filósofo Cruz Costa, afirma que é o conjunto dos "sistemas de relações" – isto é, de "totalidades integradas" e "intra-relacionadas" – que constitui o *conhecimento*. Tais sistemas de *relações*, mediante as operações mentais, permitem que se retorne dos "níveis abstratos" à "representação sensível" – o que liga o conhecimento ao "reconhecimento" da realidade concreta, permitindo-lhe realizar "seu fim precípuo" e "sua razão de ser": a "condução da ação humana".[35]

"O pensamento é relacionamento", afirma Caio em "Desenvolvimento da inteligência"; "não dados atômicos" ou "elementos fixos isolados", mas sim "sistemas relacionais", e portanto conflitivos, que por sua vez são "produtos de relacionamentos anteriores" – os chamados "'estados de equilíbrio' de Piaget" (menciona deste autor *La psychologie de l'intelligence*). O *"processo de relacionamento" é "permanente"* – daí a *"fluidez permanente do conhecimento". "Toda elaboração cognoscível consiste sempre em relacionar novos dados experimentais ao conhecimento anterior",* ou seja, aos *"sistemas relacionais anteriores" – "criando sistemas mais amplos".* Muitas vezes – completa ele, citando a *"teoria da relatividade e suas consequências" – "a integração de uma experiência nova enseja essa articulação mais ampla".*[36]

---

34 *Notas introdutórias*, p. 239.
35 "Carta a Cruz Costa" (1970), *obra cit.*
36 "Desenvolvimento da inteligência", obra cit., p. 20-21.

Como observa o filósofo gaúcho Sérgio Schaefer, em sua detalhada pesquisa sobre a obra filosófica do pensador marxista, Caio Prado retoma *ideia mestra* de Lenin, que é a *coincidência* entre *lógica dialética* e *teoria do conhecimento*.[37] Tal concepção está fundada na própria forma como se opera psicofisicamente o processo do conhecimento – ou a "representação mental" da "realidade objetiva".[38] Em sua demonstração, Caio analisa o desenvolvimento do pensamento humano, em seu processo de *logificação*, abrangendo com seu estudo, o amplo cenário da cultura ocidental, desde os gregos pré-socráticos ao seu século XX, para daí alcançar a compreensão da atividade pensante em sua *forma dialética* – a qual, ao conhecer, transforma o conhecimento. A visão caiopradiana é a de que a dialética não se detém em setores do conhecimento, mas os abarca a todos. Segundo expõe em *Dialética do conhecimento*, não foi Hegel, nem ninguém que *inventou* o método dialético, mas ele decorre do próprio processo pensante; o progresso do conceito – como da sociedade, aliás – se dá pelo elemento "negativo" que ele contém; é mediante a *negação* que a dialética, enquanto método lógico, revela o *sistema de relações* que compõe o conhecimento em geral. No entanto, afirma que foi Hegel quem mostrou que (contrariamente à lógica metafísica) os conceitos não se fecham em "categorias estanques", mas são apenas "momentos do processo pensante". Note-se que o autor não condena a "lógica formal" como um todo – vendo em seu *formalismo* ferramenta indispensável para *exprimir* conhecimentos *já elaborados* –, embora a veja incapaz de criar *novos conceitos*, e portanto, em última análise, de transformar o mundo. Ademais, Caio entende que foi através da análise

---

37 Sérgio Schaefer, *A lógica dialética – um estudo da obra filosófica de Caio Prado Júnior*, p. 10-11.
38 C. Prado, "Teoria marxista do conhecimento e método dialético materialista", em *Discurso*, n.4 (1973), p. 48.

hegeliana sobre "qualidade" e "quantidade" que se abriram caminhos para o conhecimento do Homem – para as ciências históricas –, pois que então se pôde concluir, diz ele, que a *transformação* da "quantidade" em uma *nova* e *diferente* "qualidade" fornece a "chave explicativa" do "essencial da dinâmica dos fatos sociais". Assim, cada situação histórica (uma *qualidade*), contém sua negação (outra *qualidade*); ao se desenvolver *quantitativamente* uma qualidade, desenvolve-se a outra, o que agrava por conseguinte as contradições; isto se dá até que se atinge determinado limiar em que – de acordo com a formulação de Engels, que *naturaliza* a dialética de Hegel – ocorre um "salto" *qualitativo*, ou seja, a realização de uma *nova qualidade* a partir das contradições anteriores. É portanto por *saltos* – ou de outro modo, *revoluções* – que marcham os acontecimentos históricos, e também os cognitivos.[39]

Em suma, a filosofia caiopradiana se dedica a traduzir a dinâmica do processo pensante e social – a trazer à luz da consciência as leis gerais da dialética pelas quais se elabora o conhecimento e se move a história. Ao explicitar as *leis dialéticas* em suas bases materialistas – naturais, históricas, psicológicas –, ele reitera o gesto de Marx, colocando a lógica hegeliana *em pé*. E neste ponto, como destaca Schaefer, Caio Prado oferece um importante aporte à filosofia, ao reforçar a *concretude* das *leis* de "interpenetração dos contrários", "negação da negação", e "transformação da quantidade em qualidade".[40]

---

39 Schaefer, *idem*, p. 67-69; *Dialética do conhecimento*, p. 445 e seguintes. Quanto aos *saltos* com que caminha o conhecimento científico, vale remeter-se às considerações de Thomas Kuhn, em A estrutura das revoluções científicas.

40 Schaefer, *idem*, p. 122. Schaefer nota ainda que, desde os anos 1950, quando Caio tratou destes temas, diversas novas pesquisas trouxeram dados que podem se somar à análise dos processos pensantes – nos campos da própria psicologia, mas também da neurofisiologia, e mesmo cibernética.

É certo, porém, que a compreensão do pensamento de Caio Prado não é tarefa simples. Sua complexidade e amplitude exige do leitor visão abrangente, de modo a abarcar sua exposição segundo uma *totalidade* (categoria central para o autor, donde advém aquela que talvez seja sua maior contribuição à filosofia marxista da práxis – a concepção de "resultante" ou "sentido"). Pensador e revolucionário cuja obra como um todo foi erigida para desmascarar a ilusão positivista – e sua consequente passividade, que contaminavam o marxismo –, em prol de um projeto socialista de nação, o texto de Caio Prado foi escrito sempre no calor das lutas políticas, e com o agravante de ter vivido um momento histórico de derrotas e violenta censura. Assim, sua escrita de estilo enérgico, erudita e algo ensaística, é por vezes digressiva e não-linear, o que pode passar a leitores superficiais ou parciais de seus textos, impressões equivocadas. Tais equívocos motivados por leituras incompletas, e mesmo por questões ideológicas, o levariam a sofrer censuras das mais fora de contexto – desde as *políticas* (como a de ser contra a reforma agrária ou de ser nacionalista, o que como mostrado não possui fundamento), até críticas *filosóficas*. Dentre estas, dirigidas em especial a seu primeiro livro no campo da filosofia, *Dialética do conhecimento*, seu pensamento foi acusado de se limitar à estreiteza da *epistemologia*, chegando mesmo alguns a entenderem nele algo como uma defesa do positivismo – ou seja, o exato contrário da *mensagem geral* de sua obra. Como resposta aos mal-entendidos, escreveria a réplica *Notas introdutórias*, assim como o estudo não publicado "Desenvolvimento da inteligência", e *O que é filosofia*, sua última meditação filosófica, síntese que reforça o cerne ontológico de seu pensamento – a relação entre *sentido* e *práxis* na existência humana como um todo.

Relativamente a tais polêmicas, quanto à acusação de que o pensador teria se limitado a uma *epistemologia*, vale antes de tudo reiterar que *Dialética do conhecimento*, para além do campo da teoria do conhecimento, trata-se de uma excelente e enciclopédica história da filosofia – em que está alicerçada cuidadosa defesa da dialética marxista, e por conseguinte, da práxis. Octávio Ianni ressaltaria esta qualidade, afirmando ser "evidente a sua presença na história das ideias filosóficas" – merecendo destaque o fato de que ele relaciona (pioneiramente) a evolução histórica do pensamento com suas configurações sociais.[41]

Conforme bem observa Marilena Chauí, fazer *história da filosofia* é fazer *filosofia*; filosofia não é um treino do pensamento sobre um objeto qualquer – mas uma reflexão suscitada por um *problema concreto* e que detém atualidade. A história da filosofia mostra como a reflexão humana está enraizada na história – expressão de sua cultura, de sua sociedade; ademais, é através da história da filosofia que se percebe que há uma "história de transformação dos conceitos", que os novos pensamentos não partem do "zero". Dispor dessa perspectiva, diz a filósofa, nos evita o "achismo", as elucubrações infundadas (tais quais se vê por entre pós-modernistas) – pois nos coloca no campo concreto do "embate entre teorias". Filosofia é a busca do "fundamento" e do "sentido da realidade" em suas múltiplas formas – diz ela em consonância com Caio.[42]

E efetivamente, foi a isto que Caio Prado se propôs. Em sua obra filosófica ele não trata *somente* do método dialético em si, mas também do *percurso dialético* ou *sentido* que seguiu o desenvolvimento do saber, e é também é um desbravador na discussão da categoria marxista da *totalidade*; expõe posições históricas que pendem, dialeticamente, ora à objetividade, ora à subjetividade, para daí propor a superação da metafísica dualidade *sujeito-objeto*, investigando a relação dialética que exis-

---

41 O. Ianni, "A dialética da história", *obra cit.*, p. 73.
42 Marilena Chauí: "Entrevista: Marilena Chauí", em *Revista Cult* (mar. 2010); *Convite à filosofia*, p. 23.

te entre a *objetividade* do conhecimento e a *subjetividade* da ação social transformadora. Sua concepção de *sentido do pensamento* – enquanto *linha mestra* ou *resultante* do processo evolutivo epistêmico – explicita estagnações e regressos, ao contrário do vulgar evolucionismo, pondo em evidência as tendências e conflitos históricos do conhecimento, que conduzirão em cada época a modificações de seus *sentidos*.

Segundo ele afirma, a "dialética tem sido particularmente fecunda na análise dos fatos sociais"; "não há fato social fora da história, não há permanência dele através do tempo", mas sim "um fluxo permanente" que se opõe a "situações históricas definidas"; deste modo, pode-se e deve-se criticar as "deficiências" no emprego da dialética, críticas que aliás *nunca* serão *suficientes* "em face dos altos objetivos sociais e humanos a que se dirige a investigação dialética da história". E em oposição a isto, "naturalmente" sempre se erigirão as classes conservadoras: "contra uma filosofia tão nitidamente revolucionária como a dialética materialista."[43]

Por outro lado, se é verdade que o pensador valorizou o rigor de correntes racionalistas (em sua batalha por uma análise histórico-científica acurada), vendo no estudo da estrutura da linguagem – meio de expressão do pensamento – uma importante via para a compreensão da relação entre os conceitos, porém é importante destacar que jamais se iludiu com as crenças *cientificistas*. Mantendo seu foco sempre no plano totalizante, que implica a práxis revolucionária, criticou abertamente o positivismo lógico do Círculo de Viena e outras tradições positivistas inspiradas em Wittgenstein – "legítimo rebento" da "metafísica" de Bertrand Russel.

---

43 C. Prado, "Prefácio" à *História econômica do Brasil* (1945), p. 13-14 (grifo do original).

Assim, a admiração de Caio Prado por elementos da filosofia analítica racionalista se restringe a seus métodos de verificação acerca das proposições da ciência e de sua expressão – métodos nos quais ele percebe necessária objetividade (aportes a serem portanto *apreendidos*). Coube a estes "logicistas modernos" – afirma – chamarem a atenção ao fato de que "a maior parte da filosofia" não tem como "objeto e conteúdo verdadeiro", senão "formas verbais"; ou de outro modo, eles perceberam que segundo uma "lógica formal" que não superava a estrutura linguística, muitos filósofos supuseram desenvolver o conhecimento, embora não conseguissem se desprender de uma ontologia "metafísica", de uma noção especulativa do ser.[44]

Todavia, segundo um âmbito filosófico mais geral, ele será grave crítico desses "logicistas modernos", acusando sua postura cética de se afastar da história real, ao recaírem, em sua busca por objetivos filosóficos *claros*, no extremo oposto disto, restringindo o alcance da *lógica* à linguagem formal – desconsiderando sua função de criação do pensamento. Tal posição pode ser útil para formalizar com precisão um corpo de conhecimentos estabelecidos, em sua etapa atual; entretanto, de nada serve para a elaboração do conhecimento, para sua produção, reorientação – seu único objeto é a "consideração da linguagem", a formalidade do "verbalismo". Porém, a forma não pode ser separada do conteúdo; o conhecimento não é fixo, mas dialético, histórico; não existe uma "forma absoluta do conhecimento", como creem os positivistas, mas na medida em que o conhecimento se desenvolve – desenvolvimento que é "irregular e assimétrico" –, a própria *estrutura* lógico-formal da linguagem

---

44 Note-se que, como colocado, Caio Prado entende e usa o termo "ontologia" no sentido depreciativo de *ontologia metafísica*, embora aqui ele esteja sendo usado para designar a reflexão (de que o próprio autor participa) acerca do *ser social integral*.

que o exprime *se modifica*. Com o desenvolvimento da física moderna, o "materialismo vulgar" recebeu seu "golpe de morte" – afirma; a ciência "já há muito" deixou de se ocupar com o que "é" – dirigindo seu olhar para o que "se passa"; o que se busca conhecer na intimidade do mundo não são "substâncias", mas "processos".[45] É um "sofisma" falar-se em ciência "pura", em problemas *resolvidos*: é na "ação prática" que os Homens encontram elementos para suas "considerações teóricas". O cientista não pode elaborar sua ciência "alheado da prática" – e se ele "ignora" ou "finge ignorar" a prática, decerto esta *não ignora sua ciência*.

Caio Prado nega portanto qualquer dualismo entre *sujeito* e *objeto* – expondo que entre ambos há sim, uma relação dialética. A unidade teórico-prática aparentemente rompida por concepções particulares de um cientista, diz, *reestabelece-se* no plano social. O que se propõe "não é portanto o pensamento em si", mas "o terreno em que o pensamento opera, os fatos concretos em que se apresenta e em que se manifesta"; e tais fatos são os da "atividade humana" em que "confluem e se unem o pensamento que dirige a ação do homem e é por ela estimulada, e o mundo exterior dentro do qual e em função do qual o homem age". É na "ação" que o Homem "interroga" a natureza – propondo seus problemas. O "indivíduo pensante" age "em função" de seu pensamento; "é para agir que ele pensa"; e em agindo, ele transforma o objeto de seu pensamento: "ação e pensamento formam nele como dois aspectos do mesmo fato".[46] Observa-se pois, que sua teoria do conhecimento, está dialeticamente relacionada com a questão ontológica.

Dentre tais críticos que não buscaram se aprofundar na filosofia caiopradiana – desponta Jacob Gorender, que em meio a polêmica

---

45 *Dialética do conhecimento*, p. 326-327; *Notas introdutórias*, p. 172-174; "Prefácio" de *História econômica do Brasil* (edição de 1945), p. 9-11.
46 *Dialética do conhecimento*, p. 56-57 e 652.

política, desvia por discussão filosófica, sem se dedicar a compreender no todo a teorização de Caio Prado, não chegando portanto a perceber que ao invés de deslizes positivistas (em que ele sugere recair o autor), Caio pôs a filosofia analítica de ponta-cabeça – corrigindo-a.[47]

Em sintonia com o mencionado trabalho de Sérgio Schaefer, também Jorge Grespan se destaca por entre aqueles que reconheceram a importância da obra filosófica caiopradiana – tendo elaborado interessante ensaio sobre a relação entre *dialética* e *sentido* na filosofia de Caio Prado, além de tratar de sua rica interpretação da dialética hegeliana. Em seu estudo, Grespan afirma o ponto de vista de que o pensador, ao estender sua demonstração dialética a eventos da natureza, tem como objetivo demonstrar que também a natureza, como a história, é *processual* – fruto de relações que se dão no tempo. Isto em nada tem que ver com a armadilha em que caíram certos marxistas dogmáticos, e reformistas, de se buscar *naturalizar* a história, encontrando nela apenas

---

[47] Jacob Gorender, "Do pecado original ao desastre de 1964", em *História e ideal*. Também Leandro Konder – quem em Intelectuais brasileiros e marxismo (1981) censura o modo parcial como certos comentadores não medem "palavras" ao tecerem críticas, e assim desprezam "eventuais possibilidades de diálogo" –, ele mesmo acabaria por cometer injustiça semelhante contra C. Prado; sem citar nenhum argumento além de um etéreo "parece-me" (ou seja, uma opinião vaga, e nem mesmo sobre a obra em si ou a análise de estudiosos, que não cita, mas sobre a "impressão" de genéricos "leitores"), afirma sobre seus dois livros filosóficos dos anos 1950 que, "independente das divergências que se manifestem entre os críticos(...) parece-me que predomina na impressão dos leitores do grande historiador paulista uma certa decepção: os dois trabalhos ficam aquém dos ensaios [historiográficos]" –, entre outras adjetivações taxativas (em "A façanha de uma estreia", p. 139). Houve ainda certa crítica menor, tendenciosa e apelativa, que no afã de se erguer nos ombros da fama de Caio Prado, chegaram às elucubrações mais vulgares, como a de que toda sua atitude política durante toda sua vida teria sido positivista e nacionalista, com o intuito velado de proteger negócios familiares (a que ele era estranho) – tema sobre o que não cabe comentar.

mecanismos e coisas fixas – mas pelo contrário, com sua perspectiva dialética, Caio Prado *historiciza* a natureza.[48]

Sem deixar de frisar em nenhum momento a função central da "atividade humana", a busca de Caio ao investigar a dialética na natureza – apoiando-se inclusive nas ciências naturais e psicologia – é por reforçar a lógica dialética. Amparado em demonstrações concretas, mostra que a *natureza* e o *conhecimento* também têm sua história – e que ela se desenvolve de maneira *dialética*. Além disto, ressalta que há dois significados para a expressão "dialética", que embora distintos, entrosam-se: um *objetivo*, o comportamento geral da natureza; e um *subjetivo*, o método humano consciente de se considerar a realidade.[49] Neste debate, dialoga explicitamente com Engels, que em seu famoso ensaio inacabado (interessante escrito, mas pouco elaborado, que geraria más interpretações evolucionistas que em nada condizem com o *todo* ou o *sentido* do pensamento engelsiano), *Dialética da natureza*, definira a *dialética* em oposição à *metafísica*: enquanto esta pensa conceitos *fixos*, aquela pensa conceitos *fluidos*. Ao invés de trabalhar com opostos estáveis e que se excluem, a dialética opera com opostos que se transformam e integram – segundo um movimento de contradições progressivas. Note-se que também Marx, em correspondência com Engels, declara que as *leis da dialética*

---

48 Jorge Grespan, "A teoria da história em Caio Prado Jr.", p. 59-61.
49 Assunto que devido aos mencionados desvios dogmáticos, já foi tabu por entre marxistas, a validade do princípio dialético nos processos naturais e cognitivos é questão que hoje se faz bastante presente: além dos diversos estudos neste sentido, mostrando a presença de relações dialéticas na física, biologia, fisiologia, psicologia, etc (investigações que o próprio Caio ajudou a fomentar), vale se destacar a questão da ecologia: tema em que o problema da natureza se liga vital e estritamente com o da história humana – como mostra, por exemplo, Bellamy Foster em seu Marx's ecology: materialism and nature (2000).

valem tanto para a história como para as ciências naturais – embora não se embrenhe nesta reflexão, visto que essa não era então sua prioridade.[50]

Em *Dialética do conhecimento*, mediante cuidadosa investigação e exposição do pensamento de Hegel, a atenção de Caio se dirige à "permanente transformação", à relação que "entrosa" dialeticamente o que é "distinto": cada momento da história traz "em seu seio" a "transformação" que o "destruirá" – cada situação contém em si o princípio transformador de que surge o novo. No entanto, uma vez surgido o novo, uma vez "realizado", o "Real" torna-se "outro". Conforme analisa Grespan, isto implica que uma *situação histórica*, mesmo sendo resultado de um projeto "racional", realizado pela "ação" humana, acaba por fugir do plano original: e portanto esta "realização" nunca é definitiva.[51] Na sequência, Caio Prado formulará crítica ao idealismo hegeliano, ponderando que Marx, com sua formação hegeliana, aplica aos "fatos concretos" o tratamento que Hegel restringira às "ideias": "Marx portanto, materialista que é, fez com os fatos concretos o que Hegel fizera com os conceitos: relacionou-os". E ele vai além, notando que as condições necessárias para a "germinação" da semente dialética lançada com Hegel, somente se darão mais tarde, nas circunstâncias históricas vividas por Marx e Engels – quando ocorreriam profundas transformações advindas da *revolução industrial* iniciada no século XVIII, o que propicia o aparecimento de uma nova classe social: o "proletariado urbano".[52] Estas novas condições históricas

---

50 Wilson Barbosa, "A dialética como método e lógica", p. 22; Eleutério Prado, "Dialética e evolucionismo", em *Revista da Sociedade Brasileira de economia e política*, p. 1-2. Caio Prado, em *Dialética do conhecimento* (p. 54), cita Engels para explicar os dois sentidos de dialética: "duas séries de leis idênticas no fundo, mas diferentes na sua forma, na medida em que o cérebro humano pode aplicá-las conscientemente".

51 *Dialética do conhecimento*, p. 419 e seguintes; Grespan, *idem*, p. 63-64.

52 *Dialética do conhecimento*, p. 550-551; *Notas introdutórias*, p. 34.

haviam inviabilizado qualquer perspectiva do idealismo hegeliano e suas *conciliações* – reforçando o aspecto contraditório da sociedade. O *real* tornara-se *outro*, e a análise dialética então se dirige aos conflitos *concretos* do capitalismo.

Para Caio Prado portanto, a *ação consciente*, ao propor um novo *sentido* para a sociedade, interage com o *sentido* vigente em determinada *situação histórica* – havendo assim uma dialética entre a práxis do *agente histórico*, e a realidade das *circunstâncias sociais*. A ação dos indivíduos representa uma força que orienta o processo transformador da sociedade, mas não a única; o processo é constituído por contradições que, superadas, originam novas situações, que por sua vez têm novas contradições. É da conjunção entre as diversas forças reais em oposição, de sua "resultante" ou *tendência predominante*, que se dá o *sentido da história* – a ser interpretado corretamente.[53]

É importante reiterar que este aspecto fundamental do pensamento caiopradiano – seu conceito de *sentido*, que ele começara a desenvolver em sua obra historiográfica – não se limita à interpretação dos rumos da conflitiva evolução sócio-histórica, mas como expõe em *O que é filosofia*, também se vincula à orientação do conhecimento e de sua função na "existência humana": o direcionamento da práxis. O conhecimento deve regular a "ação e conduta humanas" – "costumes", "princípios éticos", "instituições" –, orientar o *comportamento* que relaciona o *Homem* com o *meio* que o envolve. Tal *diretiva de ação* tem por finalidade, em última análise, a superação ou redirecionamento do próprio sentido sócio-histórico. Na medida em que se tem consciência do "dinamismo" histórico, pode-se oferecer à sociedade uma norma de ação, um sentido evolutivo libertador. Este é, para Caio Prado, o tema central da filosofia:

---

53 *Dialética do conhecimento*, p. 614-615.

o processo do devir humano, o desenvolvimento da dialética entre a *razão humana* e as *contingências históricas* e *naturais* a que está submetido. Filosofia é o "relacionamento dialético do conhecimento e do comportamento do Homem situado no todo universal de que participa". Em contraste com a *ciência*, que se ocupa das "feições do universo", o "objeto" da *filosofia* é o "conhecimento do conhecimento": é o conhecimento do *ato* de "conhecer", a compreensão de sua gênese, desenvolvimento, seqüência; é o "fato do conhecimento" considerado em "toda a sua amplitude" – o que vai desde a "teoria do conhecimento", interessada na elaboração cognitiva e na comunicação que "socializa" o pensamento, até a consideração do "papel" do conhecimento, seu "objetivo" na "existência", isto é, a "determinação e orientação da ação". A *filosofia*, conhecimento que se toma a si mesmo reflexivamente como objeto de análise, orienta a transformação da realidade segundo uma ampla perspectiva do conhecimento que retoma a *unidade totalizante* do conjunto das ciências – conhecimento cuja validade teórica se verificará na prática histórica. A filosofia em suma, dirige a práxis – oferece à ação um sentido, uma orientação rumo ao seu fim último, que na atualidade é a "transformação da ordem capitalista".[54]

Note-se porém, que a *ciência*, rigorosamente elaborada, ao ser orientada em seu conjunto pela *filosofia* – segundo um projeto de emancipação humana –, acaba por *transformar a sociedade*; mas na medida em que a sociedade é transformada, modifica-se também o objeto da ciência – a realidade. Portanto, a *ciência*, cujo sentido fora determinado pela filosofia, tendo sido modificada, por sua vez *determina* também novo rumo à *filosofia*, de modo que esta concepção caiopradiana, rompendo com correntes que punham a filosofia acima da ciência ou vice-versa, acaba por sugerir uma interessante relação equânime e dialética entre

---

54 *O que é filosofia*, p. 96, 16 e 100-104 (na ordem das citações).

ciência e *filosofia* – processo mediante o qual se dirige a práxis humana, abrindo-se possibilidades para sua transcendência ontológica.[55]

Além dos mencionados livros de filosofia, em que Caio Prado expõe a evolução do conhecimento e propõe uma dialética da práxis, cabe se destacar ainda sua citada polêmica sobre o *estruturalismo*, em que critica as ambições filosóficas da antropologia de Lévi-Strauss e sua influência no marxismo de Althusser, refutando radicalmente o positivismo que permeava esse modismo estruturalista. Estes ensaios, de 1971, têm como tese central justamente a práxis, a ação humana que rompe as estruturas rígidas lévi-straussianas – o que o filósofo brasileiro entende como sendo o "grande salto dialético qualitativo" que nos foi legado "pelo pensamento e pela ação do próprio Marx".[56]

Vale citar, ademais, um ensaio em que ele se dedicaria estritamente a um aspecto ontológico: trata-se de *O que é liberdade*, escrito publicado originalmente nos anos 1960 como capítulo de *O mundo do socialismo*, em que reflete sobre a *questão da liberdade* – ou da relação que há entre a emancipação do indivíduo (ser individual) e a conformação de uma sociedade livre (ser coletivo). No texto, constata que quanto mais o capitalismo "avança" (cita os Estados Unidos como exemplo), mais o Homem se degenera, reduzindo-se as "relações humanas" a pífias "relações mercantis". Vê no "fascismo" uma consequência do extremo poder econômico, a "afirmação do direito do mais forte". Sua tese é a de que é preciso se reorientar a concepção de liberdade; romper com o "individualismo exacerbado" que nada tem de "natureza humana", mas é sim um

---

55 Ademais de suas publicações filosóficas, vale remeter-se a sua densa carta a Cruz Costa.

56 *Obra citada*, p. 69 e 82. Embora não seja o escopo desta tese adentrar nessa discussão sobre o estruturalismo, deve-se registrar que tal livro mereceria um estudo à parte.

"condicionamento psicológico, fruto de fatores históricos". Para tanto, afirma que no socialismo a premissa é a *liberdade coletiva*, de modo que a liberdade individual, não é artificial e restrita a poucos, como no liberalismo burguês, mas vem a ser uma decorrência da mediação entre *interesse coletivo* e *ação individual*. "A liberdade não é em si, senão um meio, e não um fim" – afirma ele, concluindo que esse *fim* "não pode ser outro, para o indivíduo, que aquela realização de sua personalidade". A liberdade é pois a "oportunidade" de o Homem "dar vazão às suas potencialidades", fixando aspirações e "logrando alcançá-las" – ou dito de outro modo, a realização da *plenitude humana* só é possível em uma sociedade comunista.[57]

Finalmente, merece ser observado que mesmo se considerando que Caio Prado tem grande parcela de razão em sua crítica às filosofias especulativas (que se dirigem unicamente a temas subjetivos, sem atentar aos problemas concretos coletivos, cuja necessária resolução é fundamento para que o Homem, em sua maior parte, possa se preocupar com suas questões espirituais), por outro lado, contudo, parece uma lacuna em sua filosofia esta exagerada desconsideração do que ele chama de temas *literários*. Apesar de o autor perceber que certos aspectos psicológicos individuais são condicionados pelo contexto social, ele não se dá conta de que o contrário também é verdadeiro – ou seja, que tais estados emotivos ou românticos também influenciam *dialeticamente* os sentidos da história, por exemplo ao levarem o Homem à passividade, à inação, à impotência social, ao ceticismo; e que portanto, certas questões subjetivas ou espirituais têm de ser cuidadosa e imediatamente observadas, de maneira que tal conhecimento venha a se somar à luta emancipatória humana. O fato de uma filosofia ser fronteiriça à literatura, tocando as

---

57 *Obra citada*, p. 23-24 e 77-78.

sutilezas do inconsciente, isto não a desmerece – e aliás, literatura é potente forma não-categórica de se fazer filosofia.

É certo porém, que restringir a atenção filosófica aos problemas da existência ou psique é abrir espaço ao agravamento dos problemas socioeconômicos e culturais coletivos, de que aquelas questões individuais são em grande medida reflexos. A filosofia não pode se reduzir às questões da subjetividade; mas tampouco se pode cercear o valor filosófico das filosofias do espírito, bem como da literatura ou poesia: cada qual tem sua razão de ser e seu motivo pelo qual são imprescindíveis à realização integral do ser humano. De todo modo, diante do contexto de guerras, misérias e urgências vivido por Caio Prado, pode-se compreender sua oposição a tal aspecto da filosofia, o que não diminui o brilho de sua fundamental contribuição filosófica.

Com sua *dialética totalizante*, pautada pelo conceito ampliado de *sentido* (da história, do conhecimento, da práxis), seu pensamento, cujo âmago é a prática revolucionária, inscreveu-se indelevelmente na história universal do marxismo – a *filosofia contemporânea*.

A filosofia da práxis de Mariátegui

O pensamento de Mariátegui é uma defesa da dimensão dialética e de práxis do marxismo, da inseparabilidade de suas perspectivas subjetivas e objetivas, de sua construção histórica que recusa modelos fixos – tais quais aqueles predominantes no socialismo eurocêntrico de feição positivista da II Internacional. No debate filosófico mais estrito, em que o autor ingressa através do enfrentamento político (tratando desde ética, a estética), sua atenção se dirigirá especialmente a contrapor as reduções *mecanicistas* de correntes marxistas, embora também critique os revisionismos que, em sentido contrário desse cientificismo extremado, faziam uma leitura *mística* ou puramente *espiritualista* do socialismo – caso das especulações psicologizantes que se tornam moda por entre o ambiente intelectual desiludido da crise do pós-Guerra.[58]

Seus escritos no terreno da filosofia foram especialmente reunidos em *Defensa del marxismo – polémica revolucionaria* (1928-1929), embora haja também diversos ensaios sobre o tema em outras obras, valendo mencionar (dentre os livros cuja coletânea de textos foi organizada pelo autor): "El Hombre y el Mito" (1925) e "Dos concepciones de la vida" (1925), publicados em *El alma matinal y otras estaciones del hombre de hoy*; e variados artigos de *La escena contemporánea* e de *Siete ensayos*. Além destas publicações, destacam-se alguns textos incluídos em edições póstumas, como: "El crepúsculo de la civilización" (1922) – em *Signos y obras*; "Existe un pensamiento hispano-americano?" (1925) – em *Temas de Nuestra América*; "Heterodoxía de la tradición" (1927) – em *Peruanicemos el Perú*; "Mensaje al Congreso Obrero" (1927), e "Principios programáticos del Partido Socialista" (1928) – em *Ideología y política*; e algumas de suas correspondências – em *Cartas de Italia*.[59]

Em sua compreensão do marxismo como teoria revolucionária, a estratégia de Mariátegui contra a passividade da social-democracia, é a de defender o aspecto romântico presente na filosofia começada por Marx. Busca abarcar o Homem em sua totalidade, em seu ser integral, promovendo ao lado da face marxista objetiva – ou *realista* –, aquela outra menosprezada por cientificistas repletos de crendices no ideal de progresso iluminista: sua face subjetiva, ou *romântica*.

---

58 Conforme *Defesa do marxismo*, dentre outros textos; no ensaio "O idealismo materialista", relaciona a decadência da filosofia burguesa com a angústia *intelectual* e *universitária*.

59 Excetuando-se Sete ensaios e Defesa do marxismo (cujas citações se referem às traduções brasileiras), as demais obras de Mariátegui citadas estão referidas à edição de Obras completas (Lima: Amauta), disponíveis em Pátria Roja: http://www.patriaroja.org.pe.

Sua preocupação é sobretudo a de valorizar a dimensão ética do marxismo – a vontade de liberdade, a esperança a ser reerguida, o sentimento emancipatório que impele à ação o Homem desejoso de liberdade, justiça, felicidade –, e para tanto se abrirá a teorias que investiguem o inconsciente, as paixões humanas, a questão subjetiva da fé revolucionária, do mito que reergue os ânimos. Entende esta esfera sentimental do pensamento de Marx como potente fator revolucionário. Nesse percurso, não se preocupa diretamente com uma investigação sistemática do método dialético, mas antes em compreender aquilo que mobiliza a conduta humana – deveres, sentimentos, estados de espírito, virtudes que motivam a práxis revolucionária –, de modo a ressaltar a capacidade de criação social e individual do Homem (em oposição à apatia *evolucionista*).[60]

É certo porém, que em diversas passagens de sua discussão teórico-filosófica, Mariátegui dá atenção à objetividade da *metodologia* marxista (além de, como apresentado, ter-se destacado ao desenvolver o *método dialético* em sua prática científica de interpretação histórica, aportando-lhe importantes conceitos); tece dura crítica aos dogmáticos que sob influência do positivismo "equivocadamente" viam no pensamento de Marx um "corpo de princípios rígidos". Contribuição fundamental do marxismo ao conhecimento, o método de Marx é "fundamentalmente dialético" – afirma –, "um método que se apoia integralmente na realidade, nos fatos". Vale observar que Mariátegui considera que o problema da corrente *positivista* é a sua "ideologia", seu *cientificismo* "gasoso", embora destaque que o "método" científico racionalista propõe algo de "sólido" – ponto em que se aproxima da posição de Caio Prado sobre

---

[60] Aníbal Quijano, "Mariátegui – reencuentro y debate", em *Siete ensayos* (Edit. Ayacucho), p. LXII.

o tema, quem como ele valoriza o *rigor* na elaboração da ciência. Neste sentido, o pensador peruano frisa: "A teoria e a política de Marx cimentam-se invariavelmente na ciência, e não no cientificismo".[61]

Note-se ainda que esta sua atenção à *objetividade*, paralelamente à subjetividade, não poderia ser diferente, pois para ele a tarefa da análise teórica da realidade é melhor orientar as emoções revolucionárias.

De fato, o marxismo não comporta *receitas fixas*, atemporais, nem sobre a *sociedade ideal*, nem sobre os *meios* para se chegar até ela. No entanto, as "ilusões eurocêntricas" difundiram uma ótica revolucionária que não procede de Marx nem de Engels – afirma Florestan Fernandes –, pensadores sempre "identificados com os operários e suas miseráveis condições de vida". Ao *simplificarem* o marxismo, os apóstolos da *primazia* europeia se equivocam em sua crença na "inevitabilidade" socialista, promovendo assim uma "obnubilação histórica" – algo que um intelectual marxista "puro" como Mariátegui foi apto a perceber. Desconfiado da noção ocidental moderna de "progresso", o pensador latino-americano percebe que tal concepção tem promovido historicamente a *barbárie*, embora na limitada perspectiva eurocêntrica, isto seja mais difícil de se captar – visto que o problema é muito mais grave nas colônias e periferias do sistema. Todavia, um *marxista peruano*, como também um latino-americano de modo geral, não teria por que se enganar; basta olhar para o passado e para o presente de suas nações: "êxitos e progressos trazem consigo contradições crescentes" – e no extremo, "implosivas".[62]

Os *filósofos racionalistas*, segundo Mariátegui, sofrem de um "aburguesamento intelectual" – e em seu *raso evolucionismo*, veem com

---

61 *Ideología y política*, p. 65; "El hecho económico en la historia peruana", em *Peruanicemos al Perú*, p. 42; e *Defesa do marxismo*, p. 48.
62 Florestan Fernandes, "Significado atual de Mariátegui", em *Revista Princípios*, p. 3.

indiferença um fato tão concreto como a *luta de classes*. Entretanto, opondo-se também ao outro extremo – os intentos revisionistas *místicos* motivados pelo mau humor de após a I Guerra –, ressalta que a "bancarrota do positivismo" não compreende "absolutamente" a posição do marxismo. Nesta crítica a positivistas e revisionistas, o Amauta cita Benedetto Croce, "filósofo liberal", mas que teve a lucidez de apontar a "medrosa incompreensão" dos pensadores seus contemporâneos: "o positivismo gerou em seu seio o misticismo e as renovadas formas religiosas". Tal ideia croceana, de que este *renovado misticismo* é "filho" do *positivismo*, será cara a Mariátegui em sua crítica ao *revisionismo confuso* que emerge com a crise pós-bélica – corrente que acusando os erros positivistas, recaía em equívocos similares. Dentre tais *místicos*, encontra-se Henri de Man – contra quem Mariátegui se lança no começo de sua *Defesa do marxismo* –, "reformista desenganado" que tem a pretensão, não só de *revisar*, mas de *liquidar* o marxismo. Divergindo do *economicismo* dos social-democratas, de que fora discípulo, Man se deslocara à extremidade oposta – afundando em um frouxo psicologismo que desconsiderava a realidade econômica.[63]

O socialismo tem que superar os *limites positivistas* – afirma Mariátegui – e neste sentido admite que Man fez "bom uso do terreno da ciência psicológica". Porém, ao contrário do que Man supõe, a *psicanálise* não obteve nenhum esclarecimento contrário às "premissas essenciais" do *marxismo*. Se é certo que *fatores psicológicos* – "a diminuição de independência social, da alegria no trabalho" – estimularam o proletariado "à luta defensiva", isto em nada diminui as comprovações do *método dialético marxista*, que busca a "causa econômica" em "última análise". É preciso valorizar os "elementos espirituais" do trabalho – o

---

63 *Defesa do marxismo*, p. 47-48.

problema do capitalismo não é só econômico, mas ético, psíquico. No entanto, não cabe sobrepor, como quer Man, os pressupostos da psicologia aos da realidade econômica. O reformista belga confia que o taylorismo vai ser desacreditado meramente pela comprovação de que é psicologicamente daninho ao operário e portanto à sua produtividade – mas não observa os dados reais, como é o caso do sistema industrial de Ford, cujos "milagres" se baseiam na organização predatória taylorista. Man se ilude com a pujança econômica conjuntural do capitalismo estadunidense, para aonde afluem europeus desempregados, iludindo-se – mediante "superficiais observações empíricas" que não enxergam o todo da situação – com possíveis *reformas* que aplaquem a decadência europeia. Mas já não há espaço para reformas progressistas: o "capitalismo" já não traz "progresso" – eis aqui um fato característico da "época dos monopólios", diz Mariátegui, que um intelectual preocupado com "valores culturais", como Man, não deveria *negligenciar*. Nos primórdios da *livre concorrência*, a ciência ainda encontrou estímulo para suprir necessidades do progresso econômico capitalista; mas no atual período dos *monopólios*, o *progresso* foi desviado, passando a se restringir apenas a interesses privados. A produção está governada por *financistas*, especuladores que representam um "completo fenômeno de parasitismo" que afeta a produtividade – e nesta situação que é de imoralidade, mas também de decadência civilizacional material, é absurda ingenuidade crer, como Henri de Man, que o problema capitalista não é econômico, mas somente de mentalidade.[64]

Man e seus asseclas dizem empreender um esforço de "espiritualização do marxismo". Mas qual "espiritualização" se deseja – interroga Mariátegui: seria aquela que a "civilização capitalista" em crise, com sua

---

64 *Defesa do marxismo*, p. 29-42.

"decadência" e abdicando de seu próprio "pensamento" e "certeza científica", vai buscar em "ocultismos" asiáticos, como um "entorpecente"? Diante deste movimento "decadente" burguês e moralista, melhor o socialismo se afastar de tal "espiritualismo de menopausa". Gandhi, o "idealista prático" dominado por seu "temperamento moralista", não pôde ser sensível à "necessidade de liberdade de seu povo". "Infelizmente, a revolução não é feita com jejuns" – completa o marxista: "os revolucionários de todas as latitudes têm de escolher entre sofrer a violência ou utilizá-la". Ademais, frisa ele, a concepção materialista do mundo já produziu "grandes valores espirituais" – "a biografia de Marx", "Lenin" e de "outros milhares de lutadores do socialismo" nada deve enquanto "beleza moral" e "plena afirmação do espírito", aos "heróis e ascetas" do passado.[65] Mariátegui entende que a dimensão ética do socialismo não deve ser buscada em "grandiloquentes decálogos", nem em "especulações filosóficas", mas na "criação de uma moral de produtores" – o que se dá no próprio processo da luta anticapitalista. Das aspirações revolucionárias dos trabalhadores, emana sua ética, eleva-se seu espírito. E cita o socialista Édouard Berth: acusa-se o marxista de ser moralmente "materialista"; "nada mais falso"; o marxismo em nada impede aquilo que Hegel chama "o espírito livre", ou "absoluto" – "pelo contrário, é sua condição preliminar". Uma elevada e criadora "moral de produtores" – diz Mariátegui, denotando a centralidade da práxis em seu pensamento – "não surge mecanicamente do interesse econômico: forma-se na luta de classes, liberada com ânimo heroico e vontade apaixonada."[66]

---

[65] "A mensagem do Oriente", ensaio extra incluído na edição brasileira de *Defesa do marxismo*, p. 191-192; e *Defesa do marxismo*, p. 80-81.

[66] *Defesa do marxismo*, 54-56. Note-se aqui as proximidades com as críticas de Sorel e Nietzsche – o que se tratará adiante.

Mariátegui defende assim uma visão totalizante da dialética marxista, que abarque todas as conquistas da filosofia e ciência moderna. "Se Marx não pode embasar seu plano político e sua concepção história", diz ele, "nem na psicologia de Freud, nem na física de Einstein", assim como "Kant, em sua elaboração filosófica teve de se contentar com a física newtoniana e a ciência de seu tempo", entretanto o marxismo "em seu curso superior" não cessou de "assimilar o mais substancial e ativo da especulação filosófica e histórica pós-hegeliana ou pós-racionalista"[67]. A "doutrina" marxista de "transformação histórica" é a "única posição" que oferece ao *conhecimento atual* – ao "intelectual contemporâneo" – uma "via de liberdade", de "avanço" segundo uma "direção" adequada. "O pensamento tem uma necessidade de *rumo*" – afirma Mariátegui em ponderação que tem bastante afinidade com a de Caio Prado sobre o conceito de *sentido*: o marxismo "não é um itinerário, mas uma *bússola*"; "pensar corretamente é, em grande medida, uma questão de *direção*".[68]

Nesse intento de compreensão da *totalidade*, Mariátegui dedica um ensaio, além de várias reflexões esparsas à relação entre a psicanálise freudiana e o marxismo – na qual percebe interessantes afinidades epistêmicas (entre seus métodos que atentam às *deformações humanas*), notando ainda que ambas provocaram *reações* psíquicas semelhantes nos meios científicos "oficiais". Isto se deve – diz ele – ao fato de que as duas teorias desmascaram as *idealizações humanas*; mostrando as *debilidades* do Homem, suas *máscaras*, ambas chocam o "idealismo dos intelectuais". "Freudismo e marxismo", embora muitos "discípulos de Freud e Marx" não estejam propensos a compreendê-lo, são "parentes em seus diferentes domínios", não só pelo que há em suas teorias de "humilhação" às

---

67 *Idem*, p. 46.
68 *Idem*, p. 96 (grifos meus).

concepções que idealizavam o Homem, como também "pelo seu método diante dos problemas que abordam". Enquanto Marx atenta à "ideologia", isto é, às "deformações do pensamento social e político produzidas por impulsos reprimidos", Freud pesquisa as "deformações da consciência produzidas por impulsos sexuais reprimidos". Assim, nota Mariátegui, o *grave diagnóstico* marxista ressoou de tal maneira, que foi considerado antes um "ultraje", de que uma "constatação científica" – de forma que acabou por ter como obstáculos "racionalizações" e "reações de defesa", cujo caráter além de "violento", é "infantil". O mesmo preconceito se deu com Freud e suas teorias da "libido" e "inconsciente" – que humilharam superstições e expuseram sentimentos escusos –, e isto do mesmo modo como se dera com Darwin e Copérnico diante de sua "humilhação biológica" e "cosmológica". Em síntese, todas estas teses demonstram que o Homem está limitado em suas aspirações *divinizantes* (*iluministas*), por condições diante das quais sua existência se mostra tão reduzida.[69]

O pensamento de Mariátegui faz parte de um movimento de retorno da reflexão marxista a suas "bases genuínas" – à "vitalidade revolucionária" que já se faz presente na própria obra de seus criadores, bem como nos aportes de revolucionários como Rosa Luxemburgo, Gramsci ou Lenin. Conforme Aníbal Quijano, durante muito tempo estes pensadores – bem como sua reivindicação do princípio da práxis como essência do marxismo – foram legados a uma "discreta penumbra". Nesse processo de retomada do viés "vivificante" do marxismo, cabe atentar,

---

[69] *Idem*, p. 68-69. Observe-se que tal concepção de proximidades entre Marx e Freud, somada à afinidade que ele vê também entre Nietzsche e o marxismo (com sua crítica à deformação humana da debilidade, do niilismo), permite verificar que Mariátegui antecipa Paul Ricoeur – que em seu ensaio De l'interprétation: essai sur Sigmund Freud (1965), afirma que Marx, Nietzsche e Freud foram os três "mestres da suspeita" – pois que embora com diferentes perspectivas, perceberam que a consciência, no seu conjunto, é falsa consciência.

para além das "fronteiras eurocêntricas" que pretenderam restringir o pensamento de Marx, à "contribuição criadora" dos revolucionários não--europeus – dentre os quais Mariátegui ocupa um "alto posto". Efetivamente, desde a II Guerra, as mais intensas lutas revolucionárias tiveram cenários distantes da Europa. Triunfantes ou não, revelaram ao mundo novos territórios e perspectivas do pensamento marxista, colocando em sua lista de "clássicos", nomes como os de Mao Tsé-Tung, Ho Chi Minh, Fidel Castro, Che Guevara e Amílcar Cabral – para citar apenas alguns dos "mais ilustres", diz Quijano –, de maneira que já não cabe pensar o marxismo somente através da "retina" europeia.[70]

É nesse sentido *antieurocêntrico* que se insere o esforço mariateguiano, ao propor a "solidariedade" e a "esperança", características dos povos indígenas, como elementos fundamentais à construção de uma sociedade evoluída – na qual as conquistas do pensamento ocidental (cujo ápice reflexivo é alcançado com a filosofia de Marx e Engels, e que enquanto civilização está em declínio) deverão se unir aos valores dos saberes indígenas, na composição de uma nova conformação econômica e cultural, distinta tanto da *ocidental*, como da *oriental* precedentes[71]. A *objetividade* ocidental tem que ser pensada ao lado da questão da vontade *subjetiva* – ambas são componentes do processo emancipatório. O marxismo não é uma mera teoria, mas sim uma atitude, um modo de vida, uma maneira de se postar no mundo – e ainda mais, um *sentimento*. Na emoção coletiva que se volta a um ideal – na *fé transformadora* do inca que deseja reerguer sua grande civilização, no impulso ético-político que

---

70 Aníbal Quijano, *obra cit.*, p. X.
71 Como observa Robert Paris, Mariátegui é influenciado pela Revolução Mexicana, e a partir dela chega à concepção de que os indígenas representavam a mais importante "reserva de energia revolucionária" na América: *"Preface"* a *Sept essais d'interprétation de la réalité péruvienne* (1968), p. 15-16.

anima o Homem ao combate –, Mariátegui compreende a força do *mito revolucionário*, ideia que apreende de Georges Sorel, transformando-a.

Segundo Michael Löwy, tal posição de reconhecimento do mérito de tradições do passado em relação dialética com as aquisições do presente – em contraposição ao asfixiante positivismo "pseudomarxista" de então – aproxima Mariátegui de uma *corrente romântica* do marxismo, cujos representantes tentaram, nessa mesma época, se desprender do evolucionismo "progressista" (de modelo europeu). É o caso de Lukács, Gramsci e Walter Benjamin, que em paralelo ao filósofo peruano, voltaram-se às ideias do socialista romântico Sorel – em quem encontram reforços para sua empreitada. O sindicalista revolucionário francês – autor da interessante obra *Reflexões sobre a violência* (1908) –, apesar de suas contradições ideológicas e "ambiguidades", atrai estes jovens pensadores por sua crítica implacável ao que Mariátegui virá a chamar de "respeito supersticioso pela ideia de progresso", bem como por sua interpretação heroica do conceito de *mito* – armas teóricas que servem para negar a "mesquinhez" dogmática então predominante. Observe-se que não cabe aqui qualquer tentativa de simplificação que afirme em termos de *influência* ou *filiação filosófica* a relação entre Mariátegui e Georges Sorel. O Amauta toma do sindicalista elementos específicos de que precisa, os quais em seu pensamento adquirem feições próprias.[72]

---

72 Löwy, "*El marxismo romántico de José Carlos Mariátegui*", obra cit., p. 5; R. Paris, "*Un 'sorelismo' ambiguo*", obra cit., p. 157 (sobre não haver propriamente *influência* entre Mariátegui e Sorel). Como nota Carlos Nelson Coutinho, a compreensão mariateguiana do marxismo é devedora das experiências políticas e culturais vivenciadas por ele na Europa, em particular na Itália – o que em certa medida explica a "enorme similaridade" entre sua interpretação da obra de Marx e aquela presente nas reflexões de Gramsci: "José Carlos Mariátegui: brilhante pensador" (2011), em *Fundação Maurício Grabois*.

É o caso da ideia soreliana do *mito social*, fundamento da fé revolucionária – antídoto contra o ceticismo dos intelectuais na crise do pós-Guerra. "Superando as bases racionalistas e positivistas do socialismo de sua época, Sorel encontra em Bergson" – diz Mariátegui – "ideias que revigoram o pensamento socialista, restituindo-o à missão revolucionária da qual o aburguesamento intelectual e espiritual dos partidos e parlamentares o haviam afastado". O novo mito, o novo ideal a que se dirige a *nova fé* é a *transformação revolucionária*. O "mito" – a "ideia da revolução socialista" – é o que levanta a alma do índio; a "esperança indígena" é uma característica "absolutamente revolucionária".[73]

Em seu famoso ensaio "El Hombre y el Mito", o filósofo peruano afirma que "todas as investigações da inteligência contemporânea sobre a crise mundial" chegaram a uma "unânime conclusão": "a civilização burguesa sofre da falta de um mito, de uma fé, de uma esperança". A moderna civilização ocidental, que em grande parte é composta de valores europeus, está limitada pelo "ceticismo" – perdeu sua fé, seu mito, seu ideal, sua razão de ser. O Homem desiludido do pós-Guerra sente a *necessidade* de um *mito*; o *ceticismo é infecundo* – e o ser humano não se conforma a tal vazio. "Impotente", o Homem contemporâneo sente "vontade de acreditar" – parte em "busca de Deus" para satisfazer sua "sede de eternidade". "Porém, nem a razão nem a ciência podem ser mito" – reflete Mariátegui –, "nem a razão nem a ciência podem satisfazer toda a necessidade de infinito que há no homem": "o homem leva sua verdade em si mesmo". O que diferencia "nesta época" a burguesia do proletariado é o *mito*: a burguesia é "niilista", "incrédula", seu mito "liberal renascentista" já envelheceu – "miséria da filosofia", como dizia Marx; já o proletariado dispõe de um mito, uma "força espiritual" – "a revolução

---

73 *Defesa do marxismo*, p. 30; e *Sete ensaios*, p. 53n.

social". Os "motivos religiosos" foram deslocados "do céu à terra": não são *divinos*, mas *humanos, sociais*.[74]

Neste mesmo ensaio, em frase na qual fica evidente sua consonância com o pensamento de Nietzsche, Mariátegui afirma: "A história é feita por homens possuídos e iluminados por uma crença superior, por uma esperança super-humana; os demais homens são o coro anônimo do drama". Como se percebe aqui, e em diversas passagens de sua obra, Mariátegui valoriza certos aspectos da filosofia nietzscheana, como sua crítica à *impotência* e ao *niilismo* da decadente civilização burguesa-cristã – ou à falta de fé do Homem moderno em qualquer ideal (após a "morte" de deus). O marxista aprecia também sua exaltação da *vontade humana* ("vontade de poder"), da auto-superação ("o homem é algo que deve ser superado" – diz o alemão em *Zaratustra*). Entende que o "rico pensamento de Nietzsche" porta enérgica censura ao "conceito determinista da realidade" – ao que opõe o "empurrão triunfal do livre impulso interior". Para Mariátegui, a revolução propiciará o desenvolvimento do "Homem novo" – a tarefa suprema da revolução é criar o "homem matinal". "A revolução, mais do que uma ideia, é um sentimento" – afirma o Amauta – "mais que um conceito é uma paixão". Para compreendê-la, é necessária uma "atitude espiritual" – "uma capacidade psicológica especial". Contudo, "o intelectual, como qualquer idiota, está sujeito à influência de seu ambiente, de sua educação, de seu interesse"; "sua inteligência não funciona livremente"; tem uma "inclinação" a se adaptar às "ideias mais cômodas" – não "às mais justas".[75]

Contra a artificialidade, a impotência – *o acômodo intelectual* –, Mariátegui cita o filósofo alemão na epígrafe de seus *Sete ensaios*: "Não

---

74 "El Hombre y el Mito", em *Pátria Roja*, p. 1-4.
75 "El Hombre y el Mito", p. 1; *El alma matinal*, p. 12; "La Revolución y la inteligencia", em *La escena contemporánea*, p. 97; e *Sete ensaios*, p. 250.

quero mais ler nenhum autor em quem se note que queria fazer um livro, mas apenas aqueles cujos pensamentos inopinadamente se tornaram um livro".[76]

Vale contudo destacar que o pensador peruano – crítico radical do *individualismo* – não pretende qualquer ecletismo ao trazer Nietzsche ao seu marxismo, limitando-se a absorver ideias que considera afins ao processo revolucionário. Como destaca Alfonso Ibáñez, no início do século o pensamento nietzscheano foi bem recebido em diversas correntes contestatórias – de anarquistas a socialistas.[77] Neste tocante, vale mencionar, além de Mariátegui, os casos de Henri Lefebvre (que escreve "Nietzsche", em 1939) e de Antonio Candido (com o ensaio "O portador", de 1946).

A respeito do que considera uma espécie de complementaridade entre as reflexões de Marx e Nietzsche sobre o problema da vida em sociedade, Candido – em sintonia com Mariátegui – afirma que, assim como Marx, também Nietzsche ensaiou "transmudar os valores sociais": aquele, no aspecto "coletivo", e este, no "ângulo psicológico". Ambos perceberam o Homem como "decisivamente marcado" pela espécie – reconhecendo que a civilização é protagonista deste processo. "São atitudes que se completam" – diz Candido, pois a herança burguesa não está apenas na "produção" e na "ideologia", mas também no "subsolo pessoal" do Homem.[78]

O romantismo – afirma Löwy –, isto é, o protesto filosófico-cultural contra a civilização capitalista moderna, com base em valores

---

76 *Sete ensaios*, p. 29 – citação de Nietzsche (de *O Viajante e sua sombra*).
77 "*Mariátegui: un marxista nietzscheano*" (2001), em *Espiral* (Guadalajara), p. 12.
78 Antonio Candido, "O portador", em F. Nietzsche, *Obras incompletas*, p. 413. Sobre o tema das contradições do "subsolo" individual humano vale remeter-se ao clássico *Memórias do subsolo*, de Dostoiévski.

do passado pré-capitalista, é uma visão bastante heterogênea que se desenvolve desde Jean-Jacques Rousseau e chega à nossa atualidade, estando presente também no pensamento do próprio Marx e de influentes autores marxistas. É o caso da correspondência de Marx a Vera Zasulitch (1881), na qual o pensador alemão observa a importância das comunidades rurais tradicionais para o futuro do socialismo na Rússia – afirmando que a revolução, ao extirpar o czarismo e o capitalismo, poderia promover, com base na propriedade comunal, o "renascimento" de uma "sociedade arcaica" sob uma "forma superior" que integrasse as conquistas técnicas da modernidade.[79] Com a morte de Marx, contudo, se daria o desvio *evolucionista*, promovido por Kautsky e seus discípulos.

Mariátegui, em sua condição de revolucionário, buscou em pensamentos como os de Sorel e Nietzsche, bem como Henri Bergson, Miguel de Unamuno e outros pensadores de verve romântica – argutos críticos da civilização moderna ocidental – aquilo que não encontrava no marxismo "cientificista" de seu tempo. Ele "não combate a ciência" – observa Sánchez Vázquez –, mas sim o "uso cientificista" que se faz dela para "castrar a vontade revolucionária". Visa com isso justamente criticar a falácia da *inevitabilidade* das transformações sociais – e seu consequente desencantamento, passividade, ceticismo. Filosofias como o "vitalismo" de Nietzsche permitem a ele reconhecer a importância para a Revolução da ação militante, da esperança mítica, da "vontade de transformação" – sem que no entanto se convertesse, como o acusaram alguns, em "porta-estandarte" do "subjetivismo" ou mesmo "irracionalismo". Se ele exalta o papel do sujeito, da "vontade revolucionária" – diz o filósofo hispano-mexicano –, basta entretanto que se analise suas objetivas aplicações do método marxista (por exemplo os *Sete ensaios*) para se

---

79 Löwy, *idem*, p. 2.

ter claro que em sua teoria e prática política, *subjetivismo* é indissociável de *objetivismo*, assim como o aspecto científico-histórico do marxismo não se pode ser separado de sua utopia *ético-revolucionária*.[80]

Em suma, ao absorver ideias de pensadores românticos não-marxistas, Mariátegui tem o intuito de compatibilizá-las e submetê-las ao *objetivismo marxista-leninista* – o que, segundo ele, através do Partido, deve guiar seus revolucionários.

Por outro prisma, é importante mencionar que assim como os teóricos comunistas italianos – com os quais ele trava profundo contato em seu período de exílio na Itália –, Mariátegui dedica grandes esforços, não só à filosofia e política, mas também às questões culturais, tanto no sentido de uma crítica político-cultural, como de uma reflexão filosófico-literária. E o *romantismo*, assim como em sua ética, permeia sua concepção estética. Ele valoriza especialmente a literatura como rica órbita para a filosofia (não-categórica); não à toa, dedica um de seus *Sete ensaios* ao tema – "O processo da literatura". A arte é para si uma esfera essencial do Homem: "Os filósofos nos aportam uma verdade análoga à dos poetas". Em sua concepção totalizante do marxismo, ele enxerga estes dois aspectos do pensamento (filosofia teórica e arte) como inerentes – e afinal, ele sabe tão "modestos" os "limites da razão". "A Revolução" – afirma – "será para os pobres não só a conquista do pão, mas também a conquista da beleza, da arte, do pensamento e de todos os prazeres do espírito".[81] De fato, se se considera o Homem como *humano*, na medida em que é um *ser* capaz de se *elevar* sobre aquilo que tem *mera natureza* – observa Vázquez sobre a *estética* de Marx –, a arte é precisamente a atividade na qual o Homem leva a um nível superior esta capacidade es-

---

80　Sánchez Vázquez, "El marxismo latinoamericano de Mariátegui", em *Filosofía, Praxis y Socialismo* (1998), p. 98 e seg.
81　"El Hombre y el Mito", p. 2; "Henri Barbusse", em *La escena contemporánea*, p. 100.

pecificamente sua, de humanizar aquilo que toca; é na "aventura" da arte que a potência criadora humana se desenvolve e renova.[82]

Mariátegui exalta o caráter lúdico e libertário da *experiência artística* – destaca Antonio Melis –, que já não pode se limitar a uma releitura da teoria da *catarsis* de Aristóteles (experiência de elevação espiritual mediante a *compaixão* e o *temor*), mas deve penetrar no cerne da questão do sofrimento humano. Diante da vanguarda literária europeia, o peruano sublinha que não basta *revolucionar* as *formas*, mas é preciso também pôr em prática a *atividade revolucionária*. No que tange a suas análises políticas sobre a questão cultural, suas intuições aproximam-se das de Walter Benjamin, caso de seu precoce interesse pela *organização material da cultura*. Este conceito, também abordado por Antonio Gramsci, seria desenvolvido e ampliado ao longo do século XX, chegando ao que hoje é chamado de *indústria cultural*. Enquanto Benjamin afirma que "todo patrimônio cultural" é também um documento de barbárie", Mariátegui por sua vez, durante estadia na Itália faz dura crítica aos intelectuais escandalizados pela indiferença das massas diante das comemorações do centenário de Dante: "Eles deveriam se lembrar que quando se tem fome, não é possível ocupar-se da *Divina Comédia*" – e além disto, "haveria de lhes recordar, particularmente, que as multidões não leram a *Divina Comédia*, dentre outras coisas porque precisaram trabalhar muito, muito rude e pesadamente, para que uma pequena parte da humanidade pudesse dar-se ao luxo de lê-la".[83]

Percebe-se aí o veio *realista* de suas análises – que jamais deixa só o seu lado *romântico*. Seu interesse pela literatura – diz Melis –,

---

82 Sánchez Vázquez, *Las ideas estéticas de Marx*, p. 106.
83 Antonio Melis, "*La lucha em el frente cultural*", em *Mariátegui en Italia* (1981), p. 136-139; Mariátegui, "Benedeto Croce y el Dante" (1920), em *Cartas de Italia*, p. 47.

como pela psicanálise, é compreender a relação dialética entre o indivíduo e sua classe, sua sociedade. Neste sentido, sua crítica estética nega valor ao *realismo mimético*, à narrativa reducionista – em prol do recurso à *fantasia*[84]. O verdadeiro "realismo proletário", segundo Mariátegui, é uma postura não apenas artística, mas epistêmica, que se ergue com a Revolução Soviética – presente na *literatura, filosofia, ciência*; é uma parte integrante do novo *espírito romântico* – o "romantismo socialista" –, que nasce da superação do raso *racionalismo das luzes* e do ultrapassado *romantismo individualista*. Este *novo realismo* pode ser vislumbrado em obras que aportam elementos criativos, fantasias; em obras que consolidam *novos mitos* que façam frente aos mitos burgueses – decadentes, vazios. Somente em abarcando as utopias humanas, a arte e o pensamento de modo geral podem tratar da complexidade do processo revolucionário – que está muito além de reduções mecanicistas ou fatalistas.[85]

Em sua tarefa de *criação heroica*, portanto, essa nova literatura, assim como o conjunto da filosofia contemporânea em que se inclui, tem de estar atenta à dialética presente entre *realismo* e *romantismo*. Entende-se que esta concepção é uma das maiores contribuições filosóficas de Mariátegui: a substituição da visão *dualista*, que separava e compartimentava *realismo* e *romantismo*, por uma postura existencial revolucionária (artística, filosófica) que reconheça a relação dialética entre a *subjetividade* do impulso vital romântico e a *objetividade* com que se apreende a realidade – uma postura de práxis *romântico-realista*.

---

84 A. Melis, "*La lucha en el frente cultural*", obra cit., p. 131-135.
85 Sobre *realismo* e *romantismo* em Mariátegui, ver: "*Elogio de 'El cemento' y del realismo proletario*" (em El alma matinal); "*Rainer Maria Rilke*" (em El artista y la época); e "O processo da literatura" (em Sete ensaios).

Considerações finais
Marxismo – a filosofia contemporânea

> "La utopía está en el horizonte.
> Camino dos pasos, ella se aleja dos pasos y el horizonte se corre diez pasos más allá.
> ¿Entonces para que sirve la utopía?
> Para eso, sirve para caminar"
>
> (Eduardo Galeano)

Caio Prado Júnior e José Carlos Mariátegui, ao desenvolverem de maneira autêntica o marxismo segundo uma concepção dialético-totalizante do ser – que objetivamente transpõe as especialidades que alienam o saber, e subjetivamente defende a ação revolucionária como essência humana –, destacam-se na filosofia contemporânea como pioneiros do movimento latino-americano de antropofagia do marxismo, digerindo e atualizando historicamente o pensamento de Marx para sua realidade. Com a filosofia da práxis de Mariátegui e Caio Prado – dentre outros pensadores já *clássicos* – o marxismo emergiu na América Latina (como em outras *periferias* do capitalismo), não mais como um pensamento eurocêntrico, mas adequadamente traduzido a cada sociedade, sendo assim assimilado por seus revolucionários.[1]

---

[1] Vale citar, enquanto marxistas pioneiros da análise de suas respectivas questões nacionais, também os latino-americanos Julio Mella e Aníbal Ponce, além

O vigor das análises dos dois autores — sobre a questão nacional — está em que superaram a superfície das problematizações genéricas. Recusando os modelos europeus que predominavam — caso do *etapismo* e do *aliancismo* —, investigam a especificidade concreta da história de suas nações, base conceitual sobre a qual apoiam suas propostas de práxis política. Enquanto teoria da transformação social, o marxismo compreende a realidade em seu movimento histórico, e portanto não pode admitir determinismos mecanicistas; é um instrumental de análise que não se limita às nações mais industrializadas, já que a estrutura de exploração do capital é mundializada, de forma que todos os países integram um mesmo sistema.

Em seu processo interpretativo histórico, utilizaram-se com sofisticação da metodologia dialética — na avaliação da perene relação conflitiva do *todo*. Visando captar a totalidade social concreta, ampliaram a análise dialética marxista, de maneira a abarcar um amplo leque de perspectivas do conhecimento (história, economia, geografia, sociologia, psicologia). Transpuseram assim as herméticas especialidades que desviam o conhecimento de seus fins e reduzem o indivíduo contemporâneo — alijando-o da crítica universalizante e do protagonismo histórico.

A partir de investigações sobre suas respectivas realidades nacionais, ambos contribuem também à crítica marxista de âmbito universal — ingressando nos campos da filosofia para provar a justeza de suas interpretações científico-historiográficas e posições políticas. Suas conclusões, ainda que por diferentes caminhos argumentativos, convergem no sentido de uma defesa da práxis revolucionária como categoria ontológica central do pensamento contemporâneo — concepção que tem o Homem como *ser-social* pleno, sujeito e objeto da história.

---

de Lenin, Gramsci, Ho Chi Minh e Mao Tsé-Tung, dentre outros.

Dentre seus maiores aportes à universalidade do marxismo, estão as categorias de *sentido* e de *mito* – ideias que possuem alguns elementos comuns. O *sentido* caiopradiano é um caminho realista com que se aponta objetivamente para a emancipação humana; o *mito* mariateguiano é um sentimento subjetivo que dá significado à vida e luta pela liberdade. O *sentido da história*, se analisado corretamente, conscientiza e anima o povo à mobilização revolucionária, ao engajamento, trazendo-lhes *confiança* no projeto libertador com que se busca reorientar o atual *sentido* equivocado da sociedade, pois – como diz Caio Prado –, "diretrizes justas" despertam e mobilizam os "impulsos revolucionários" das forças populares. Mariátegui, por sua vez, vê no marxismo uma "bússola" que orienta corretamente o pensamento rumo à emancipação do Homem – processo no qual o mito exerce um papel fundamental, como emoção coletiva que anima o povo a combater por sua libertação.

Vê-se pois que o *realismo* de Caio Prado comporta uma dimensão sentimental ou subjetiva, como o *romantismo* de Mariátegui tem sua face diretiva ou objetiva.

De fato, no pensamento de ambos, o marxismo tem uma perspectiva totalizante da realidade, tanto no sentido de um conhecimento que abarque contribuições de diversas esferas do saber, como também de uma filosofia da práxis que compreende o Homem como um ser integral – reivindicando portanto a dimensão do marxismo enquanto teoria revolucionária.

Com tais posições, os autores contribuíram significativamente para o desenvolvimento do marxismo, a *filosofia contemporânea* – no sentido de ser o mais alto grau a que atingiu o pensamento.

Acerca da filosofia contemporânea

Conforme Caio Prado, o marxismo é o pensamento mais completo – uma expressão como que "condensada do conhecimento"; entende que Marx e Engels eram "homens de ação", pensadores que se inspiraram "consciente e sistematicamente" em sua filosofia histórico-dialética – o que ele vê como a "expressão máxima" do conhecimento científico alcançado. Com o desenvolvimento das ciências, ele entende que o "materialismo vulgar" está completamente superado – e o que agora interessa é a compreensão dos processos dialéticos, daquilo que "se passa", não do que "é".[2]

Já Mariátegui, percebe a falência do racionalismo cientificista, característico do *pensamento moderno*; diz que o marxismo destruiu o "medíocre edifício positivista", demarcando os "modestos limites" da razão; que enquanto sua crítica das *contradições* da ordem social não estiver suplantada, resolvida, não cabe pensar em desenvolver a filosofia segundo outros prismas ou "cânones."[3]

É interessante aqui um paralelo com a concepção de Jean-Paul Sartre, quem afirma o marxismo como a *filosofia de nosso tempo*, ponderando que a superação da preocupação com o problema estrutural econômico, rumo a um pensamento centrado no *desenvolvimento pleno* do *indivíduo*, só poderá ter lugar quando estiverem superadas as graves contradições de nossa atual "sociedade de escassez". Somente se poderá transcender a crítica histórico-econômica – rumo a uma filosofia futura que possa se permitir centrar-se na realização do ser humano em sua plenitude de potências – quando a sociedade humana superar esse obstáculo limitante que é a *economia capitalista*, caracterizada pela escassez

---

2   *Notas introdutórias à lógica dialética.*
3   *El alma matinal; Defesa do marxismo.*

(atualmente induzida e pautada pela ambição em grau patológico).[4] Nesta nova configuração social, a relação dialética entre *liberdade* e *necessidade* deverá se dar em outro nível, no qual já não será essencial se ater à questão da *escassez material*, mas em que naturalmente haverá outras *contraposições* entre a necessidade e a liberdade – inerentes à condição humana. Problemas que não mais devem ser gerados por confrontos ou conflitos de ordem material, mas que serão problemas "comuns", de comunhão existencial, de colaboração, problemas ligados à criação, aos sentimentos e à realização plena da *individuação* a que cada qual pode alcançar.

Neste debate, vale observar a posição de Florestan Fernandes, quem afirma que a "atualidade" do marxismo reside no "apelo para estudar e reinterpretar o concreto como totalidade histórica". *Atualidade* significa "'ir além', seguindo os mesmos princípios e "métodos interpretativos". Quanto à crise da civilização hegemônica ocidental, ele pondera que se sobrevivem as "crises de longa duração", e se persiste o "clamor rancoroso dos que sofrem os dilemas sociais", então "a ordem está condenada". "Generaliza-se o saber – diz Florestan – de que na civilização vigente fica a gênese das iniquidades, das psicoses e do padrão de desumanização da pessoa".[5]

Posto que o desenvolvimento humano enquanto *ser total* esbarre, mesmo hoje – apesar do desenvolvimento tecnológico exponencial –, no problema da falta de condições materiais mínimas para a sobrevivência de grande maioria da espécie (o que afeta indiretamente também aqueles poucos que não estão sujeitos à crueza da *escassez*), a questão socioeconômica ainda ocupa a essência do problema humano, e enquanto não seja resolvida a questão material, o *pleno desenvolvimento humano*

---

4 Sartre, em *Questão de método*.
5 "Revolução, um fantasma que não foi esconjurado", em *Crítica Marxista*.

seguirá sendo uma *abstração*, assim como os conceitos de *liberdade*, *felicidade*, *democracia*, dentre outros nomes ainda tão vazios de sentido. Ou de outro modo, não se pode superar a crítica socioeconômica rumo a uma filosofia centrada no indivíduo criador pleno, enquanto não forem superados os problemas mais básicos (ainda presentes de modo generalizado) do humano restrito e de sua sobrevivência – antes disto, pensar-se o indivíduo é pensar em um indivíduo doente e sua cura.

Qualquer pensamento que se pretenda contemporâneo, mas que não se proponha a uma efetiva transformação da realidade socioeconômica, será em realidade um retrocesso humanístico – um "regresso ao idealismo", como diz Sartre.[6]

Nesse sentido, Caio Prado e Mariátegui fazem severa crítica às filosofias idealistas, caso do *pensamento moderno*, com sua crença *iluminista* na perfeição científica e humana – postura que influenciaria certos marxistas iludidos com um suposto *evolucionismo natural*, os quais enxergam na história um inevitável desenvolvimento social (sempre pautado pelo modelo europeu). Isto na prática induz a militância política à passividade, ao conformismo, servindo portanto à consolidação da classe burguesa, que através do culto de *fetiches* simplórios, como a ideia linear de "progresso", mantém o Homem *escravizado*, alienado de si mesmo, de sua própria capacidade e possibilidade de *realização integral*.[7]

---

6   Sartre, *obra cit*.
7   Vale notar que não apenas o proletário é escravo deste sistema, mas mesmo o *escravizador* capitalista também se converte em *escravizado* – embora em menor grau que o proletário –, na medida em que não pode desfrutar plenamente da liberdade, da cultura, da paz. O burguês portanto, coloca a si próprio na situação de escravo da injustiça, do medo, da violência, enfim, da *infelicidade estrutural* que ele mesmo construiu; e isto por uma razão vulgar imediatista e em longo prazo infundada, bem como por certa irracionalidade – covardia.

É pois sob uma concepção antimecanicista que os pensadores analisarão de forma dialética o problema econômico da *formação* e das possibilidades de *desenvolvimento* de suas respectivas nações, contribuindo àquilo que o pensamento humanístico tem hoje de mais atual: a superação de uma sociedade limitante, rumo a outra sociedade livre que permita a realização plena do indivíduo – conforme Marx sugere n'*A ideologia alemã*: enquanto trabalhador manual, intelectual, artista. O marxismo, em sua condição de filosofia da práxis, é a filosofia da liberdade, a filosofia do poder que permite edificar a individuação humana. Na sua ação coletiva, refletida – crítica e autocrítica –, o marxismo desbasta o caminho que conduz ao *reino da liberdade*, da não-fragmentação do ser humano, da sociedade em que o Homem possa pescar de manhã, cuidar da casa à tarde e escrever pela noite.[8]

As compreensões caiopradianas e mariateguianas quanto a essa discussão acerca da *liberdade* convergem bastante: no caminho emancipatório não cabe se apegar a prescrições abstratas, nem se pode ausentar de decisões. A liberdade é uma construção social, é a possibilidade de se escolher entre alternativas concretas – reais, e portanto jamais perfeitas. É a partir da paulatina conquista da liberdade que o Homem pouco a pouco obtém poder para se superar e aprofundar suas reivindicações. Discursos, retórica, preciosismos confortáveis ou moralismos abstratos individualistas não conduzem à emancipação humana. Liberdade é poder – e é libertação coletiva; é a negação da restrita liberdade individual burguesa – meramente jurídica e permissiva com as vantagens dos conjunturalmente fortes, e com as injustiças que não se cometam contra o capital.

---

8   No sentido de realizar as diferentes tarefas que lhe agradem e realizem, conforme diz Marx, em *A ideologia alemã*.

Para ambos os marxistas latino-americanos, o poder, e portanto a liberdade, está na conquista política – nas revoluções, insurgências, guerrilhas (ambos exaltam como modelo inspirador a Revolução Soviética, além de destacarem em sua obra diversas outras revoluções, resistências populares, revoltas, etc). Mas de outro ângulo, percebem a necessidade de alimentar o sonho revolucionário ou libertário também na pequena luta cotidiana por melhores condições de vida, na conscientização das massas – pois a conquista da liberdade se efetiva também na tenacidade do miserável que suporta, na resistência do povo que se ergue por seus mínimos direitos humanos.

A liberdade se alimenta assim no dia a dia da batalha pela sobrevivência do Homem, e é por isso que os dois pensadores defendem o apoio dos comunistas – embora sem submissão a nenhuma facção das classes dominantes – às demandas imediatas por reformas humanizadoras, pois que têm a sensibilidade de perceber que há problemas mais urgentes, que precedem a discussão sobre "o mais perfeito dos caminhos" rumo aos objetivos finais do comunismo. Se há possibilidade de insurreição súbita, que o comunista se alinhe com a insurreição; e senão, que a promova com paciência, perseverança, mas que não deixe de se pôr ao lado dos sindicatos, dos movimentos sociais por direitos trabalhistas e humanos. E sempre de modo independente, enquanto líderes políticos na dianteira do processo da revolução. Embora ambos não neguem eventuais apoios que possam ser ofertados por alguma facção burguesa a demandas dos comunistas, eles desconstroem – mediante argumentos de teor econômico e sociocultural – que exista na América uma "burguesia nacional" com algum vínculo popular ou desejo emancipatório. Pelo contrário – e com notável afinidade –, veem em nossas elites (associadas ao interesse exterior, eurocêntricas e de baixos níveis culturais) entraves à necessária *conclusão* de nossas nações ainda *incompletas*.

Note-se que ao colocarem as classes trabalhadores como protagonistas da transformação social, distanciam-se nitidamente de movimentos de tom reformista ou revisionista (caso da atual corrente que se denomina relativisticamente "anticapitalista").[9]

No tocante ao processo de emancipação social, vale observar também a proximidade das compreensões de Caio Prado Júnior e de José Carlos Mariátegui em perceber a *solidariedade* como atitude fundamental, estruturante da nova sociedade livre e justa que se almeja. O pensador brasileiro coloca que, na superação da sociedade de exploração do Homem pelo Homem, é preciso substituir-se a ideia de "concorrência", esvaziar a atual tendência hegemônica à *disputa*, promovendo em seu lugar uma fraternal "solidariedade". Já o peruano entende que a "solidariedade" é uma característica essencialmente *revolucionária*, e ressalta sua presença nas tradições indígenas "comunistas" e nos movimentos emancipatórios, como elemento fundamental ao "novo" comunismo – em contraste com a *competitividade* e *individualismo* valorizados na sociedade burguesa niilista e decadente.[10]

Concebe-se pois – em consonância com Mariátegui e Caio Prado –, que o marxismo não é mais *uma filosofia*, mas sim que é *a filosofia contemporânea*, enquanto *teoria* que é *prática* – em oposição tanto à concepção meramente especulativa da *dialética idealista*, como ao cético *materialismo metafísico* que desconsidera o papel do Homem nos sentidos da história.

---

[9] Nesta atual corrente "anticapitalista" presente em movimentos sociais e partidos de centro-esquerda, percebe-se a influência do discurso pós-modernista – que, usado para abrandar (em tons menos incômodos às classes médias) as reivindicações sociais mais básicas, leva tais grupos a desconsiderarem o conceito (crucial ao marxismo) da *luta de classes*.

[10] Caio Prado, *URSS: um novo mundo* e *O estruturalismo de Lévi-Strauss – o marxismo de Louis Althusser*; e Mariátegui, "O problema do índio", em *Sete ensaios*.

Avaliando objetivamente a realidade como um *todo* – uma totalidade concreta –, cabe a um marxista *planejar* sua transformação, a superação da situação presente, que *é*, rumo àquela que pode e deve *ser* (a reorientação de seu *sentido*), o que se dá mediante a ação subjetiva revolucionária, animada pela energia que suscita no Homem o ideal da liberdade (o *mito revolucionário*). Como percebe Mariátegui, o marxismo é portanto uma filosofia integral que além de oferecer um sólido ferramental *realista* para a transformação do mundo, tem também uma feição romântica, ética, que anima o Homem a tal realização. Além disto, conforme afirma Caio Prado, com o marxismo os vieses filosóficos e científicos do pensamento se inter-relacionam: a filosofia orienta o *sentido* da ciência, e esta por sua vez produz com suas técnicas a *nova realidade concreta* sobre a qual deverá novamente se debruçar a filosofia ao refletir sobre o real.

Com Marx é quebrada pois a hierarquia entre filosofia e ciência – ousadia que ofendeu e até hoje incomoda certa *filosofia acadêmica*, culminando na exclusão da *filosofia marxista* de vários dos *palcos filosóficos* acadêmico-profissionais que pretendem *medir* e *classificar* os sistemas filosóficos. Agora, a filosofia já não está colocada acima da ciência (como pensava Aristóteles), assim como a ciência não eliminou o valor da filosofia – disparate pregado por tecnocratas do pragmatismo (arraigados ao economicismo vulgar). E o que não é menos relevante: tampouco as atividades do pensamento, científica ou filosófica, estão acima da *técnica prática* ou *trabalho manual* – mas antes cada qual destes modos de *conhecer*, e mesmo de *agir* ou *ser no mundo*, se inter-relaciona dialeticamente na totalidade social. Examinando-se entre si e se complementando, trabalho intelectual e manual constroem seus passos inerentes, nessa trilha que se abre rumo à nova sociedade em que o Homem, como ser integral que é, possa desempenhar suas máximas virtudes.

Perceba-se enfim – como destaca Ciro Flamarion –, que a preocupação *totalizante* ou "holística" do marxismo transcende a esfera estritamente humana: natureza e história humanas aparecem como "subsistemas da realidade do mundo", ambos em seu movimento dialético, que embora em certa medida seja "autodeterminado", os mantém "vinculados um ao outro".[11] Diante da crise civilizacional atual, que ao problema sociocultural, impõe o problema ecológico, o vínculo que relaciona história e natureza é um aspecto que não pode ser negligenciado por uma crítica que almeje abarcar a totalidade.

Nestas condições, Marx estabelece o alicerce da filosofia contemporânea, ao materializar a dialética, ao explicitar que a ideia não tem sentido, senão em sua relação conflitiva com a matéria, com a história – e que portanto teoria e prática têm de ser concebidas em sua inter-relação. Enquanto *filosofia da práxis*, o marxismo atualizou o próprio conceito de filosofia, ao *materializar* a dialética e buscar a "natureza humana" na ação revolucionária, no devir histórico. Filosofia que transforma a realidade e é por ela dialeticamente transformada, o marxismo inaugura o contemporâneo entendimento da atividade de *filosofar*. Com seu princípio de práxis, estabelece um novo paradigma para o pensamento: a emancipação do ser humano, sua liberdade, a condição para a plena realização de seu potencial.

A filosofia marxista é portanto a crítica objetiva e a proposta utópica mais refinada que foi produzida até o *nosso tempo*, o clímax a que alcançou chegar o desenvolvimento do Homem – pois que funde o *pensamento* e o *real concreto*.

---

11 Ciro Flamarion Cardoso, "História e paradigmas rivais", em *Domínios da história*, p. 6.

Com Marx, dá-se a entrada efetiva da *consciência* na história da humanidade.

Outros saberes –
os limites da crítica de Caio Prado e Mariátegui

Ao recusar dogmas mecanicistas, como o evolucionismo e o economicismo, Mariátegui e Caio Prado se dedicam a elaborar interpretação autêntica de suas realidades nacionais. Neste projeto, contrariando a tese etapista, eles não só percebem que na América a evolução histórica se dera de modo diferente da europeia, como ainda acabam por refutar a noção *europositivista* que via na modernização social, ao modo europeu, um *universal progresso humano*.

Caio, por exemplo, verifica que onde o capitalismo se instalou plenamente no campo brasileiro – em meio à ausência de leis trabalhistas –, a situação se tornou ainda pior para os trabalhadores, em comparação aos locais onde ainda perduravam resquícios de relações pré-capitalistas (parcerias, etc); em outro momento, afirma que conforme o *capitalismo* "avança", a sociedade humana se *degrada*: as "relações humanas" se apequenam em mesquinhas "relações mercantis". Mariátegui, por seu lado, afirma que "modernização" trazida pelo colonizador europeu às terras andinas é um pseudo-progresso que somente piorou a vida do índio; em outra passagem, diz que o capitalismo na era dos monopólios, já não serve nem mesmo ao *progresso material* a que serviu em seus primórdios, pois que a produção é sugada por *parasitas financeiros*; vê a civilização capitalista do pós-Guerra em plena "decadência" – material e espiritual –, comparando-a à *queda romana*.

Observa-se assim, na obra de ambos os pensadores, que suas concepções sobre a *evolução social* não são lineares. Dialéticas, comportam estagnações, e mesmo regressos.[12]

Entretanto, as críticas caiopradiana e mariateguiana à rasa noção eurocêntrica de *progresso* têm seus limites. No que toca aos saberes indígenas, Mariátegui valoriza os feitos políticos e técnicos da complexa sociedade incaica – o que Caio Prado também reconhece, mostrando aí sintonia com o pensador peruano. Porém, relativamente às sociedades indígenas silvícolas (como os guaranis, e demais povos que não constituíram e mesmo se opuseram ao Estado), ambos demonstram certa desconsideração por seus *saberes*.

Ainda que se postem contra o eurocentrismo epistêmico – e que percebam o capitalismo como degeneração social –, trazem em sua crítica certo ranço de *progressismo* ao modo eurocêntrico. Na ânsia por resolver o problema do poder, não enxergam valores primordiais de outras culturas – que em verdade também se ligam à questão do poder. Vendo no capitalismo europeu certo progresso, no sentido da consolidação de poderosos Estados nacionais (ao que concorre sua evolução científico-tecnológica – e bélica), não alcançam perceber outras possibilidades de *progressos* – elementos de outras culturas que possam contribuir ao sentido da libertação humana. Decerto, um dos motivos para isto é o fato de que viveram a ascensão da União Soviética – com seu projeto defensivo e implementação industrial; e outro ponto a se ater, é que o problema ambiental, que compõe parte da crise civilizacional atual, ainda não estava em evidência.

Mariátegui, apesar de ter lançado em uma perspectiva marxista a reflexão acerca de uma fusão dialética entre os diversos saberes, que

---

12 Temas apresentados nos capítulos anteriores.

inclua os não-ocidentais – notadamente o inca com seu *outro progresso* sociopolítico –, não se aprofundou no estudo das diferentes culturas indígenas. Mesmo observando na comunidade inca características intrinsecamente revolucionárias, demonstra uma visão que orbita na noção *progressista* europeia, ao se limitar a apontar os valores do "complexo" Estado incaico (bem como dos aztecas) – considerando os "índios silvícolas" nômades como sendo povos que alcançaram apenas um "nível" civilizacional "baixo".[13]

Já Caio Prado, em seu ensaio *O estruturalismo de Lévi-Strauss*, apresenta uma noção de desenvolvimento cultural sob um prisma tecnológico e político que se restringe à concepção ocidental, focando-se nos progressos da ciência moderna, e vendo os índios livres das selvas como "ramos frustos" – ou *pouco polidos* – da "evolução cultural da humanidade".[14] Vale aqui um aparte, para mencionar que Caio reflete sobre o ideal marxista da eliminação do Estado em uma evoluída sociedade comunista – apesar de não perceber que estas civilizações que ele considera *rudes* o realizaram na prática.

Seria somente em meados do século XX, com os aportes de Lévi-Strauss (a partir de sua convivência junto aos povos das florestas no Brasil), que este problema sobre o que é *desenvolvimento* ou *progresso civilizacional*, seria posto em questão de forma mais aprofundada – inclusive nos meios marxistas –, quando o antropólogo expõe sua teoria de que em realidade há vários tipos de "progresso", ou sentidos "divergentes" de desenvolvimento cultural. Em *Race et histoire* (1952), afirma que, ao contrário da visão *eurocêntrica*, os povos silvícolas não eram "atrasados", mas bastante desenvolvidos sob muitos aspectos – e isto apesar

---

13 "*El problema de las razas en la América Latina*", em *Ideología y política*, p. 28-31; ver também *Sete ensaios*.
14 *Obra cit.*, p. 66-68.

de que os povos americanos não tiveram a chance de intercâmbios tão vastos como aqueles que reuniram os antigos povos africanos, asiáticos e europeus. Pondera que embora os indígenas de modo geral não tivessem domesticado animais, era espantoso seu conhecimento sobre as plantas – saber muito superior ao europeu na mesma época –, havendo oferecido ao mundo alguns dos "pilares da cultura ocidental", tais como a batata (que atenuaria a fome na Europa, fenômeno então bastante frequente)[15], a borracha e o tabaco; dominaram até mesmo plantas venenosas como a mandioca, tornando-a base da alimentação, além de terem amplo conhecimento de plantas curativas, desenvolvendo uma avançada medicina para seu tempo.[16]

Contudo, tema de alta relevância aos dias atuais, são as considerações socioculturais e mesmo psicológicas de Lévi-Strauss sobre algumas sociedades indígenas, como os nhambiquaras com quem viveu no Brasil. Após passar quase uma década em meio a eles, declararia que "nunca" presenciou uma briga ou gesto grosseiro, experiência que o faz perceber uma sociedade extremamente harmônica, cujas "tarefas são cumpridas em meio a conversas", sendo o trabalho partilhado por todos; um ambiente "alegre" em que a relação dos pais com a prole é de "dedicação" e "carinho" (declara jamais ter visto uma criança "apanhando"); quanto à questão do amor, diz que "um clima erótico" impregna o dia a dia nas aldeias, e que os *temas* do *relacionamento humano* são de interesse geral, havendo também grande liberdade sexual. Sua conclusão será a de que a noção sobre o *desenvolvimento* de uma ou outra

---

15 Ver sobre o tema: Josué de Castro, *Geopolítica da Fome* (1965).
16 *Race et histoire*, p. 40 e seguintes. Os indígenas (inclusive os silvícolas) tinham também conhecimentos astronômicos superiores aos europeus da época, relacionando por exemplo marés e lua, muito tempo antes que Isaac Newton o fizesse pela primeira vez, já no fim do século XVII.

civilização existe em função dos *valores* acerca de cultura *estabelecidos* por quem a observa.[17]

Pouco mais tarde, também Pierre Clastres (*La Société contre l'État*, 1974) faria importantes investigações sobre os *outros saberes ameríndios*, em especial no que se refere a concepções políticas – sempre nesse intuito de incursão no pensamento indígena com vistas a apreender conhecimentos que pudessem ser úteis na crítica da modernidade. Entre as décadas de 1960 e 1970, Clastres convive com várias etnias (como guaranis, ianomâmis), experiência que o levaria a sua teoria das "sociedades contra o Estado". Ele entende que os pontos de vista antropológicos que consideravam tais sociedades ameríndias como estando em um estágio evolutivo inferior – por não terem *poder político* ou *Estado* – pecavam por um viés analítico *positivista*. Considera a separação científica então em voga, entre *civilizados* e *selvagens* com base na existência ou não do Estado, como um problema derivado da tradição *eurocêntrica* da "etnologia", que equivocadamente fez as "culturas primitivas girarem em torno da civilização ocidental".[18] Segundo Clastres, em contraste com a grande civilização inca, os povos das florestas vivem em pequenas unidades políticas, cujo corpo social está continuamente em movimento; deste modo, evitam que qualquer cacique (ou líder) possa transformar seu prestígio em poder – não havendo entre eles *divisão social de classes*. O chefe tem o poder de usar a palavra, mas não tem comando – sua função é antes *servir* à comunidade.

Nesta linha crítica da concepção eurocêntrica de cultura, é importante atentar também aos casos *orientais* das civilizações africanas e asiáticas – povos não menos desprestigiados que os indígenas na atual

---

17 Lévi-Strauss, Tristes Trópicos, p. 265-269; ver também a entrevista "Trópico da saudade" (2008).

18 "Copérnico y los salvajes", em *La sociedad contra el Estado*, p. 40.

hegemonia europeia. É o que faz Wilson Barbosa, em *Cultura negra e dominação* (2002), ao pôr em relevo as incontáveis contribuições dos saberes africanos ao conhecimento moderno. Conforme ressalta o historiador, é fundamental perceber que a própria civilização denominada *ocidental*, não é somente europeia, mas comporta em seu âmago a cultura africana, assim como a asiática, em diversificados e significativos conhecimentos que chegaram à Europa, em boa medida através da Grécia – saberes que hoje compõem intrinsecamente o que se entende por *pensamento moderno*.[19]

Ainda na temática dos *outros saberes*, vale destacar a autocrítica e mudança de atitude dos próprios Marx e Engels acerca das comunidades pré-capitalistas, bem como sobre o Estado e sua dissolução. Refletindo sobre o valor de tais comunidades para a *evolução social comunista*, de início os fundadores do marxismo as consideram atrasadas em relação ao capitalismo; porém, após o capitalismo lhes demonstrar sua capacidade de barbárie (caso dos massacres coloniais), ambos mudam de ideia, passando a considerar a possibilidade de que essas sociedades pré-capitalistas pudessem ser a base da futura sociedade comunista. Quanto à questão do Estado, é importante recordar também que um veio *antiestatista* percorre toda a obra de Marx, desde suas críticas à *filosofia do direito* de Hegel (1943), aos escritos sobre a Comuna de Paris (1871) – tema que urge ser estudado nessa nova conjuntura de crise política e social que demanda novos paradigmas e soluções.[20]

---

19 Wilson Barbosa, *Cultura negra e dominação*, p. 112-114.
20 Sobre o tema, ver por exemplo a citada carta de Marx a Vera Zasulitch, além dos chamados "Cadernos Etnológicos de Marx" (*Los apuntes etnológicos de Karl Marx*, 1988) – seus estudos sobre antropologia. Vide também: Enrique Dussel, *El último Marx (1863-1882) y la liberación latinoamericana* (1990); e Jean Tible, *Marx selvagem* (2013) – incluindo o "Prefácio" do livro, de Michael Löwy.

Na busca por soluções para a crise civilizacional (que em grande medida é uma crise *ocidental*), de âmbito político-econômico e cultural, a qual após um século de guerras retorna com força à pauta de preocupações internacionais, cabe incluir no debate marxista, ademais dos mencionados aportes *orientais* (relativos à política e cultura), a *questão ambiental* – com vistas à ampla elaboração de novos paradigmas que façam frente ao projeto progressista *eurocêntrico* de matiz iluminista que perdura. E neste intento, é ainda mais evidente a necessidade de se abarcar *outros saberes* – de se investigar aspectos por exemplo das sociedades ameríndias silvícolas que concebem a Terra como parte de sua cosmologia, de cujas "entranhas" não apenas saem os frutos alimentícios, como também "o próprio homem".[21]

Finalmente cabe observar que se Mariátegui e Caio Prado foram fiéis ao marxismo na plenitude do que isto implica, pensamento com o qual contribuíram significativamente, eles por certo não estiveram isentos de equívocos em suas análises e ponderações. Contudo, o mais importante é que ao elaborarem investigações refinadas da questão nacional, contribuíram para a desalienação de seus povos, o que é ainda mais primordial em uma época em que os ritmos históricos se aceleram na periferia do sistema, através de atitudes mais efetivas contra o poder do capital – como se vê com nitidez na América Latina.

Ironicamente – conforme observa Leopoldo Zea –, aqueles povos e culturas que o europeu considerava inferiores, após duas guerras que fizeram o Homem "ocidental" *começar* a perceber que ele não é a suma expressão da humanidade, estão hoje a se consolidar como seu modelo de libertação.[22]

---

21 Conforme L. E. Valcárcel, em *Del ayllu al Imperio*.
22 Leopoldo Zea, A filosofia americana como filosofia (1994).

Por outro lado, a partir das concepções mariateguiana e caiopradiana, fica reforçada a tese de que a tarefa essencial de um *filósofo da práxis* consiste em desbastar o cipoal de fetiches culturais e materiais *vendidos* pelo capitalismo, buscando denunciar e especialmente agir contra o engodo oculto na noção *liberal* de *progresso* – o que se configura aceleradamente na derrocada da espécie rumo à barbárie. Há sobre isto significativas evidências, tanto no aspecto social (agravamento da concentração de renda mundial, guerras, fome mesmo com superprodução alimentícia, poluição, etc), como no individual (aumento substancial de variadas disfunções psicofísicas, depressão, neuroses, etc).

É preciso portanto realizar o marxismo, fazer *realidade* sua crítica à alienação, ao fetiche, à exploração, à violência sistêmica, à impotência e artificialismo modernos e à própria ambição divinizante do Homem "civilizado" – ser que se acostumou a exigir pouco de si mesmo, adulado pelo conforto, viciado em segurança, estabilidade e em tudo que lhe possa proporcionar a manutenção de seu cotidiano morno, segundo um mínimo esforço. Vencer hábitos, preconceitos e especialmente valores arraigados, não é tarefa de que seja capaz uma civilização frágil – de seres rasos que se alienam de sua própria existência, domados por desejos fúteis plantados na ingenuidade de uma falta geral de leitura aprofundada, de crítica, de vivências práticas engrandecedoras, cujas poucas esperanças *não-monetárias* estão postas em uma espiritualidade religiosa cujas instituições são cada vez mais comerciais e menos sérias.[23]

Neste processo, como reivindica José Martí, os povos que se enfrentaram "como irmãos ciumentos" devem agora "dar-se as mãos para que sejam um só"; e o que restar de provincianismo em "Nossa América"

---

[23] Como é o caso da decadência espiritual e crescente comercialização de religiões, como o cristianismo.

– como no mundo – deve "acordar": "*não são tempos para deitar de touca na cabeça, e sim com armas como travesseiro*".[24]

---

24 O termo "Nossa América" foi consagrado por Martí em artigo de mesmo nome: "O aldeão vaidoso acha que o mundo inteiro é sua aldeia, e desde que seja ele o prefeito, ou(...)que mantenha os cofres cheios, acredita que é certa a ordem universal, ignorando os gigantes que possuem botas de sete léguas(...). O que restar de aldeia na América deverá acordar. Estes não são tempos para deitar de touca na cabeça, e sim com armas como travesseiro(...). Os povos que não se conhecem devem ter pressa em se conhecer, como aqueles que vão lutar juntos. Os que se enfrentam como irmãos ciumentos(...) devem dar-se as mãos para que sejam um só" (em *Nossa América*, p. 194).

POSFÁCIO
José Carlos Mariátegui e Caio Prado Jr.

Michael Löwy[1]

Este ensaio de Yuri Martins Fontes é sem dúvida a primeira tentativa sistemática de estudar, de um ponto de vista comparativo, a obra de dois dos maiores pensadores marxistas da América Latina. José Carlos Mariátegui e Caio Prado Júnior estão entre os primeiros a propor uma análise marxista concreta de suas formações sociais, o Peru e o Brasil. Embora os dois aderissem ao comunismo, souberam romper com os esquemas dogmáticos, positivistas e eurocêntricos do catecismo stalinista.

Como mostra Yuri, eles recusaram a crença na função civilizatória do capital, em prol de uma leitura dialética que considera esgotado o papel progressista da burguesia. Os capítulos centrais do livro interrogam suas respectivas análises da questão nacional e da dialética materialista, apontando, sobretudo nos dois últimos capítulos comparativos, todas as semelhanças, convergências e coincidências entre os dois revolucionários marxistas.

Se a autonomia de Mariátegui em relação às teses soviéticas é evidente no curso dos anos 1927-1930 – manifestando-se inclusive em uma certa simpatia por Leon Trotski – a atitude de Caio Prado Júnior é mais contraditória: elementos críticos às políticas da União Soviética es-

---

1 Professor de Sociologia da École des Hautes Études en Sciences Sociales e orientador de pesquisas no *Centre National de la Recherche Scientifique* – França.

tão presentes em seus escritos já no começo dos anos 1930, mas seu livro sobre o "Mundo do socialismo" (Brasiliense, 1962) é bastante apologético.

Uma das contribuições mais interessantes do livro de Yuri Martins Fontes é a análise dos – ainda inéditos – "Diários Políticos" de Caio Prado (acervo do Fundo Caio Prado Júnior – Arquivo do Instituto de Estudos Brasileiros da Universidade de São Paulo), que revelam seu interesse por uma aliança entre o PCB e os trotskistas brasileiros, e, sobretudo, suas críticas à política do PCB em 1945-1947, que só serão tornadas públicas no livro "A Revolução Brasileira" (Brasiliense, 1966).

Ao enfatizar os elementos comuns entre os dois pensadores – sem dúvida, existentes – Yuri acaba, em minha opinião, por subestimar notáveis diferenças que os distinguem. Diferenças que decorrem não só do contexto nacional em que viveram – como a importância dos indígenas no Peru, e dos escravos africanos no Brasil –, e da distância entre o período histórico de cada um (Mariátegui faleceu em 1930 e Caio Prado viveu ainda mais meio século), mas de dois estilos de pensamento radicalmente distintos, e portanto de duas concepções do marxismo muito diversas. O romantismo revolucionário agônico e místico de Mariátegui tem pouco em comum com o racionalismo analítico de Caio Prado.

Dito isto, não há dúvidas que este livro de Yuri Martins Fontes é uma contribuição de primeira ordem para este importante capítulo da história do marxismo na América Latina.

*****

BIBLIOGRAFIA

CAIO PRADO JÚNIOR

PRADO Júnior, Caio. *Evolução política do Brasil*. São Paulo: Brasiliense, 1980 [1933].

_____. *URSS: um novo mundo*. São Paulo: Cia. Editora Nacional, 1935 [1934].

_____. *Formação do Brasil contemporâneo*. São Paulo: Brasiliense, 2000 [1942].

_____. *História econômica do Brasil*. São Paulo: Brasiliense, 1965 [1945].

_____. *Dialética do conhecimento*. São Paulo: Brasiliense, 1969 [1952].

_____. *Diretrizes para uma política econômica brasileira*. São Paulo: Urupês, 1954.

_____. *Esboço dos fundamentos da teoria econômica*. S. Paulo: Brasiliense, 1957.

_____. *Notas introdutórias à lógica dialética*. S. Paulo: Brasiliense, 1968 [1959].

_____. *O mundo do socialismo*. São Paulo: Brasiliense, 1967 [1962].

_____. *A Revolução Brasileira*. São Paulo: Brasiliense, 1966.

_____. *História e desenvolvimento*. São Paulo: Brasiliense, 1989 [1968].

_____. *O estruturalismo de Lévi-Strauss – o marxismo de Louis Althusser*. São Paulo: Brasiliense, 1971.

_____. *A questão agrária no Brasil*. São Paulo: Brasiliense, 1979.

_____. *O que é liberdade*. São Paulo: Brasiliense, 1984 [1980] (ensaio publicado originalmente em 1962 como capítulo de *O mundo do socialismo*).

_____. *O que é filosofia*. São Paulo: Brasiliense, 1981 (ensaio original publicado em *Almanaque*, n.4, de 1977).

_____. *A cidade de São Paulo*. São Paulo: Brasiliense, 1983.

_____."Caderneta: poemas e notas" (s/d). Em *Fundo Caio Prado Jr./Arquivo do IEB-USP*: referência CPJ-CAD010.

_____."Carta ao Comitê Regional de S. Paulo do PCB" (30/11/1932). Em *Fundo Caio Prado Jr./Arquivo do IEB-USP*: referência CPJ--CA114.

_____."Carta a Lívio Xavier" (São Paulo, 20/09/1933). Em *Marxismo 21*. Disponível em: http://marxismo21.org. Acesso em 3 de set. 2013.

_____. "Carta à Revista Acadêmica da Universidade do Rio de Janeiro" (20/11/1934). Em *Fundo Caio Prado Jr./Arquivo do IEB--USP*: referência CPJ-CA224.

_____. "O programa da Aliança Nacional Libertadora". Em *Jornal A Platea* (25/07/1935–03/08/1935). Disponível em: http://www.bn.br. Acesso em 28 fev. 2014.

_____."Zonas tropicais da América" (11/07/1936). Em *Fundo Caio Prado Jr.*/ Arquivo IEB-USP: referência CPJ-CA024a, p. 89-117 (do caderno).

_____."Psicologia coletiva" (Paris, 1937). Em *Fundo Caio Prado Jr.*/ Arq. IEB-USP: ref. CPJ-CAD007.

_____."Diários políticos" (1937). Em *Fundo Caio Prado Jr.*/ Arquivo IEB-USP: ref. CPJ003.

_____."Caderno: análise do Golpe de 1930" (Paris, dez. 1937). Em *Fundo Caio Prado Jr.*/ Arquivo IEB-USP: referência CPJ-004-286.

_____."Prefácio" [1945]. Em *História econômica do Brasil*. São Paulo: Brasiliense, 1945.

_____. "Diários políticos" (2 cadernos: nov.1945/mar.1946; abr.1946/jan.1947). Em *Fundo Caio Prado Jr.*/ Arquivo IEB--USP: referência (respectiv.) CPJ006; e CPJ007.

_____."Carta ao companheiro Evaldo da Silva Garcia" (11/05/1946). Em *Fundo Caio Prado Júnior*/ Arquivo IEB-USP: referência CPJ--CA002.

_____."Desenvolvimento da inteligência" (data presumida: posterior a 1952). Em *Fundo Caio Prado Jr.*/ Arquivo do IEB-USP: referência CPJ-CAD035.

_____."A dialética materialista". *Revista Brasiliense*, S. Paulo, n.3, jan.--fev. 1956.

_____."Carta a Carlos Nelson Coutinho" (08/02/1960). *Fundo Caio Prado Júnior*/ Arquivo IEB-USP: referência CPJ-CA060.

_____."Contribuição para a análise da questão agrária no Brasil". Em: *Revista Brasiliense*, São Paulo, n.28, p. 163-238, mar.-abr. 1960.

_____. "Carta ao prof. Arivelsio Padilha" (26/04/1960). Em *Fundo Caio Prado Jr./* Arquivo IEB-USP: referência: CPJ-CA024a.

_____. "A reforma agrária e o movimento nacional". Em: *Revista Brasiliense*, São Paulo, n.29, p. 1-16, mai.-jun. 1960.

_____. "As Teses e a Revolução Brasileira". Em *Jornal Novos Rumos*, Rio de Janeiro, jun.-jul. 1960 [republicado em *Mouro: Núcleo de Estudos d'O Capital*, São Paulo, ano 5, n.8, dez. 2013].

_____. "Adendo a *A Revolução Brasileira*". Em *Revista Civilização Brasileira*, nº 14, jul. 1967.

_____. "Entrevista com Caio Prado Jr.", em *Revisão*, n. IV, Depto. de Publicações GFFCL-USP, S. Paulo, agosto de 1967, p. 13-22.

_____. "Telegrama ao embaixador da União Soviética" (data presumida: 1968). Em *Fundo Caio Prado Jr./* Arquivo do IEB-USP: referência CPJ-CA172.

_____. "Carta a Cruz Costa" (Quartel do 16º BPM, 28/07/1970). *Fundo Caio Prado Júnior/* Arquivo IEB-USP: referência CPJ-CA006.

_____. "Teoria marxista do conhecimento e método dialético materialista". Em *Revista Discurso*, ano IV, n.4, 1973.

_____. "Carta a Marisa Figueiredo" (05/05/1976). Em *Fundo C. Prado Jr./* Arquivo IEB-USP: referência CPJ-CA174.

_____. "Carta a Hermes Lima" (jun. 1977). Em *Fundo Caio Prado Jr./* Arquivo IEB-USP: referência CPJ-CA070.

_____. "Matemática, ciência empírica", em *Encontros com a Civilização Brasileira*, Rio de Janeiro, vol.14, p. 155-172, ago. 1979.

PRADO Júnior, Caio; DEFFONTAINES, Pierre; et al. "Ata de Fundação da Associação dos Geógrafos Brasileiros". Em *Portal AGB*. Disponível em: http://www.agb.org.br. Acesso em 01 abr. 2013.

JOSÉ CARLOS MARIÁTEGUI

MARIÁTEGUI, José Carlos. *Obras completas* (I – XX). Lima: Amauta. Disponível em: http://www.patriaroja.org.pe. Acesso em 29 jul. 2013 [*referência para os *tomos* abaixo designados]. Observação: vide recente edição de suas *Obras completas* em: https://www.marxists.org/espanol/mariateg.

_____. *La escena contemporánea y otros escritos* (*Obras completas/* tomo I). Lima: Editora Amauta, 1964 [1925].

_____. *Siete ensayos de interpretación de la realidad peruana* (*Obras completas/* tomo II). Lima: Amauta, 1989 [1928].

_____. *El alma matinal y otras estaciones del hombre de hoy* (*Obras completas/* tomo III). Lima: Editora Amauta, 1969.

_____. *La novela y la vida* (*Obras compl./* tomo IV). Lima: Ed. Amauta, 1984.

_____. *Defensa del marxismo* (*Obras completas/* tomo V). Lima: Amauta, 1969 [1929].

_____. *El artista y la época.* (*Obras completas/* tomo VI). Lima: Amauta, 1970.

_____. *Signos y obras* (*Obras completas/* tomo VII). Lima: Amauta, 1971.

_____. *Historia de la crisis mundial – conferencias (1923)* (*Obras completas/* tomo VIII). Lima: Amauta, 1959.

_____. *Peruanicemos el Perú* (*Obras completas/* tomo XI). Lima: Amauta, 1970.

_____. *Temas de Nuestra América.* (*Obras completas/* tomo XII). Lima: Amauta, 1959.

_____. *Ideología y política* (*Obras completas/* tomo XIII). Lima: Amauta, 1971.

_____. *Temas de educación.* (*Obras completas/* tomo XIV). Lima: Amauta, 1970.

_____. *Cartas de Italia* (*Obras completas/* tomo XV). Lima: Amauta, 1969.

_____. *Figuras y aspectos de la vida mundial* (*Obras completas/* 3 tomos – XVI: 1923-1925; XVII: 1926-1928; XVIII: 1929-1930). Lima: Amauta, 1970 [1923-1930].

_____. *Mariátegui total* (2 tomos). Lima: Amauta/ Minerva, 1994 [inclui dentre outros: "Crônicas"; "Escritos juveniles 'La edad de la piedra': poesía, cuento, teatro"; "Entrevistas, crônicas y otros textos reportajes", "Correspondencia"].

_____. *Defesa do marxismo – polêmica revolucionária e outros escritos.* (org. e trad. Yuri Martins Fontes). São Paulo: Boitempo Editorial, 2011 [1929].

_____. *Ideología y política y otros escritos.* Caracas: El Perro y la Rana, 2010.

_____. *La escena contemporánea y otros escritos.* Caracas: Edit. El Perro y la Rana, 2010.

_____. *Sete ensaios de interpretação da realidade peruana.* São Paulo: Expressão Popular/ Clacso, 2008.

_____. *Textos básicos* (org. Anibal Quijano). Lima: Fondo de Cult. Econ., 1991.

_____. *Correspondencia (1918-1930) – selección*. Lima: Amauta, 1984. Disponível em: http://www.mariategui.eu/webs/1-11.htm. Acesso em 31 jul. 2014.

_____. "Apuntes autobiográficos". Em *La Vida Literaria*, maio de 1930, Buenos Aires. Disp. em: https://www.marxists.org. Acesso em 30/11/2013.

_____. "El Hombre y el Mito" [*Mundial*, Lima, jan.1925]. Em *Patria Roja – Obras completas de Mariátegui*.

_____. "El problema indígena en América". Em: M. Löwy, *El marxismo en América Latina*. C. do México: Era, 1980.

MARIÁTEGUI, *Sept essais d'interprétacion de la réalité péruvienne*. Paris: Maspero, 1968.

MARIÁTEGUI, J. C.; GARCÍA LINERA, Álvaro. *Indianisme et paysannerie en Amérique Latine*. Paris: Syllepse, 2013.

BIBLIOGRAFIA GERAL

ABBAGNANO, Nicola. *Dicionário de filosofia*. São Paulo: Martins Fontes, 2000.

AB'SÁBER, Aziz. "Tempos e espaços na mira de um historiador". Em D'Incao, *História e ideal*. São Paulo: Brasiliense, 1989.

ADLER, A. "Gramsci: Lenin no ocidente". Em *Encontros com a civilização brasileira*, n.5, 1978.

ADORNO, T. W.; HORKHEIMER, M. *Dialética do esclarecimento*. Rio de Janeiro, Zahar, 1985.

AGUIRRE ROJAS, C. A. *La historiografia en el siglo XX*. Havana: ICAIC, 2011.

ALCÀZAR, Joan del; TABANERA, Nuria, *et al*. *Historia contemporánea de América*. Valência: Publicacions de la Universitat de València, 2003

AMANO, Takao. *Assalto ao céu*. São Paulo: Com-Arte Editora, 2014.

ANDERSON, Perry. *Considerações sobre o marxismo ocidental*. São Paulo: Brasiliense, 1989 [1976].

AQUINO, I. de. *A Revista Brasiliense e a estratégia nacionalista*. Dissertação de mestrado, Universidade de São Paulo, 1996.

ARANTES, Paulo Eduardo. *Extinção*. Boitempo. São Paulo. 2007.

_____. *O novo tempo do mundo – e outros estudos sobre a era da emergência*. São Paulo: Boitempo, 2014.

_____. *Sentimento da dialética*. São Paulo: Paz e Terra, 1992.

_____. *Um departamento francês de ultramar: estudos sobre a formação da cultura filosófica uspiana – uma experiência nos anos 60*. São Paulo: Paz e Terra, 1994.

_____. *Zero à esquerda*. São Paulo: Conrad, 2004.

_____. "Vida e obra". Em Hegel. *Estética* ("Pensadores"). S. Paulo: Nova Cultural, 1996.

ARDAO, Arturo. *La inteligencia latinoamericana*. Montevidéu: Univ. de la República, 1987.

ARICÓ, José (org.). *Mariátegui e los orígenes del marxismo latinoamericano*. México: Ediciones Pasado y Presente, 1978.

_____. *Marx e a América Latina*. Rio de Janeiro: Paz e Terra, 1987.

ARROYO POSADAS, M. "*A propósito de 'El Populismo en el Perú'*". Em Aricó (org.), *Mariátegui y los orígenes del marxismo latinoamericano*. México: Pasado y Presente, 1978.

ASSOCIAÇÃO DOS GEÓGRAFOS BRASILEIROS. *Ata de Fundação* (17/09/1934). Disponível em: http://www.agb.org.br. Acesso em 2 abr. 2013.

BAGÚ, Sergio. "La economía colonial" [1949]. Em Löwy (org.). *El marxismo en América Latina*. México: Era, 1980.

BARBOSA, Wilson do Nascimento. *A Crisálida: aspectos histórico-econômicos do fim da escravidão no Brasil (1850-1888)*. Tese de livre-docência, FFLCH-USP, 1993.

_____. *Balanço da Economia Brasileira: 1940-1980*. São Paulo: LCTE, 2006.

_____. *Cultura negra e dominação*. São Leopoldo/RS: Unisinos, 2002.

_____. "A Dialética como método e como lógica". Em *Curso de Pós-Graduação em História Econômica*, FFLCH-USP, março de 1991.

_____. "A discriminação do negro como fato estruturador do poder" [2008]. Em *Sankofa – Rev. História da África e de Estudos da Diáspora Africana*, n.3, jun. 2009.

_____. "Nelson Werneck Sodré e o 'marxismo ocidental'". Em *Rev. História*, n.141, 1999.

BATALHA, Cláudio. "A historiografia da classe operária no Brasil". Em: M. Cezar Freitas (org.). *Historiografia Brasileira em Perspectiva*. S. Paulo: Contexto, 1998.

BAUER, O.; MARIÁTEGUI; et al. *Marxists e nacions en lucha*. Lyon: Sector Scientific de l'Institut d'Estudis Occitans, 1976.

BAZÁN, Armando. *Mariátegui y su tiempo* (*Obras completas de Mariátegui*/ tomo XX). Lima: Amauta, 1964.

BEAUDET, Pierre. "Socialisme et libération nationale". Em *Mariátegui e García Linera, Indianisme et paysannerie en Amérique Latine*. Paris: Syllepse, 2013.

BECHER, Mariela N. *Sueños (des)comunales en tiempos de descomposición social: Mariátegui y Caio Prado Jr. – fuente del marxismo latinoamericano*. Tese de doutorado, UFRJ, 2011.

BECKER, Marc. "Mariátegui y el problema de las razas en América Latina", em *Revista Andina* (Chile), n.35, julho de 2012. Disp. em: http://www.archivochile.com. Acesso em 21 nov. 2013.

BELLOTTO, M.; CORRÊA, A. M. "Mariátegui: gênese de um pensamento latino-americano". Em *José Carlos Mariátegui: Política*. São Paulo: Ática, 1982.

BENJAMIN, Walter. *Obras escolhidas*. São Paulo: Brasiliense, 1985.

_____. *Walter Benjamin* (org. Flávio Kothe). São Paulo: Ática, 1985.

BETHELL, Leslie (org.). *História da América Latina* (volumes IV e V). São Paulo: Edusp, s/d.

BETTO, Frei. *Sobre a esperança: diálogos*. Campinas: Papirus, 2003.

BLAJ, Ilana. "Marxismo na historiografia brasileira". Em Coggiola (org.). *Marx e Engels na história*. São Paulo: Xamã, 1996.

BORÓN, A.; et al. *A teoria marxista hoje*. São Paulo: Expressão Popular/ Clacso, 2007.

BOSI, Alfredo. *Dialética da colonização*. São Paulo: Companhia das Letras, 1993.

_____. "A vanguarda enraizada: o marxismo vivo de Mariátegui". Em *Estudos Avançados*, vol.4, n.8, São Paulo, jan./abr. 1990.

BOTTOMORE, Tom (edit.). *Dicionário do pensamento marxista*. R. Janeiro: Jorge Zahar, 2001.

BRAUDEL, Fernand. *Grammaire des civilizations*. Paris: Flammarion, 2005.

_____. *La historia y las ciencias sociales* [1968]. Madri: Alianza Editorial, 1970.

_____. "Au Brésil: deux livres de Caio Prado". Em: *Annales: Économies, Sociétés, Civilisations*, ano 3, n. 1, 1948. p. 99-103.

_____. "No Brasil: dois livros de Caio Prado" (trad. Yuri Martins Fontes). Em *Mouro: Núcleo de Estudos d'O Capital*, São Paulo, ano 6, n.9, 2015.

CAMPIONE, Daniel. "Antonio *Gramsci: orientaciones* introductorias para su estudio" (2010). Em *Rebelión*. Disp. em: http://www.rebelion.org/docs/13842.pdf. Acesso em 6 de junho de 2014.

CANDIDO de Mello e Souza, Antonio. "O Portador" (Posfácio/ "Os Pensadores"). Em: Nietzsche, F. W. *Obras Incompletas*. São Paulo: Abril Cultural, 1983.

_____. "O significado de Raízes do Brasil". Em S. B. Holanda. *Raízes do Brasil*. Rio de Janeiro: José Olympio, 1973.

_____. "A força do concreto". Em D'Incao. *História e ideal*. São Paulo: Brasiliense, 1989.

CAPELATO, Maria Helena Rolim. "Prefácio". Em: F. Fonseca. *O consenso forjado: a grande imprensa e a formação da agenda ultraliberal no Brasil.* São Paulo: Hucitec, 2005.

CARONE, Edgard. "A Internacional Comunista". *Entre Passado e Futuro: Revista de História contemporânea.* São Paulo, n.2, p. 97-103, set. 2002.

_____. *Da esquerda à direita.* Belo Horizonte: Oficina de Livros, 1991.

_____. *Leituras marxistas e outros estudos.* São Paulo: Xamã, 2004.

_____. *O marxismo no Brasil.* Belo Horizonte: Dois Pontos, 1968.

_____. *Revoluções do Brasil contemporâneo.* São Paulo: Difel, 1975.

CARVALHO, Flávio, "Recordação do *Clube dos Artistas Modernos*", em *Revista Anual do Salão de Maio*, 1939.

CASTILLO PERALTA, Carlos. "*Mariátegui creador*". Em *Aporrea*, 2014. Disponível em: http://www.aporrea.org. Acesso em 4 ago.2014.

CASTRO, Josué de. *Geopolítica da Fome* [2 vol.]. S. Paulo: Brasiliense,1965.

CASTRO POZO, Hildebrando. *Nuestra comunidad indígena.* Lima: Editorial El Lucero, 1924.

CASTRO Ruz, Fidel Alejandro. *La historia me absolverá.* Buenos Aires: Ediciones del Pensamiento Nacional, 1993 [1953].

CHAUÍ, Marilena. *Convite à filosofia.* São Paulo: Editora Ática, 2000.

_____."Entrevista com Marilena Chauí", em *Trans-Form-Ação*, n.34, Marília-SP, 2011. Disp. em: http://www.scielo.br. Acesso em 11 ago. 2014.

CHAUÍ, M.; LEBRUN, G.; et al. *Os sentidos da paixão*. São Paulo: Companhia das Letras, 1995.

CLASTRES, Pierre. *La sociedad contra el Estado* [1974]. Caracas: Monte Avila Editores, 1978. Disponível em: http://ebiblioteca. org. Acesso em 12 mai. 2014.

COELHO, Marco Antonio. "Caio Prado Jr. e a política" (out. 2007). Em *Gramsci e o Brasil*. Disponível em: http://www.acessa.com/gramsci. Acesso em 22 ago. 2014.

COELHO, Marco Antonio (Assis Tavares). "Caio Prado e a teoria da revolução brasileira". Em *Revista da Civilização Brasileira*, n° duplo 11/12, 1966-1967.

COGGIOLA, Osvaldo (org.). *Marx e Engels na história*. São Paulo: Humanitas/ Xamã, 1996.

COSTA, Edmilson. *A globalização e o capitalismo contemporâneo*. São Paulo: Expressão Popular, 2009.

COSTA, Emília Viotti da. "A dialética invertida: 1960-1990". In: *Revista Brasileira de História*. São Paulo: ANPUH / Marco Zero, vol. 14, n.27, 1994.

COUTINHO, Carlos Nelson. *De Rousseau a Gramsci: ensaios de teoria política*. São Paulo: Boitempo, 2011.

_____. "Marxismo e 'imagem do Brasil' em Florestan Fernandes". Em *Gramsci e o Brasil*, 2000. Disp. em: http://www.acessa.com/gramsci. Acesso em 20 abr. 2014.

_____. "*La filosofía de la praxis en Brasil*". Em *La Haine* (entrev. a Néstor Kohan), 23 set. 2012. Disp. em: http://www.lahaine.org. Acesso em 16 jul. 2014.

_____."Uma via 'não-clássica' para o capitalismo". Em D'Incao. *História e ideal*. São Paulo: Brasiliense, 1989.

_____. "O desafio dos que pensaram bem o Brasil". Em *Lua nova*, n.54, 2001.

COUTO, André. "*Clube dos Artistas Modernos* (CAM)". Em *Temas das artes*. Disponível em: http://www.brasilartesenciclopedias.com.br. Acesso em 08 mar. 2014.

CRUZ COSTA, João. "A história da filosofia no Brasil". *Enciclopédia Delta Larousse* (2ª ed.), vol. IV, p. 1941-1954, Rio de Janeiro: Editora Delta, 1964.

DANTAS, P. S. *Para conhecer Wallon – uma psicologia dialética*. São Paulo: Brasiliense, 1983.

DEBORD, Guy. *La societé du spetacle*. Paris: Gallimard, 1992 [1967].

DEL ROIO, Marcos. "Sodré e o feudalismo no Brasil: uma tentativa de atualização". Em Cunha, P. ; Cabral, F. (orgs.): *Nelson Werneck Sodré – entre o sabre e a pena*. São Paulo: Editora Unesp, 2006.

DELLA VOLPE, Galvano. *Rousseau e Marx*. Buenos Aires: Platina, 1963.

DOBB, Maurice. *A evolução do capitalismo*. Rio de Janeiro: Zahar, 1980.

DUSSEL, Enrique. *El último Marx (1863-1882) y la liberación latinoamericana*. México: Siglo XXI, 1990.

_____. *Política de la liberación*. Madri: Trotta, 2007.

EINSTEIN, Albert. *A evolução da física*. Rio de Janeiro: Guanabara, 1988 [1938].

EINSTEIN; LORENTZ; MINKOWSKI. *O Princípio da Relatividade*. Lisboa: Calouste Gulbenkian, 1989.

ENGELS, Friedrich. *A origem da família, da propriedade privada e do Estado*. Rio de Janeiro: Civilização Brasileira, 1981.

_____. *Dialética da natureza*. Rio de Janeiro: Paz e Terra, 1991.

_____. *Introducción a la dialéctica de la naturaleza*. Madri: Fundación Federico Engels, 2006.

_____. *O Anti-Dühring*. Rio de Janeiro: Paz e Terra, 1979.

ERASMO DE ROTERDÃ. *Elogio da loucura*. ("Pensadores"). S. Paulo: Abril Cult., 1972.

FANON, Frantz. *Pele negra – máscaras brancas*. Salvador: EDUFBA, 2008.

FAORO, Raymundo. *Existe um pensamento brasileiro?*. São Paulo: Ática, 1996.

FAUSTO, Ruy. "A Revolução Brasileira de Caio Prado Jr.". Em *Teoria e Prática*, vol. I, n.2, 1967.

_____. *Dialética marxista, dialética hegeliana*. São Paulo: Brasiliense, 1997.

FENELON, Déa. "O historiador e a cultura popular: história de classe ou história do povo". Em *Revista História e Perspectivas*. Uberlândia: U. F. de Uberlândia (História), n. 6, 1992.

FERLINI, Vera L. "A fidelidade à história". Em D'Incao. *História e ideal*. S. Paulo: Brasiliense, 1989.

FERNANDES, Florestan. *A revolução burguesa no Brasil*. São Paulo: Globo, 2008.

_____. *Brasil em compasso de espera*. São Paulo: Hucitec, 1980.

_____. *Circuito fechado – quatro ensaios sobre o poder institucional*. São Paulo: Hucitec, 1976.

_____. *Marx, Engels, Lenin*. São Paulo: Expressão Popular, 2012.

_____. *Poder e contrapoder na América Latina*. Rio de Janeiro: Zahar, 1981.

_____. "A visão do amigo". Em D'Incao. *História e ideal*. São Paulo: Editora Brasiliense, 1989.

_____. "Os enigmas do círculo vicioso". Em Caio Prado Jr. *História e desenvolvimento*. São Paulo: Brasiliense, 1989.

_____. "Significado atual de José Carlos Mariátegui". Em *Coleção Princípios*, n.35, 1994-1995. Disponível em: http://grabois.org.br. Acesso em 7 dez. 2013.

FERNÁNDEZ BUEY, Francisco (org.). *Actualidad del pensamiento político de Gramsci*. Barcelona: Grijalbo, 1977.

_____. "Sobre la noción de materialismo en Gramsci" (2002). Em *Gramsci e o Brasil*. Disponível em: http://www.acessa.com/gramsci. Acesso em 2 out. 2014.

FERREIRA LIMA, H. "Caio Prado e seu tempo", em D'Incao. *História e ideal*. São Paulo: Brasiliense, 1989.

FERREIRA, O. S. *Nossa América: Indoamérica*. São Paulo: Edusp, 1971.

FLAMARION CARDOSO, Ciro; VAINFAS, Ronaldo (orgs.). *Domínios da história – ensaios de teoria e metodologia*. Rio de Janeiro: Elsevier/Editora Campus, 1997.

FONSECA, Pedro. "Caio Prado Jr.", em *Revista de Economia Política*, vol.11, n.3, jul.-set. 1991.

FREIRE, Paulo. *Pedagogía del oprimido*. Lima: Lucero, 1997.

FREUD, Sigmund. *Freud – uma coletânea de ensaios críticos*. (org. de Richard Wollheim). Rio de Janeiro: Artenova, 1974.

_____. "O mal-estar na civilização". Em *Freud* ("Os Pensadores"). São Paulo: Abril Cultural, 1978.

FREYRE, Gilberto. *Casa-grande e senzala*. Rio de Janeiro: José Olympio, 1966.

FROMM, Erich. *Meu encontro com Marx e Freud*. Rio de Janeiro: Zahar, 1969.

FLORES GALINDO, Alberto. *La agonía de Mariátegui*. Lima: Desco, 1980.

_____. "Movimientos campesinos en el Perú: Balance y esquema". Em *Cuaderno Rural*, n.18, Taller de Investigación Rural, Pontifícia Univ. Católica del Perú: Lima, s/d.

GALEANO, Eduardo. *As veias abertas da América Latina*. Rio de Janeiro: Paz e Terra, 1983.

GAOS, José. *Historia de nuestra idea del mundo*. México: Fondo de Cult. Económica, 1992.

GARCIA, Marco Aurélio. "Reforma e Revolução/ Reforma ou Revolução". Em *Reforma e revolução – Revista Brasileira de História*, vol.10, n.20, São Paulo, mar.-ago. 1990.

GARCIA Jr., Afrânio. "*Les metissages et la construction culturelle de la nation*". Em *Hérodote–revue de géographie et geopolitique*, n.98, Paris, 2000.

GARCIA Jr., Afrânio; GRYNSZPAN, Mario. "Veredas da questão agrária e os enigmas do grande sertão". Em S. Miceli (org.), *O que ler na ciência social brasileira*. São Paulo: ANPOCS/ Sumaré, 2002.

GARCIA, Afrânio; PALMEIRA, Moacir. "Rastros de casas-grandes e de senzalas". Em *Brasil: um século de transformações* (org. Sachs; Wilheim; Pinheiro). S. Paulo: Cia. das Letras, 2001.

GARCILASO de la VEGA, Inca. *O universo incaico*. São Paulo: EDUC (PUC), 1992 [1617].

GERMANÁ, César. *El "socialismo indo-americano" de José Carlos Mariátegui: proyecto de reconstitución del sentido histórico de la sociedad peruana*. Lima: Amauta, 1995.

GILES, T. R. *História do existencialismo e da fenomenologia*. S. Paulo: EPU/ Edusp, 1975.

GINZBURG, Carlo. *Mitos, emblemas e sinais: morfologia e história*. S. Paulo: Companhia das Letras, 1989.

GOLDMANN, Lucien. *Dialética e cultura*. Rio de Janeiro: Paz e Terra, 1979.

_____. *Epistemologia e filosofia política* [1959-1968]. Lisboa: Presença, 1984.

_____. "La psychologie de Jean Piaget". Em *Recherches dialectiques*, Ed. Gallimard, 1959.

GOLTE, Jürgen. "*Modo de producción asiático y el Estado inca*". Em *Nueva Antropología*, vol.I, n.3, jan. 1976, p. 71-82.

GOMES MULLER, Alfredo. "*Anarchisme et diversité culturelle en Amérique Latine*". Em *Cahiers de la Société P. -J. Proudhon*, Paris, 2012.

GORENDER, Jacob. *A burguesia brasileira*. São Paulo: Brasiliense, 1981.

_____. "Liberalismo e escravidão: entrevista com Jacob Gorender". Em *Estudos avançados*, vol.16, n.46, São Paulo, set-dez. 2002.

GRAMSCI, Antonio. *Cuadernos de la cárcel*. México: Ediciones Era, 1986.

_____. *El materialismo historico y la filosofia de Benedetto Croce*. Buenos Aires: Nueva Visión, 1971.

_____. *Gramsci: poder, política e partido* (org. Emir Sader). S. Paulo: Expr. Popular, 2005.

_____. *Quaderni del carceri*. Torino: Enauidi, 1977.

_____."Marx e o reino da consciência" (1918). Em *Marxists Archive*. Disponível em: http://www.marxists.org. Acesso em 26/11/2012.

GRESPAN, Jorge L. S. *O Negativo do Capital – o conceito de crise na crítica de Marx à economia política*. São Paulo: Hucitec, 1998.

_____."A teoria da história de Caio Prado Jr.: dialética e sentido". Em *Revista do IEB-USP*, n. 47, set. 2008.

_____."O lugar da história em tempos de crise". Em *Revista de História–USP*, vol.151, 2004.

GUERRA, Martín. "La política revolucionaria de José Carlos Mariátegui y su contribución a la crítica socialista". Em Mariátegui. *La escena contemporánea*. Caracas: El Perro y la Rana, 2010.

GUEVARA, Ernesto Che."A essência da luta guerrilheira" [1960]. Em Sader, E. (org.), *Che Guevara – política*. São Paulo: Expressão Popular, 2004.

HEIDEGGER, M."O que é filosofia". Em *Heidegger* ("Pensadores"). S. Paulo: Abril Cultural, 1983.

HESSEN, Johannes. *Teoria do conhecimento*. Coimbra: Arménio Amado, 1976.

HINOJOSA, G. P. "La formación socialista revolucionaria italiana de Mariátegui y la ortodoxia socialista rusa". Em *Rebelión*, 2008. Disp. em: www.rebelion.org. Acesso em 01 dez. 2013.

HOBSBAWM, Eric J. *A era das revoluções*. Rio de Janeiro: Paz e Terra, 1986.

_____. *A era dos extremos*. São Paulo: Companhia das Letras, 2000.

_____. *Nações e nacionalismos desde 1780*. Rio de Janeiro: Paz e Terra, 1991.

_____. *Sobre história*. São Paulo: Companhia das Letras, 1997.

_____. "O marxismo no tempo de Marx". Em *História do marxismo* (vol. I). Rio de Janeiro: Paz e Terra, 1980.

_____(org.). *História do marxismo*, Rio de Janeiro: Paz e Terra, 1984.

HOLANDA, Sérgio Buarque de. *Raízes do Brasil*. Rio de Janeiro: José Olympio, 1986.

IANNI, Octávio. "A dialética da história". Em D'Incao. *História e ideal*. S.Paulo: Brasiliense, 1989.

IBAÑEZ, A. "Mariátegui: um marxista nietzscheano". Em *Espiral*, Guadalajara (México), vol. 8, n.22, set.-dez. 2001.

IGLÉSIAS, Francisco, "Um historiador revolucionário". Em Iglésias (org.), *Caio Prado Júnior: história* ("Grandes Cientistas Sociais"). São Paulo: Ática, 1982.

INGENIEROS, José. *El hombre mediocre*. Buenos Aires: L. J. Rosso, 1917.

INSTITUTO DE MARXISMO-LENINISMO DO PCUS. *La Internacional Comunista*. Moscou: Ed. Progreso, s/d. Disp. em: http://bolchetvo.blogspot.com.br. Acesso em 24 jul. 2014.

INWOOD, Michael. *Dicionário Hegel*. Rio de Janeiro: Jorge Zahar, 1997.

IOKOI, Zilda M. G. *Leopoldo Zea*. Rio de Janeiro: Expressão e Cultura, 1996.

_____."A atualidade das proposições de Mariátegui, um revolucionário latino-americano". Em *Projeto História* (PUC-SP), vol. I, dez. 2005.

IUMATTI. P. T. *Caio Prado Jr.: uma trajetória intelectual*. São Paulo: Brasiliense, 2007.

_____. *Diários políticos de Caio Prado Júnior: 1945*. São Paulo, Brasiliense, 1998.

_____."Caio Prado Jr. e as ciências naturais". Em *Estudos Sociedade e Agricultura*, n.14, 2000. Disp. em: http://bibliotecavirtual.clacso.org.ar. Acesso em 14 jan. 2013.

Johnston, T. *Pensamento político de Freud*. Rio de Janeiro: Editora O Cruzeiro, 1969.

JUNG, Carl Gustav. *Psicologia do inconsciente*. Petrópolis: Vozes, 1987.

KENNEDY FERREIRA, J. "Defesa do marxismo de José Carlos Mariátegui". Em *Mouro: Núcleo de Estudos d'O Capital*, São Paulo, ano 5, n.8, dez. 2013.

Kirk, Neville. "Cultura: costume, comercialização e classe". Em Batalha; et al. *Culturas de Classe: identidade e diversidade na formação do operariado*. Campinas: Ed.Unicamp, 2004.

KOFLER, Leo. *História e dialética*. Rio de Janeiro: UFRJ, 2010 [1955].

KOHAN, Néstor. "*Marxismo y cuestión nacional*". Em *Rebelión*, set. 2013. Disponível em: http://www.rebelion.org. Acesso em 14 fev. 2014.

KORSCH, Karl. *Marxismo y filosofía*. México: Ediciones Era, 1971 [1923].

KONDER, Leandro. *A derrota da dialética*. São Paulo: Expressão Popular, 2009.

_____. *Em torno de Marx*. São Paulo: Boitempo Editorial, 2010.

_____. *O que é dialética?*. São Paulo: Editora Brasiliense, 1992.

_____. "A façanha de uma estreia". Em D'Incao. *História e ideal*. São Paulo: Brasiliense, 1989.

KOSSOK, MELIS e outros. *Mariátegui y las ciencias sociales*. Lima: Edit. Amauta, 1982.

KUHN, Thomas S. *A estrutura das revoluções científicas*. São Paulo: Perspectiva, 2005.

LABICA, Georges; BENSUSSAN, Gérard. *Dictionnaire critique du marxisme*. Paris: Presses Universitaires de France, 1999.

LAKATOS, Imre; MUSGRAVE, A (orgs.). *A crítica e o desenvolvimento do conhecimento*. São Paulo: Cultrix, 1979.

LALANDE, A. *Vocabulário técnico e crítico da filosofia*. S. Paulo: Martins Fontes, 1999.

LAPIDUS e OSTROVITIANOV. *Manual de economia política*. São Paulo: Global, 1978.

LEFEBVRE, Henri. *El marxismo*. Buenos Aires: Editorial Universitaria, 1961.

_____. *Nietzsche*. Cidade do México: Fondo de Cultura Económica, 1987.

LENIN, Vladimir Ilitch. *Cadernos sobre a dialética de Hegel*. Rio de Janeiro: UFRJ, 2011 [1914].

_____. *O desenvolvimento do capitalismo na Rússia*. São Paulo: Abril Cultural, 1982.

_____. *Obras*. Moscou: Editorial Progreso, 1973.

_____. *Obras escolhidas*. São Paulo: Editora Alfa-Omega, 1979.

_____. *Três fontes e três partes constitutivas do marxismo*. São Paulo: Global, 1979.

_____. "Algumas particularidades do desenvolvimento histórico do marxismo". Em *Obras completas* (XVII). Madri: Akal, s/d. Disp. em: http://www.marxists.org. Acesso em 14 dez.2013.

LENIN; PLECÂNOV. *Teoria e método*. São Paulo: Assoc. Geógrafos Brasileiros, 1986.

LEOPOLDO E SILVA; M. NASCIMENTO; et al. *Primeira filosofia*. São Paulo: Brasiliense, 1987.

LÉVI-STRAUSS. Claude. *Race et Histoire*. Paris: Gonthier, 1961 [1952].

_____. *Tristes Trópicos*. São Paulo: Companhia das Letras, 2001 [1955].

_____. *La pensée sauvage*. Paris: Denöel, 1987 [1962].

LIMA VAZ, Henrique. *Ontologia e história*. São Paulo: Duas cidades, 1967.

LÖWY, Michael. *Método dialético e teoria política*. Rio de Janeiro: Paz e Terra, 1975.

_____. *Para uma sociologia dos intelectuais revolucionários*. S. Paulo: Ciências Humanas, 1979.

_____. *Ecossocialisme*. Paris: 1001 Nuits, 2011.

_____."*El marxismo romántico de José Carlos Mariátegui*". Em *Archivo Chile*. Disponível em http://www.archivochile.com. Acesso em 01 abr. 2013.

_____."Entrevista com Michael Löwy (Paris, jun. 2013)". Em *Mouro: Núcleo de Est. d'O Capital* (entrev. a: Yuri Martins Fontes; Ana Vládia Cruz). São Paulo, ano 5, n.8, dez. 2013.

_____ (org.). *El marxismo en América Latina*. México: Era, 1980.

_____ (org.). *Revoluções* (trad. Yuri Martins Fontes). São Paulo: Boitempo Editorial, 2009.

LÖWY, M.; HAUPT, G. *Los marxistas y la cuestión nacional*. Barcelona: Fontamara, 1974.

LÖWY, M.; SAYRE, R. *Révolte et mélancolie – le romantisme à contre-courant de la modernité*. Paris: Payot, 1992.

LUGON, Clovis. *A república "comunista" cristã dos guaranis (1610–1768)*. Rio de Janeiro: Paz e Terra, 1976 [1949].

LUKÁCS, György. *Historia y conciencia de clase* [1923]. Santiago: Editorial Quimantú, 2008.

_____. *Prolegômenos para uma ontologia do ser social*. São Paulo: Boitempo, 2010 [1971].

_____."Carta sobre o stalinismo" [1963]. Em *Temas de Ciências Humanas*, Editorial Grijalbo, n.1, 1977.

LUNA VEGA, Ricardo. *Sobre las ideas políticas de Mariátegui*. Lima: Edic. Unidad, 1984.

LUXEMBURGO, Rosa. *Reforma ou Revolução*. São Paulo: Expr. Popular, 1999 [1900].

_____. *A Questão Nacional e a autonomia*. Belo Horizonte: Oficina de Livros, 1988 [1909].

_____. "Introducción a la economía política". Em *Grupo Germinal*, Edicions Internacionals Sedov, s/d. Disp. : http://grupgerminal.org. Acesso 19 mai. 2014 [1925].

MANDEL, Ernest. *O capitalismo tardio*. São Paulo: Nova Cultural, 1985.

MÁO Júnior, José Rodrigues. *A Revolução Cubana e a questão nacional (1868-1963)*. São Paulo: Núcleo de Estudos d'O Capital, 2007

MARINGONI, Gilberto; SCHUTTE, G. Romano; BERRON, Gonzalo (orgs.). *2003-2013 – Uma nova política externa*. Tubarão (SC): Copiart Editora, 2014.

MARTÍ, José. *Páginas escogidas*. Havana: Instituto Cubano del Livro, 1971.

_____. *Nossa América*. São Paulo: HUCITEC, 1983.

MARTINEZ, Paulo Henrique. *A dinâmica de um pensamento crítico – Caio Prado Júnior (1928-1935)*. Tese de doutorado, Depto. História da USP, 1998.

MARTINS FONTES Leichsenring, Yuri. "A Atualidade de Mariátegui – ou *da crítica ao racionalismo infeliz*". Em *Mouro: Núcleo de Estudos d*'O Capital, São Paulo, ano 2, n.3, jul. 2010.

_____."Mariátegui e a filosofia de nosso tempo" (prefácio). Em J. C. Mariátegui. *Defesa do marxismo – polêmica revolucionária e outros escritos*. São Paulo: Boitempo Editorial, 2011.

_____."Caio Prado: reforma agrária ampliada e luta armada". Em *Mouro: Núcleo de Estudos d'O Capital*, São Paulo, ano 6, n.9, jan. 2015.

MARX. Karl. *Los apuntes etnológicos de Karl Marx*. Madri: Siglo XXI, 1988

_____. *Formações econômicas pré-capitalistas*. Rio de Janeiro: Paz e Terra, 1985.

_____. *Grundrisse: manuscritos econômicos de 1857-1858 – esboços da crítica da economia política*. São Paulo: Boitempo, 2011 [1857-1858].

_____. *Manuscritos: economía y filosofía*. Madri: Alianza Editorial, 1984.

_____. *Manuscritos econômico-filosóficos e outros escritos*. São Paulo: Abril Cultural, 1974.

_____. *Misère de la philosophie* [1846-1847]. Paris: Editions Sociales, 1961.

_____. *O Capital: crítica da economia política*. São Paulo: Nova Cultural, 1988.

_____."A Questão Judaica" [1843]. *Marxists Archive*. Disponível em: http://www.marxists.org. Acesso em 28 de nov. 2013.

_____. "Marx-Zasulich Correspondence" [1881]. Disp. em: www.marxists.org. Acesso em nov. 2014.

_____."O 18 Brumário de Luís Bonaparte" [1851-1852]. Em *Obras escolhidas* (vol.I). São Paulo: Alfa-Ômega, s/d.

_____. "Proyecto de respuesta a la carta de Vera Zasulich" [1881]. Em *Archivo Marx-Engels*. Disp. em: https://www.marxists.org. Acesso em 6 jun. 2013.

MARX, K.; ENGELS, F. *A Ideologia Alemã*. São Paulo: Hucitec, 1993 [1845-1846].

_____. *A Ideologia Alemã*. São Paulo: Boitempo, 2007 [1845-1846].

_____. *A Sagrada Família*. São Paulo: Boitempo, 2003 [1844].

_____. *Manifesto do Partido Comunista*. Petrópolis: Vozes, 1989 [1848].

_____. *Obras escolhidas* (3 volumes). São Paulo: Alfa-Omega, s/d [anos 1970/omitida por censura].

MAZZEO, A. C. "O Partido Comunista na raiz da teoria da via colonial do desenvolvimento do capitalismo". Em Mazzeo; Lagoa (orgs.). *Corações Vermelhos*. São Paulo: Cortez Editora, 2003.

MELGAR BAO, R. "Entre resquicios, márgenes y proximidades: notas y reflexiones sobre los 7 ensayos de Mariátegui". Em *Pacarina del Sur*, n.11, abr-jun. 2012.

MELIS, Antonio. *José Carlos Mariátegui hacia el siglo XXI* [1994]. São Paulo: Depto. de Letras Modernas da FFLCH-USP (Cuadernos de Recienvenido), 1996.

MELLA, Julio Antonio. "El proletariado y la libertación nacional" [1928]. Em Löwy (org.). *El marxismo en América Latina*. México: Era, 1980.

MELLO, J. M. C.; NOVAIS, Fernando. "Capitalismo tardio e sociabilidade moderna". Em L. Schwarcz. *História da vida privada: contraste da intimidade contemporânea*. São Paulo: Cia. das Letras, 1998.

MÉSZÁROS, István. *Para além do Capital*. São Paulo: Boitempo/ Unicamp, 2002.

_____. "Economia, política e tempo disponível: *para além do Capital*". Em *Margem Esquerda – ensaios marxistas*, São Paulo, n.1, mai. 2003.

_____. *O século XXI: socialismo ou barbárie*. São Paulo: Boitempo, 2004.

MESSEGUER, Diego. *José Carlos Mariátegui y su pensamiento revolucionário*. Lima: Instituto de Estúdios Peruanos, 1974.

MIROSHEVKI. V.M. "El 'Populismo' en el Perú – papel de Mariátegui en la historia del pensamiento social latino-americano". Em Aricó (org.). *Mariátegui y los orígenes del marxismo latinoamericano*. México: Pasado y Presente, 1978.

MONTESINOS, Jorge Nieto (Org.). *Haya de la Torre o la política como misión civilizatoria*. Cidade do México: Fondo de Cultura Económica, 2000.

MOTTA, Carlos Guilherme. *Ideologia da cultura brasileira*. São Paulo, Ática, 1986.

MUSSE, Ricardo. "Teoria e história". Em *Jornal de Resenhas*, n.1, mar. 2009.

NAÏR, Sami; LÖWY, Michael. *Lucien Goldmann ou la dialectique de la totalité*. Paris: Éditions Seghers, 1973.

NERUDA, Pablo. *Canto General*. Santiago: Pehuén Editores, 2005.

NERUDA, Pablo; et al. *Poemas a Mariátegui*. (*Obras completas de Mariátegui*/ tomo IX). Lima: Amauta, 1971.

NETTO, José Paulo. "Introdução", em Lenin, *Desenvolvimento do capitalismo na Rússia*. São Paulo: Abril Cultural, 1982.

_____. "Introdução ao método da teoria social". Em *Portal do Partido Comunista Brasileiro*. Disponível em: http://www.pcb.org.br. Acesso em 8 set. 2014.

NOBRE, Antonio. *O futuro climático da amazônia (relatório de avaliação científica)*. São José dos Campos: Articulação Regional Amazônica, 2014.

NOVAES, Adauto. *Civilização e Barbárie*. São Paulo: Companhia das Letras: 2004.

NIETZSCHE, F. W. *Assim falou Zaratustra*. Rio de Janeiro: Civilização Brasileira, 1981.

_____. *Obras Incompletas* ("Os Pensadores"). São Paulo: Abril Cultural, 1983.

NOVAIS, Fernando. *Portugal e Brasil na Crise do Antigo Sistema Colonial (1777-1808)*. São Paulo: Hucitec, 1989.

_____. "Caio Prado Jr. historiador". Em *Novos Estudos*, n.2, S. Paulo, jul. 1983.

_____. "Caio Prado Jr. na historiografia brasileira". Em Moraes; Antunes; Ferrante (orgs.). *Inteligência Brasileira*. São Paulo: Brasiliense, 1986.

NUNES, Benedito. *A filosofia contemporânea*. Rio de Janeiro: Buriti, 1967.

ORGANIZ. ALIMENTAÇÃO E AGRICULTURA – ONU. "Global food losses and food waste". Roma, 2011. Disp. em: http://www.fao.org. Acesso em 29 mai. 2014.

ORTEGA Y GASSET. *Que es filosofía?*. Madri: Revista de Occidente, 1958.

PARIS, Robert. *La formación ideológica de J. C. Mariátegui*. México: Pasado y Presente, 1981.

_____. "*José Carlos Mariátegui et le modèle du 'communisme' inca*". Em: *Annales: Économies, Sociétés, Civilisations*, Paris, n.5, 1966, p. 1065-1072.

_____."*Un 'sorelísmo' ambiguo*". Em Aricó (org.). *Mariátegui y los orígenes del marxismo latinoamericano*. México: Pasado y Presente, 1978.

PARTIDO COMUNISTA BRASILEIRO."Breve histórico do PCB". *Portal do Partido Comunista Brasileiro*. Disp. em: http://pcb.org.br. Acesso em: 18 ago. 2014.

PEREIRA, G. *El legado indígena*. Caracas: Consejo Nacional de Cultura, 2004.

PÉREZ JAIME, B.; Amadeo, J."O conceito de liberdade nas teorias políticas de Kant, Hegel e Marx". Em Atilio Borón. *Filosofia política moderna: de Hobbes a Marx*. Buenos Aires: CLACSO / FFLCH-USP, 2006.

PERLS, F. S.; et al. *Isto é Gestalt*. São Paulo: Summus, 1977.

PIAGET, Jean. *Le structuralisme*. Paris: Presses Universitaires de France, 1968.

PINHEIRO, Ivan. *Um olhar comunista*. Rio de Janeiro: Fundação Dinarco Reis, 2010

PINHEIRO, Milton (org.). *Caio Prado Júnior: história e sociedade*. Salvador: Quarteto, 2011.

PODESTÁ, B.; MELIS, A.; et al. *Mariátegui en Italia*. Lima: Amauta, 1981.

PONCE. Aníbal. *Humanismo burgués y humanismo proletario*. Bs. Aires: Capital Intelect., 2009 [1938].

_____. "La Revolución de Octubre y los intelectuales argentinos" [1926]. Em M. Löwy (org.). *El marxismo en América Latina*. México: Era, 1980.

PRESTES, Anita Leocádia. *Da insurreição armada (1935) à "união nacional" (1938-1945): a virada tática na política do PCB*. São Paulo: Paz e Terra, 2001.

PRESTES, Anita Leocádia. "O PCB e o golpe civil-militar de 31/3/1964". Em *Portal do Partido Comunista Brasileiro*. Disp. em: http://pcb.org.br. Acesso em 8 mai. 2014.

QUIJANO, Aníbal. "José Carlos Mariátegui: reencuentro y debate". Em Mariátegui. *Siete ensayos de interpretación de la realidad peruana*. Caracas: Biblioteca Ayacucho, 2007.

_____. "Prólogo/ Notas". Em Mariátegui. *Textos básicos*. Lima: Fondo de Cultura Económica, 1991.

REICH, Wilhelm. *Psicologia de massas do fascismo*. Porto: Escorpião, 1974 [1933]

RÉNIQUE, José Luis. *A Revolução Peruana*. São Paulo: Editora Unesp, 2009.

RICÚPERO, Bernardo. *Caio Prado Júnior e a nacionalização do marxismo no Brasil*. São Paulo: Editora 34/ Fapesp/ Ciência Política-USP, 1999.

_____. "Caio Prado Jr. como intérprete do Brasil". Em *Sinais sociais*, vol.7, mai-ago. 2012.

ROMERO, Francisco. *Que es la filosofía*. Buenos Aires: Columba, 1957.

ROUSSEAU, J.-J. *Discurso sobre as ciências e as artes*. (Coleção "Os Pensadores"). Porto Alegre: Globo/Abril Cultural, 1973.

SADER, Eder. "Os movimentos sociais". Em *Quando novos personagens entraram em cena*. Rio de Janeiro: Paz e Terra, 1988.

SAID, Edward W. *Cultura e imperialismo*. São Paulo: Companhia das Letras, 1993.

_____. *Orientalismo*. Barcelona: Ed. Mondadori, 2002.

SÁNCHEZ VÁZQUEZ, Adolfo. *Ética*. Cidade do México: Grijalbo, 1969.

_____. *Filosofia da Práxis*. Rio de Janeiro: Paz e Terra, 1968 [1967].

_____. *Filosofía, Praxis y Socialismo*. Buenos Aires: Tesis 11, 1998.

SANTOS, Igor Felippe et al. "Nossa história". Em *Movimento dos Trabalhadores Rurais Sem Terra*, 2009. Disp. em: http://www.mst.org.br/node/7702. Acesso em 01 mai. 2014.

SANTOS, Milton. *Por uma outra globalização: do pensamento único à consciência universal*. São Paulo: Record, 2000.

_____. "Renovando o pensamento geográfico". Em D'Incao. *História e ideal*. São Paulo: Brasiliense, 1989.

SANTOS, Raimundo. *Caio Prado Júnior na cultura política brasileira*. Rio de Janeiro: Mauad, 2001.

SARTRE, J.-P. *Questão de método*. São Paulo: Difusão Europeia do Livro, 1966.

_____. *Sartre no Brasil: a conferência de Araraquara*. São Paulo: Ed. Unesp, 2005. SCHAEFER, Sérgio. *A lógica dialética: um estudo da obra filosófica de Caio Prado Júnior*. Porto Alegre: Editora Movimento, 1985.

SECCO, Lincoln. *Caio Prado Júnior: o sentido da revolução*. S. Paulo: Boitempo, 2008.

_____. *Gramsci e a Revolução*. São Paulo: Alameda, 2006.

_____. "O marxismo de Caio Prado Jr.". Em *Teoria e Debate*, n.73, set-out. 2007.

_____. "Tradução do marxismo no Brasil". Em *Mouro: Núcleo de Estudos d'O Capital*, São Paulo, n. 2, jan. 2010.

_____. "O marxismo de Caio Prado Jr.". Em *Teoria e Debate*. São Paulo, n.73, set/out. 2007.

_____. "A Filosofia americana como filosofia – Zea, Leopoldo" (s/d). Em *Núcleo de Est. d'O Capital*. Disp. em: http://www.necpt.com.br. Acesso em 4 set. 2014.

SECCO, L.; DEAECTO, M. M.; CARONE, E. (orgs.). *Edgard Carone: leituras marxistas e outros estudos*. São Paulo: Xamã, 2004.

SECCO, L. F.; Félix C. "Gramsci e Weber". Em *Vir a Ser*. São Paulo, n.2-3, mai. 1998.

SECRETARIADO SUDAMERICANO – INTERNACIONAL COMUNISTA. "El movimiento revolucionario latinoamericano". Em *La correspondencia sudamericana*, Buenos Aires, jun. 1929.

VI CONGRESO DE LA INTERNACIONAL COMUNISTA (Moscou/1928). Em *Cuadernos de Pasado y Presente*, México (Siglo Veintuno), n.66, 1977.

Silva, Marcos A. da. "A história e seus limites". *Revista História e Perspectivas*. Uberlândia: Universidade Federal de Uberlândia, Curso de História, nº 6, 1992.

SOREL, Georges. *Reflexiones sobre la violencia*. Buenos Aires: La Pléyade, 1978 [1908].

SPENGLER, Oswald. *La decadencia de Occidente: bosquejo de una morfología de la historia universal* (trad. Manuel Morente/ 4 vol.). Madri: Espasa Calpe, 1923-1927 [1918]

STADEN, Hans. *Viagem ao Brasil*. São Paulo, Martin Claret, 2008 [1557].

STAVENHAGEN, R. "Classes sociais e estratificação social". Em Foracchi; Martins. *Sociologia e Sociedade: leituras de introdução à sociologia*. Rio de Janeiro: LTC, 1977.

SODRÉ, Nelson Werneck. *Contribuição à História do PCB*. São Paulo, Global Editora, 1984.

_____ (org.). *Fundamentos do materialismo dialético*. Rio de Janeiro: Civilização Brasileira, 1968.

_____. *Introdução à Revolução Brasileira*. São Paulo: Livraria Ciências Humanas, 1978.

_____. *Síntese de história da cultura brasileira*. Rio de Janeiro: Civilização Brasileira, 1978.

_____. *Formação histórica do Brasil*. São Paulo: Brasiliense, 1963.

STARCENBAUM, Marcelo. *Marxismo occidental: vicisitudes de una topografía*. Em VII Jornadas de Sociología de la Universidad Nacional de La Plata, 2012. Disponível em: http://jornadassociologia. fahce.unlp. edu.ar. Acesso em 17 dez. 2014.

SUCUPIRA FILHO. Eduardo. *Leituras dialéticas*. São Paulo: Alfa--Ômega, 1987.

TAURO, Alberto. *Amauta y su influencia* (*Obras completas de Mariátegui*/ tomo XIX). Lima: Amauta, 1969.

TAVARES, A. "Caio Prado e a teoria da revolução brasileira". Em: *Civilização Brasileira*, n.11/ 12, dez.1966/mar.1967.

TIBLE, Jean. *Marx selvagem*. São Paulo: Annablume, 2013.

TOGLIATTI, Palmiro. "Antônio Gramsci, Chefe da Classe Operária Italiana". Em *Problemas*, n.25, mar.-abr. 1950. Disp. : http://www.marxists.org. Acesso 10 set. 2014.

TOSEL, André. *Le marxisme du XX siècle*. Paris: Syllepse, 2009.

TRAGTENBERG, Maurício (org.). *Marxismo heterodoxo*. São Paulo: Brasiliense, 1981.

TSE TUNG, Mao. "Sobre la contradicción". Em *Obras Escogidas de Mao Tse-Tung*. Pequim: Ediciones en lenguas extranjeras, 1968.

VANDEN, H.; BECKER, M. "*L'Amauta: la vie et l'oeuvre de José Carlos Mariátegui*", em Mariátegui; García Linera. *Indianisme et paysannerie en Amérique Latine*. Paris: Editions Syllepse, 2013.

VELASCO E CRUZ, André Kaysel. *Dois encontros entre o marxismo e a América Latina*. Dissertação de Mestrado, Depto. Ciência Política da USP, 2010.

VILLAÇA, Mariana. "A redemocratização na América Latina" (s/d). Em *Ass. Nac. de Pesq. e Prof. de História das Américas*. Disp. em: http://anphlac.fflch.usp. br. Acesso em 19 set. 2014.

VRANICKI, P. "De Marx a Lênin". Em: *História do marxismo* (vol.I). Salamanca: Sígueme, 1977.

WIESE, María (org.). *Biografía de Mariátegui* (*Obras completas de Mariátegui* / tomo X). Lima: Amauta, 1971.

YAMAUTI, Nilson N. "O método dialético na produção de conhecimento nas Ciências Sociais". Em *Acta Scientiarum* (Maringá), vol.28, n.2, 2006.

ZAIDAN, M. *O PCB e a Internacional Comunista: 1922–1929*. S. Paulo: Vértice, 1988.

ZANETIC, João. *Evolução dos conceitos da física – alguns tópicos de "filosofia" da ciência*. São Paulo, Instituto de Física da USP: 2006 [1995].

ZEA, Leopoldo. *A filosofia americana como filosofia*. São Paulo: Pensieri, 1994.

_____. *América como consciencia*. México: Ed. UNAM, 1972.

_____(org.). *Sentido y proyección de la conquista*. Cidade do México: Inst. Panamericano de Geografía y Historia/ Fondo de Cultura Económica, 1993.

Agradecimentos

Este livro é uma versão fruto da tese de doutorado "*O Marxismo de Caio Prado e Mariátegui – formação do pensamento latino-americano contemporâneo*", defendida no verão de 2015, junto ao Programa de Pós-Graduação em História Econômica da Universidade de São Paulo, com estágio doutoral no Centre National de la Recherche Scientifique, em Paris (2013); trabalho iniciado em 2010, e que contou com bolsas da Capes.

Agradeço aos professores – não apenas enquanto acadêmicos, mas inspiradores ativistas – que me acompanharam na construção desta obra: *Lincoln Secco* (orientador/Faculdade de Filosofia, Letras e Ciências Humanas da USP), *Michael Löwy* (coorientador/CNRS–École des Hautes Études en Sciences Sociales, e coordenador do "Seminário Marxismo na América Latina"/Paris-2013), *Wilson Barbosa* (inestimável mestre e conselheiro, coordenador das atividades de pesquisa do LEPHE-USP) e *Jorge Grespan* (meu supervisor junto ao Programa de Aperfeiçoamento de Ensino da USP).

Sou grato também a todos aqueles que fizeram parte, direta ou indiretamente, dessa jornada de meia década: Paulo Eduardo Arantes, Gilberto Maringoni, Flavio Dieguez, Eduardo Januário, Ellen Elsie; os camaradas do "Seminário" da França, Pedro Rocha Curado, Juliana Assis, Argus Romero e Ana Vládia; a equipe do IEB-USP que me auxiliou nas investigações dos manuscritos do Fundo Caio Prado Júnior; e por fim, todos os amigos e irmãos que com seu companheirismo, boas conversas e ponderações críticas acerca do mundo me suscitaram preciosas reflexões.

Alameda nas redes sociais:
Site: www.alamedaeditorial.com.br
Facebook.com/alamedaeditorial/
Twitter.com/editoraalameda
Instagram.com/editora_alameda/

Esta obra foi impressa em São Paulo na primavera de 2018. No texto foi utilizada a fonte Adobe Jenson Pro em corpo 11 e entrelinha de 16,5 pontos.